高校思想政治工作研究文库

教育部思想政治工作司　组编

课程思政基本问题研究

杨建义 ◎著

人民出版社

目　　录

| 第一章 |

课程思政的历史考察

课程思政作为一种课程观，从历史的角度对课程思政进行理论溯源和检视，梳理课程和思政逻辑关系的历史发展脉络，有助于深化对课程思政的理论思考，推动课程思政的实践深入发展。

第一节　古代课程和思政的萌芽与合一

课程思政出现的前提是学校的发展，而学校产生于实际生活的需要，源自生产经验以及社会生活的进步。我国古代各个阶段社会发展的不同程度促使各个历史时期课程与思政呈现的状态和成熟程度不一，随着社会的发展和教育水平的提高，课程思政也经历了萌芽和合一的发展历程，历经从无到有的过程。

一、课程和思政萌芽于生产生活及学校的启迪教化

劳动创造了人，任何时期生产劳动都是人类赖以生存的基石。氏族公社时期，教育依附于氏族部落制造、更新劳动工具的过程，其主要目的是改善

生活条件，提高生活质量。当时的思想观念、信仰形式、文娱活动都在一定程度上体现不成型的课程形式的思想政治教育作用。例如，氏族成员常用歌舞、音乐、绘图等形式来活跃身心、欢庆丰收以及从事祭祀活动，可以说是最初的"寓教于乐"的教育形式。

课程作为教育的独立载体，其出现的首要前提是专门教育场所和教学人员。随着生产技术的发展和教化的需要，氏族公社后期，出现了学校的初级形式和专门管理教化的人员，初步建构相对固定的启蒙和教化形式的课程。《周礼·春官》记载："大司乐掌成均之法。以建国之学政，而合国之子弟焉。凡有道者，有德者，使教焉。"《礼记·文王世子》有言："三而一有焉，乃进其等，以其序，谓之郊人，远之，於成均，以及取爵於上尊也。"《尚书》记载，尧舜时期曾设置三类官职来主管教化，一是司徒，负责父义、母慈、兄友、弟恭、子孝五敬；二是秩宗，负责祭天神、地祇和人鬼三礼；三是典乐，负责乐教。由此可见，学校的初级形式，即"成均"和"庠"是专门以德道熏陶、礼乐祭祀活动等为主要教育内容，进行教化的固定场所，这是课程和思政融合的最初体现形式。

二、课程和思政合一于封建政权及社会的巩固发展

文字出现后，我国步入有文字记载的文明社会，教育也得到了快速发展。课程与思政是依托于教育的发展而发展的，伴随着封建时期的教育走势，课程与思政也随之跌宕起伏，但其始终在巩固封建政权和促进社会生活的发展中合一与并进，呈现为课程内容充分围绕思想政治教育、育人目标致力于培养君子人格、选择教育者依据儒家伦理纲常、以官学为主设置课程场所四个特点。

（一）课程内容充分围绕思想政治教育

奴隶制时期和春秋战国时期，课程的内容以思想教化为主体，致力于服

务国家发展，为后期的课程和思政发展奠定坚实的基础。夏代因生产和生活的需要，课程内容主要进行养老、传授生产知识和军事技能方面的教育。商代因战争、祭祀活动等需要，课程内容主要涉及伦理、礼乐、军事、书数，甲骨文所记载的天文、历法、医药等也是学校教育的重要教材。西周以培养"修己治人"的治术人才为总体目标，以"礼""乐""射""御""书""数"六方面为教育的主要内容。"六艺"教育是西周教育的重要标志，表明西周课程的全面性和多样化。春秋战国时期是中国社会大动荡、大变革时期，政治经济上的变革促成教育的发展和变化，官府垄断教育的局面被打破，私人讲学兴起，并形成"百家争鸣"局面，对课程和思政的发展产生较大的影响。随着"百家争鸣"的兴起和发展，教育内容也更加多样化，代表不同阶级的各家学派从各自立场出发，进行治国、齐家、平天下等多方面学术交流和教育探讨。这个阶段的教育虽不是完全规范和统一的，但教育主张和私学著作无不体现政治教育、法律教育、道德教育、思想教育等范畴。

封建制时期，课程内容设置不断发展和扩大，除秦朝以法家教育为主以外，其余朝代皆以儒学教育为主要形式。隋朝除了以官学为主以外，还进行了分类化的教学，如在大理寺设置律学、在太常寺设置医学，但其主要课程仍以封建道德教育为中心。唐代是封建时期中国社会教育制度的典范，课程设置主要围绕儒学和道学展开，尤其是儒经成为各级学校的必修课程。例如，《论语》和《孝经》为公共必修课科目，《礼记》《左传》《诗书》《周礼》《仪礼》《周易》《尚书》《春秋公羊传》《春秋穀梁传》为必修科目和选修课程。除了修读儒学以外，唐朝还开设大量专业必修以及实践的课程。例如，律学专修课为唐代的律、令，算学专修《九章算术》《海岛算经》，崇玄学课程主要修学《道德经》《庄子》《文子》，课程设置的主要目的皆是强化思想教化，提高专业技能，巩固封建统治。宋朝教育制度基本沿袭唐朝，并在管理上有所创新和发展。例如，设置专科学校和天文学、医学、算学、律学、书学及画学等专门专业，在培养专门人才的同时，仍把儒家教育放在教育的中心地位。值得一提的是，宋代私学教材的专门化倾向也都是围绕学习、工作、生活中的思想政治教育，如识字类的《百家姓》、伦理道德类的《少仪外传》、历史类的《叙古千文》、家庭训诫类的《石林家训》、起居礼仪类的《教子斋规》。元朝在尊孔崇儒的同时，也十分重视两宋时期的程朱理学，设置中央官学、地方官学、书院等教育机构，此外还设有民族特色的诸路医学、诸路阴阳学等。明朝课程的内容在承袭前朝做法的基础上，更加注重选取儒学政治人才，中央官学的学习内容主要是四书五经和律令书数、习射等以及中央所颁发的经、史、律、诏、礼仪各书。清朝与以往历代王朝一样，同样把孔子的儒家思想当作治国安邦的精神支柱，在中央和地方广设学校，中央官学所习学科以四书五经为主，还学习朝廷律令、书法艺术、文史知识等。从中国古代封建时期教育发展整体脉络来看，围绕巩固政权和培养政治人才的教育目的，各个朝代课程的设置均具有专门化和专业化特征，课程蕴含丰富的思想政治教育功能。

（二）育人目标致力于培养君子人格

教育的目的体现在教育内容、手段、方式上，我国古代育人目标以培养君子人格为主。秦朝实行"书同文，车同轨"和"以法家为尊"的教育制度，在教育内容上亦是高度统一。汉朝的官学、私学都以"尊孔崇儒"为宗旨，旨在培养道德修养良好的人。汉代许多经学家围绕仁义道德提出系列教育主张，旨在培养道德高尚之人。例如，贾谊所提倡的"教育乃政之本"的教育主张，"善不可谓小而不为"的道德修养论；董仲舒主张"性三品"说以及以"三纲五常"为核心的道德教育论。魏晋南北朝时期王朝不断更替，但教育的主要目的仍聚焦培养教育对象的仁义道德。例如，傅玄主张以"礼义之教"为核心的道德教育论，颜之推认为教育旨在培养"行道以利世"之人以及"固须早教"的家庭教育观。隋朝强调以儒治国，王通"未有不学而成""正人心"的教育作用论以及以培养君子为目的的道德教育等，在一定程度上体现了我国古代教育目的的延续性。唐代韩愈提出"古之学者必有师"的教师观，"世有伯乐，然后有千里马"的人才观，"业精于勤，荒于嬉"的学习论；柳宗元提出教育旨在培养贤者等思想。宋朝提倡尊孔崇儒，育人理念十分强调佛道、推崇理学。元朝在保持本民族文教风俗的前提下，也在不同程度提倡尊孔崇儒。明清时期办学宗旨仍以巩固政权为主要目的，把孔子的儒家思想当作治国安邦的精神支柱。可见，中国古代注重尊孔崇儒、仁义道德的教化，课程育人目标具有很强的延续性和明确性。

（三）选择教育者依据于儒家伦理纲常

奴隶制时期，教育者基本由家中老者或者官府官员担任，传授知识和技能。春秋时期诸侯征战，官学教育遭到严重破坏，私学教育兴起，有了"孔子以诗书礼乐教，弟子盖三千焉，身通六艺者七十有二人"（《史记·孔子世家》）；"孔、墨之后学，显荣于天下者众矣"（《吕氏春秋·当染》）。私学兴起打破了"政教一体，官师合一"的局面，教育者开始从官府中独立出来。秦朝时期实施"设三老以掌教化""以吏为师"及博士制度，对教育者的身份和学识进行了官方的要求。"圣人必为法令，置官也，置吏也，为天下师，所以定名分也。"（《商君书·定分》）和"博士，秦官。掌古通今，秩比六百人，员多至数十人。"（《汉书·百官公卿表》）均体现了吏师和博士的选聘标准、设定及作用。汉朝在思想领域实行"罢黜百家，独尊儒术"的政策，注重"兴太学，置明师，以养天下之士，数考文以尽其材，则英俊宜可得矣"（《汉书·董仲舒传》），强调"任德教"的重要性，并设置博士、经师为官学专门教育者。魏晋南北朝时期对教育者的规定体现在博士、助教的资格设定方面，如"博士取博关经典，世履忠清，堪为人师者，年限四十以上。助教亦与博士同，年限三十以上。若道业夙成，才任教授，不拘年齿"（《魏书·高允传》）。封建制中后期，随着课程内容的逐步分类化，教育者的设定更加专门化和细致化，除了在官学单位进行任教的专门官员以外，私学教育中私塾的老师、家庭教育中的家庭教师等纷纷出现，形成了不同阶段不同时期不同作用的教育者。纵观我国古代的教育者，可以发现教育者的选择基本以伦理道德和官爵地位为主，而官爵地位在一定程度上也决定于伦理道德的高低。

（四）以官学为主设置课程场所

课程的发展首先体现在教育场所的逐步专门化。中国奴隶制发展初期的夏代，教育教学不仅有专门的政务官管理，并有中央级"序"和地方级"校"两个类别的学校。中国奴隶制发展中期的商代，教育分为"学""瞽宗""庠""序"四个类型，分别教授科学文化知识、礼乐、宗教祭祀方面的知识。中国奴隶制发展后期的西周集前代学校之大成，建立了学校教育制度，课程以及教化更加专门化、明确化。秦朝设置唯一官方学校教育机构"学室"。汉朝在教育机构设置上，设置了官学和私学，对不同阶段、不同层次的学生进行不同方面的教育。魏晋南北朝时期官学教育除太学以外还设置了国子学，教育方面的一大突破即设置了专门学校，设置了律学、书学、医学、四馆、总明观、五馆，进行分专业分学科的官学教育，隋朝增设国子监（国子寺），标志着我国历史上专门设立教育行政管理部门的开始。后期的封建制朝代皆以国子监等官学为主，以私学和家庭教育等为辅。在课程场所的设置上，我国古代始终围绕培养封建统治所需要的政治人才为目标，将绝大多数财力、物力投放在官方教学的场所设置上，分门别类培养统治者和政治人才。

第二节　近现代课程和思政的分离与并进

教育始终与时代的发展同步，课程和思政在中国近现代历史时期进入了分离、并进的阶段。在动荡的中国近代，课程和思政在封建制度的土崩瓦解、资本主义的新兴变革中各自找寻方向，这个时期的思想政治教育随着国家政治改革的变化而不断革新，课程则凸显出更加实用化、技术化特点。俄国十月革命后，随着马克思主义在中国传播，为课程和思政的发展指明了新的发展方向，在革命、建设、改革的过程中，课程发展更加专业化、具体化，思想政治教育学科和思政课程逐步成形和凸显，课程和思政形成并进发展之势。

一、课程和思政在动荡与变革中各自找寻方向

近代以来的中国教育受"西学东渐"的影响，发生了一系列教育改革运动。在西方教育理念的引入、新式学校的创设、留学教育的发展以及新式学校制度的设想和阐释等影响下，课程逐步与封建政权相分离，走向实用化、技术化发展方向。另外，随着马克思主义在中国的传播逐步深入，思想政治教育也渐渐有了新色彩和样貌，不断独立化、学科化、专业化，成为中国革命不可或缺的思想武器。

（一）课程与封建政权相分离，走向实用化、技术化

鸦片战争前后的中国教育，仍采取高压与笼络兼施的文教政策，学校教育和科举制度弊端百出，教育的日渐式微导致课程停滞不前，无法继续发展。鸦片战争之后，坚船利炮的冲击、通商口岸的开放以及半殖民地的加深，都带来了社会的深刻变化，其中包括课程教育，主要体现在课程目标、课程设置、教学规程和管理体制等几个方面。这个时期的课程设置根本上虽仍以巩固封建统治政权为目的，但在固守传统课程的基础上，增设了算术、地理等实用课程。当时的天津中西学堂、上海南洋公学、上海经正女学以及通州师范学校等新型学校皆以培养新式高级人才为办学目标，课程设置上涉及绘画、格致学、化学、英文等基础课程，以及法律、土木工程、机械工程、采矿冶金四个实用型专业。洋务运动时期，在"中学为体，西学为用"思想的指导下，洋务派主要围绕语言、实技和军事进行教育改革，课程不断

走向实用化方向。维新运动时期，资产阶级改良派积极倡导各类近代化新式学校，主张接受西方的先进科学文化教育、发展职业教育等，进一步促进了课程科学化发展。1910 年，京师大学堂发展为设有经、法、文、格致、农、工、商七科的综合性大学。1912 年，南京临时政府教育部在临时教育会议上强调，"注重道德教育，以实利教育，军事民教育辅之，更以美感教育完成其道德"，体现了对道德、军事、美育等课程的重视。同年，制定壬子癸丑学制，颁布了《大学令》和《专门学校令》，设置大学修业年限、专门学科、专门课程等。至此，课程实用化、技术化进程凸显，并逐渐摆脱维护和巩固封建政权的命运。

（二）思政与中国革命相结合，走向科学化、专业化

俄国十月革命之后，马克思主义随之被大量介绍到中国，思政的发展出现崭新的方向。早期的马克思主义者不仅传播马克思主义理论，还结合中国社会和中国革命的实际情况，探讨中国教育的出路，主要路径为组织和参与赴法勤工俭学，以及组织劳动补习对工人进行教育等。1920 年，李大钊在北京大学等学校开设"现代政治讲座"，讲授马克思主义理论相关内容，有效进行思想政治教育。第一次国内革命战争时期，中国共产党为广泛宣传马克思主义、培养革命干部，积极创办学校、开设讲座、成立教育机构，奠定了后期思政课程、思想政治教育学科的发展基础。例如，湖南自修大学、平民女校、上海大学、广州农民运动讲习所等学校的教育基本围绕政治经济学、哲学、伦理学等思想政治教育类课程开展。第二次国内革命战争时期，为了更好地传播马克思主义理论，学校开设了相对专门的思想政治理论课。1932 年，中央列宁师范学校开设了"苏维埃工作理论""实际问题"等课程，中央农业学校开设了"政治常识和苏维埃建设的实际问题"等课程，进行马克思主义理论教育。抗日战争时期，中国共产党围绕思想政治教育实施以抗日救国为目标的新课程，有效指导了党创立和发展根据地学校的教学建设和课程设置。解放战争时期，为了适应时代发展需要，中国共产党对原

有的高等教育课程进行调整，强调废除旧课程，突出马克思主义理论课程，强化思想政治教育。毫无疑问，这个阶段的思政、课程始终围绕着中国革命的发展而变化，初步凸显思想政治教育课程，逐步走向科学化、专业化发展方向。

二、课程和思政在改革与引领中实现专业化发展

新中国成立以来，课程与思政在机遇与挑战中不断变革发展，在党和国家的领导和改革下，课程的发展体系、脉络愈加清晰和专业化。思政也逐步发展成为具有中国特色的思想政治理论课和思想政治教育学科，实现了思政与课程的结合，思想政治教育步入学科化的快速发展期。

（一）1949—1956 年：破旧和立新，共同向社会主义迈进

1949 年 12 月，教育部部长马叙伦在第一次国家教育工作会议的开幕词中指出：“我们对于旧教育不能不作根本的改革，而这种改革正如我们的共同纲领所规定，必须是有计划有步骤地来进行。这样，在我们面前就发生了一系列的问题，如全国教育的制度，各级学校的课程、教材、教学方法、师资等。”① 1952 年，教育部根据“以培养工业建设人才和师资为重点，发展专门学院，整顿和加强综合大学”② 的方针，在全国范围内进行了高等学校院系调整工作。为满足我国经济建设对专门人才的急需现状，一些工业化、综合性课程逐步发展和壮大，综合大学、工业院校、师范院校数量急剧增多，极大改变了旧中国“重文轻工”的状况，顺应了国家工业专门人才培养和发展的要求。

与此同时，思想政治教育及其课程也逐步走向专门化。在中华人民共和

---

① 刘光：《新中国高等教育大事记（1949—1987）》，东北师范大学出版社 1990 年版，第 4 页。

② 《做好院系调整工作，有效地培养国家建设干部》，《人民日报》1952 年 9 月 24 日。

国成立初期，为了废旧立新、服务党和国家的中心任务，党和国家多次集中地就高等学校的思想政治教育及课程问题发布规定、提出要求。社会主义制度建立阶段，党和国家每年都印发与高校思想政治教育教学、科目和课程有关的文件。1955 年 6 月，教育部举行了"高等师范学校政治、体育系教学计划研讨会"，制定和修订了政治教育系、政治教育科等系科的教学计划草案，对学习的课程进行了详细的规定。除了思想政治教育系列课程外，还包括心理学、教育学、学校卫生、体育、外语、文学等共计 20 门课程，推动了课程与思政共同改革进步。随着 1956 年《中华人民共和国高等教育部关于高等学校政治理论课程的规定（试行方案)》颁行，我国高校思想政治理论课程规定为"马列主义基础""中国革命史""政治经济学""辩证唯物主义和历史唯物主义"四门科目，基本上确立了高校思想政治教育理论课程的大体规模和科目结构。

（二）1957—1965 年：借鉴和探索，以培养急需人才为主

1957 年至 1965 年，我国初步建立起独立自主的现代工业体系，同时，国防和科技领域出现重要突破，国家对工农业等专门人才更加重视。这个时期，高等教育课程的发展方向也逐步以培养各类人才为主，工农干部、劳动模范、产业工人相继受到中等教育、高等教育，全日制教育、业余教育和半工半读教育也更加广泛起来，各行各业的劳动者都到学校接受了专门教育，学习专门课程，为新中国工业化发展和各项事业发展作出了突出贡献。

进入社会主义建设时期，由于国家政治生活领域中出现了一些新变化和新动向，思想政治教育及课程的发展也由此出现了新的调整。1957 年 2 月，毛泽东指出："除了学习专业之外，在思想上要有所进步，政治上也要有所进步，这就需要学习马克思主义，学习时事政治。"① 1957 年 3 月，毛泽东在给周恩来等人的信中强调，"大学、中学都要求加强思想、政治领导和改

---

① 《毛泽东文集》第七卷，人民出版社 1999 年版，第 226 页。

进思想、政治教育，要削减课程，……要编新的思想、政治课本"①。1961
年4月，教育部发布了中央教材编选计划会议制定的《改进高等学校共同
政治理论课程教学的意见》，提出了高等学校共同政治理论课程的科目、内
容、对象、教材、教法和师资等方面的计划和要求，相应规定了不同专业、
不同学制的学生应接受的思想政治教育课程的类别。这一时期高校针对不同
年级、不同学制、不同专业学生所授课程数量、分量和教学内容取材时有变
更和调整，在学习专业课的基础上，开设思想政治理论课，进一步推动思想
政治教育及其课程的确立和完善。

（三）1966—1976年：中断和偏向，课程与思政受到破坏

1966年5月到1976年10月，发生了"文化大革命"。这一时期，社会
生产生活的正常秩序被打乱，国家教育事业成为阶级斗争的工具，课程和思
政发展受到了严重冲击，进入停滞、倒退时期。在"革命性批评"精神和
"大运动"思维的牵引下，"文化大革命"期间高等学校课程设置以实践政
治课代替理论政治课，以过分强调阶级斗争的革命式思想政治教育代替传统
的理论学习和教育模式。当时的清华大学和北京大学在设置课程上，均以毛
泽东相关著作为基本教材，实行教学、科研和生产相结合的业务课以及以备
战为内容的体育课，过分突出和强调实践意义。1971年的短暂复课，采取
的也是以语录、社论和毛泽东原著来代替课程教材，把课程和思政简单化、
肢解化，在一定程度上造成了课程与思政的破坏。

（四）1977—1984年：恢复和寻向，加快正规化专业化进程

1977年10月，国务院批转发布教育部《关于一九七七年高等学校招生
工作的意见》，高等教育的发展再次获得了生机。1977年，高考分为文史和

---

① 《毛泽东年谱（一九四九——一九七六）》第三卷，中央文献出版社2013年版，第
114页。

理工两类，文科考试科目为政治、语文、数学、史地，理科科目是政治、语文、数学、理化，报考外语专业的要加试外语。"七八宪法"明确：教育必须为无产阶级政治服务，同生产劳动相结合，使受教育者在德育、智育、体育几方面都得到发展，成为有社会主义觉悟的有文化的劳动者。高考的科目规定以及宪法的明确指示，为高等教育课程的发展提供了框架，促使我国课程在以思想政治教育为基础的前提下，不断实现多元化发展。自此，在尊重知识、尊重人才的时代强音鼓励下，我国各类专业课程实现了更好更快的发展。

这期间，中国共产党通过对原有高等教育课程以及思想政治教育的逐步恢复和创新，打开了课程与思政发展的新局面。1978 年 4 月，邓小平在全国教育大会上提出明确要求，要遵循教育规律和人的成长规律来进行课程与思政的发展，尤其要妥善处理好思想政治工作和业务发展、知识培养之间的辩证关系。同年，教育部印发《关于加强高等学校马列主义理论教育的意见》，指出："马列主义理论课与政治运动、形势教育、劳动教育、政治工作等，从不同角度对学生进行马列主义思想教育。各有侧重，不宜相互代替。"① 1979 年至 1981 年，教育部多次针对思想政治理论课程提出建议和要求，并逐步恢复思想政治教育课程设置。1982 年 10 月，教育部印发《关于在高等学校逐步开设共产主义思想品德课程的通知》，要求把共产主义思想品德课作为一门必修课。1984 年 9 月，教育部再次印发《关于高等学校开设共产主义思想品德的若干规定》，正式将高校思想品德课的开设和实施确定下来。至此，思想品德课成为高校思想政治教育系统中一门正式课程和必考科目，实现了课程与思政的再次结合，并不断引领着其他课程的同向发展。

---

① 教育部社会科学司组编：《普通高校思想政治理论课文献选编（1949—2006）》，中国人民大学出版社 2003 版，第 71 页。

（五）1985—1999 年：课程和学科，各自独立化向好发展

1985 年，《中共中央关于教育体制改革的决定》明确提出教育必须为社会主义建设服务，社会主义建设必须依靠教育。这标志着教育从"为无产阶级政治服务"到"为社会主义建设服务"的历史性飞跃。1992 年，党的十四大报告强调必须把教育摆在优先发展的战略地位，努力提高全民族的思想道德和科学文化水平，再次强调了思政和课程的重要性、协同性。这个阶段，国家全面实施优先发展战略、科教兴国战略、人才强国战略，为我国课程和思政的发展提供了强有力的指导，课程和思政的独立化向好发展愈加凸显。

思想政治教育学科创建后，思想政治教育学科迎来奠定整体框架和实现普遍提升的快速发展期，思想政治教育学科和课程的发展始终保持与时代发展相一致，力求反映理论和实践的要求。首先，"85 方案"的甫定与完善促进思想政治教育学科的定型。"85 方案"在巩固原"两课"模式的基础上，实现了课程种类、课程布局、课程层次的提升，进一步拓展了思政课程的内涵，主要表现在：一是增设"法律基础"课和"形势与政策"课，使思想政治教育课程实现了理论教育、品格教育和法律素质教育的结合；二是结合社会形势和大学生思想动态，通过现有课程和实践教学的双管齐下，形成课程教育和实践教育，思想教育和品德教育的有机结合。其次，"98 方案"的确定与实施促进思想政治理论学科的系统调整。"98 方案"实施后，课程与思政的发展表现在：内容愈加多样化，涉及领域包括马克思主义教育、爱国主义教育、民主法制教育、学风教育、劳动教育、心理健康教育等诸多方面。此外，"98 方案"还首次把思想政治教育学科课程和思想理论课程区分开，提出了专业课程的设置理念，管理愈加成熟化。1997 年 12 月，国家教委根据课程建设和教学改革的需要成立了教学指导委员会，开拓了课程的规范化、专业化管理，进一步促进课程和思政的专门化、专业化发展。

第三节 21世纪以来课程思政的发展

进入21世纪，为有效适应新世纪对学生开展思想政治教育工作的需要，国家决定在大中小学进行思想政治理论课程的改革与创新。中共中央、国务院、教育部，以及地方教育行政部门在不同层次上进行探索和建设。中央一系列指导文件制定和颁布后，思想政治理论课程改革如火如荼地进行着。以中共中央、国务院发布的《关于进一步加强和改进大学生思想政治教育的意见》为肇始，上海市的德育体系改革由规划走向实践，走在全国的前列，取得明显的效果。在新世纪学校思想政治理论课改革的浪潮中，课程思政的种子破土而出，茁壮成长。

一、课程思政的序幕：思想政治理论课程改革

党的十六大是我国思想政治理论课程改革的重要分水岭。此前的思想政治理论课课程改革主要集中在思想政治理论课内部的改革和演变，强调发挥专业的思想政治理论课程的教育功能。21世纪开启了我国思想政治教育改革的序幕，强调"大思政"和全员全程全方位育人。2001年8月，上海市教委在《上海教育事业"十五"计划和2015年规划纲要》中提出，要构建大、中、小学分层递进、纵向衔接，学校、家庭、社会共同参与、横向贯通，德育、智育、体育、美育相互渗透，全员、全程、全方位育人的德育工作新格局。2004年8月，中共中央、国务院发布《关于进一步加强和改进大学生思想政治教育的意见》指出，大学生思想政治教育工作存在重视不够、参与不足、办法不多、没有贯穿教育教学全过程、实效性不强等问题。针对以上问题，主要通过思想政治理论课来帮助大学生树立正确的世界观、人生观、价值观，为实现这一目标就要全面加强思想政治理论课的学科建

设、课程建设、教材建设和教师队伍建设，通过改进教学内容，改革教学方法，改善教学手段等来实现。

《关于进一步加强和改进大学生思想政治教育的意见》特别指出："高等学校哲学社会科学课程负有思想政治教育的重要职责""高等学校各门课程都具有育人功能，所有教师都负有育人职责。广大教师要以高度负责的态度，率先垂范、言传身教，以良好的思想、道德、品质和人格给大学生以潜移默化的影响。要把思想政治教育融入大学生专业学习的各个环节，渗透到教学、科研和社会服务各个方面。要深入发掘各类课程的思想政治教育资源，在传授专业知识过程中加强思想政治教育，使学生在学习科学文化知识过程中，自觉加强思想道德修养，提高政治觉悟。"该文件是 21 世纪以来第一次以中共中央、国务院的名义联合发布指导高校思想政治教育工作的文件，是一份具有历史意义的指导性文件，蕴含深刻的理念创新和体系变革。此后十几年，我国走出了两条既独立并行又相互交融的学校思想政治理论课程改革路径：一条是围绕如何上好思想政治理论课而进行的改革创新活动；另一条是以上海市教委为代表的地方教育系统以学科德育为起点，探索开展构建包括学科德育在内的全员、全课程、全方位育人的新格局，即课程思政，这是我国学校学生思想政治教育课程改革的独特性探索。

（一）高校思想政治理论课改革与创新的推进

2005 年 3 月，中宣部、教育部印发《关于进一步加强和改进高等学校思想政治理论课的意见》，指出高等学校思想政治理论课课程改革工作是一项政治性、政策性和科学性很强的工作，要从当前实际出发，通过开展试点，分类指导，总结经验，逐步过渡，再全面推广，稳步有序地推进这项工作。

据此文件，教育部开展了一系列的思想政治教育理论课改革，组织专家编写高校思想政治理论课教材，组织举办高校思政骨干教师研修培训。与此同时，各高校也积极行动起来，开展思想政治理论课的课程改革和教学教法创新。例如，上海应用技术学院通过邀请校外专家参与开设讲座与开展课堂交流调研报告相结合，提升思想政治理论课效果；复旦大学建设思想政治理论课精品课程，不断提高育人水平。上海市还围绕新课程和新教材规模化地培训思想政治理论课教师，实施了高校思想政治教育中青年骨干教师人才培养计划（阳光计划）。所有这些改革和创新都是为了让高校思想政治理论课程成为大学生心中喜爱的"招牌课"。"通过全国各地各高校的共同努力，教材建设取得新进展，教学方法不断改进创新，教师队伍素质不断提升，基本实现思想政治理论课教学状况明显改善的目标。大学生对思想政治理论课的满意度大幅提高，思想政治理论课正在逐步成为大学生真心喜爱、终身受益、毕生难忘的课程。"[1]

（二）学科德育下全员全程全方位育人格局的出现

在教育部和全国各高校开展高校思想政治理论课课程改革的同时，以学科德育为代表的全员全程全方位育人格局正持续快速地推进，预示着学校思想政治理论课程新改革的到来。从 2005 年开始，上海市持续推进"学科德育"为理念的大中小学德育课程体系的改革，先后出台了《上海市学生民族精神教育指导纲要（试行）》和《上海市中小学生生命教育指导纲要（试行）》。根据上海市 2015 年德育规划文件，从整体上构建大中小学一体化、相衔接德育体系。在学科德育的理念下通过系统挖掘各门学科本身所蕴含的丰富的育人内涵，有效激活学科教学中的育人功能，真正发挥出课堂教学的主渠道作用。依据《上海市中小学各学科教学进一步贯彻落实"两纲"工作的实施意见》，根据学科的性质与特点，对各门学科分级提出指导意见，努力实现把情感态度与价值观和知识能力、过程方法融为一体，有效促进学科教学中知识体系和价值体系的统一。

---

[1] 谭浩：《让理论更贴近大学生——加强和改进高校思想政治理论课以及马克思主义理论学科建设综述》，2010 年 5 月 24 日，见 http://www.gov.cn/govweb/jrzg/2010-05/24/content_1612497.htm。

　　此后，上海市围绕"学科德育"体系的建构开展了一系列的建设。2006 年 4 月，中共上海市科技教育工作委员会、上海市教育委员会印发了《上海学校德育"十一五"发展规划》，明确每一位教师的育人岗位和职责，在校内形成关心支持德育工作的强大合力；所有专业教师对学生的思想修养、道德品质和人文素质教育都负有直接责任；明确所有专业教师的课堂育人职责。可见，上海市已经充分认识到其他学科的德育功能，提出了加快构建专业课程的思想政治教育理念和架构，已经有了课程思政的基因和雏形。

　　2010 年 7 月，国务院审议通过了《国家中长期教育改革和发展规划纲要（2010—2020 年）》，要求构建大中小学有效衔接的德育体系，创新德育形式，丰富德育内容，不断提高德育工作的吸引力和感染力，增强德育工作的针对性和实效性。纲要发布以后，教育部和各地教育部门围绕加强和创新思想政治教育开展了一系列探索。2011 年 4 月，教育部在上海召开"六个为什么"进高校思想政治理论课教学试点现场会暨思想政治理论课建设研讨会（华东片会），要求"发挥学校整体优势，整合教师队伍，鼓励和吸引相关专业课教师参与思政课教学，促进专业课教师与思政课教师之间的交流"[1]。这是教育部明确提出专业课教师要参与思政教学。2011 年 12 月，《上海市学校德育"十二五"规划》出台，提出"中小学德育课程和高校思想政治理论课教学质量明显提升，各学科的德育资源深入挖掘，哲学社会科学资政育人作用充分发挥"，进一步明确要挖掘各学科的德育资源参与到思想政治教育中来。鉴于上海市在学科德育以及构建全员全程全方位育人格局取得明显成效，教育部于 2010 年委托上海市开展国家教育体制改革试点项目"整体规划大中小学德育课程"，上海市借此平台在大中小学德育课程改革一体化上越走越深入。通过深入实施《上海市学生民族精神教育指导纲要》和《上海市中小学生生命教育指导纲要》，紧密结合中小学课程改革，加强德育

---

[1] 董少校：《李卫红：高校思政课教学应回答重大理论问题》，《中国教育报》2011 年 4 月 21 日。

课程与学科德育建设，全面实施《上海市中小学课程改革利用社会教育资源实施方案》，制定并实施了《上海高校思想政治理论课建设标准》《关于进一步加强上海高校马克思主义理论学科建设的指导意见》等一系列文件，使得上海市在学科思政和课程思政探索走在全国前列，取得了丰硕的创新成果。

二、思政在改革中与专业课程相互交融

党的十八大以来，在思想政治理论课改革和教法创新的带动下，全国思想政治理论课建设上了一个新的台阶，思想政治理论课改革越走越深，教学效果越来越好，思想政治理论课教师的素质和能力得到提高，思想政治理论课越来越有吸引力，学生对思想政治理论课由排斥走向喜爱。在思想政治理论课课程改革的促动下，课程思政的萌芽也已悄悄破土而出，茁壮成长。

（一）课程思政的提出

2014 年起，上海开始在高校探索实施课程思政，出台了《上海高校课程思政教育教学体系建设专项计划》，全面推广课程思政建设，要求全市所有高校都成立课程思政改革领导小组，由高校党委书记担任组长，设立专门办公室进行推进。

与高校同时进行改革的还有中小学。上海市于 2014 年在完成 2010 年国家教育体制改革试点项目"整体规划大中小学德育课程"的基础上，又承担了教育部哲学社会科学研究重大课题攻关项目"大中小德育课程一体化建设研究"。上海市金山区积极开展"与德育关系紧密的相关课程一体化育德实践，力求通过内容顶层构架、课程科学融入、资源有效利用、教师育德培训和政策系统支撑等层面"[①] 的积极探索。改革重点就是要打通学科学段

---

① 袁晓英：《立足实践，注重协同，扎实推进区域学科德育一体化建设》，《现代教学》2019 年 23 期。

纵向衔接不足、横向贯通不够，全员育人意识不强的问题。为此，上海市组织专家在对比高校思想政治理论课程和高中阶段政治教材的基础上，推出了对接中学政治教材的两套共 10 本高校思想政治理论课教辅材料，使得高校思政课与中小学德育课程衔接更加紧密。为了统筹整合资源，上海市建立 8 个高校思想政治理论课教学协作组，培育实施 20 多项思想政治理论课教改项目，打造出上海思想政治理论课"超级大课堂"等多个教改精品项目，充分挖掘专业课程的思想政治教育功能。

通过"探索思政课合作交流，整合哲学社会科学资源，为思政课建设提供理论源泉和学术支撑"① 等一系列的改革和探索，上海高校在思想政治理论课程改革创新上迈上一个新高度，形成的"大国系列"思政课改革的创新品牌，在全国树立了标杆，具有很强的示范性和影响力。上海市高校思想政治理论课程改革的核心要点是充分发挥哲学社会科学的思政功能，让哲学社会科学的专业教师加入思想政治理论课程教学团队，形成大思政队伍；发挥各学科的优势，构建有趣、有味、有魅力的新型思想政治理论课程。上海市试点的成功，为全国推进课程思政建设提供了宝贵经验。

（二）思政课程与哲学社会科学课程的结合

2015 年 1 月，中共中央办公厅、国务院办公厅印发《关于进一步加强和改进新形势下高校宣传思想工作的意见》，提出增强大学生思想政治教育的实效性，"要充分发挥高校哲学社会科学育人功能，深化哲学社会科学教育教学改革，充分挖掘哲学社会科学课程的思想政治教育资源"。2015 年 7 月，中央宣传部、教育部印发《普通高校思想政治理论课建设体系创新计划》，提出"坚持思想政治理论课与专业课相结合，注重发挥所有课程的育人功能"。同时，在上海市思想政治理论课、德育课程一体化建构的示范引

---

① 《上海市整体推进高校思想政治理论课教学改革》，2015 年 12 月 16 日，见 http://www.moe.gov.cn/jyb_sjzl/s3165/201512/t20151217_225207.html。

领下，全国各省区市和各高校开始大力推进思想政治理论课程与其他专业课程的融合，促进思想政治理论课程创新发展。例如，2016 年 4 月，山东省委办公厅、省政府办公厅印发了《关于推进高等教育综合改革的意见》，提出要以社会主义核心价值观为主线，构建包含专业育人在内的"四位一体"的德育体系；制定《山东省高等学校德育综合改革指导纲要》，强调"学校所有课程都具有德育的职责和功能，要以德育目标为准绳，修订完善专业教育教材，优化课程设置，做好教学设计，加强教学管理，深入挖掘专业误蕴含的德育内容，实现专业教育与通识教育在德育中的有机融合、相辅相成"。全国其他高校也在尝试构建新型的思想政治理论课程体系，但总体上还是围绕如何让传统的思想政治理论课堂更有亲和力、吸引力和感染力下功夫。为了实现这个目标，将哲学社会科学课程引入思政教育中逐渐成为一种潮流，哲学社会科学教师与思想政治理论课教师共同打造不一样的思想政治教育课，这种模式成为这一时期的主流，而其他专业课的思想政治教育因素还没被充分地挖掘。随着改革走深走实，其他专业课程的思想政治教育因素将得到重视和挖掘，改变思想政治理论课程一枝独秀的局面，真正实现"百花齐放"，从而促进课程领域的大思政格局逐步形成。

三、思政课程与课程思政相融合

随着思想政治理论课程改革的继续深入，让广大教育工作者充分认识到专业课程的思想政治教育价值和功能。由此，高校思想政治教育由以思想政治理论课程改革为重点转向课程思政改革的探索。

（一）从思政课程到课程思政的上海探索

中共中央宣传部和教育部等部门发布了一系列加强思想政治理论课程建设的文件，明确指出要发挥专业课程的思想政治教育功能，使高校思想政治教育由思想政治理论课程独自承担变成"遍地开花"。

2016 年 11 月，上海提出"六进"助推社会主义核心价值观教育。在进教材方面，"重点修订中小学语文、历史、地理、思政、艺术、体育与健身等六门学科的课程标准和教材，结合学科特点融入社会主义核心价值观教育"；在进课堂方面，主要通过"发动专家学者和骨干教师，对中小学各门学科育人价值进行深入研究，并将研究成果分学科编制成'学科育人价值系列丛书'，为一线教师实施学科德育提供借鉴和参考"。① 从思想政治教育"进教材"融入专业教育到"进课堂"挖掘专业思政价值，是实现从思想政治理论课程到课程思政的深刻体现。

随后，上海高校重新确定思想政治理论课、综合素养课（通识课）及专业课三类课程功能定位，着力从内容建设、教学方法、师资团队以及互联网手段载体运用等途径推进改革，实现了全课程育人。上海多所高校都在通识课程中融入思想政治理论教育，通过创新形成一系列课程思政精品课程，如上海大学"大国方略"与"创新中国"、同济大学"中国道路"、上海对外经贸大学"人文中国"、华东政法大学"法治中国"等。

长期以来，高校思想政治理论课程和专业课程处于"两张皮"状态，思想政治理论课单打独斗状态一直未能得到有效的改变，其根本原因还是全员全课程育人的理念没能得到全面贯彻落实，专业课程的思政功能没有被激活。上海各高校一批"中国系列"课程应运而生，是上海在打破思想政治理论课程与专业课程在学生思想政治教育上"两张皮"的全新探索，建立了"思政理论课、综合素养课程、专业课程三位一体的高校思政教育课程体系，实现从'思政课程'到'课程思政'的创造性转化"，开启了课程思政改革的历史序幕，即"通过深入挖掘各类课程的思想政治理论教育资源，倡导所有老师都担负起育人的职责，切实改变思想政治教育标签化取向"。②

---

① 《上海："六进"助推核心价值观教育》，2016 年 11 月 4 日，见 http://www.moe.gov.cn/jyb_xwfb/s5989/s6635/s8537/zl_03/201611/t20161107_287901.html。

② 樊丽萍：《上海积极构建三位一体的高校思想政治教育课程体系 一批"中国系列"课程彰显价值引领》，《文汇报》2016 年 12 月 7 日。

课程思政是对思想政治理论课的强化和延展，实现显性教育与隐性教育的融合，逐步构建高校大思政育人格局。

（二）思政之"盐"溶于教育之"汤"

2016年12月，全国高校思想政治工作会议召开，习近平总书记在大会上强调："其他各门课都要守好一段渠、种好责任田，使各类课程与思想政治理论课同向同行，形成协同效应。"[①] 这次会议，吹响了全面推进课程思政建设的新号角。全国各地和高校围绕如何实现各类课程与思想政治理论课同向同行，形成协同效应，实现教师既教书又育人的目标，展开了一系列的改革创新，进一步推动课程思政在全国的探索和实践。教育部于同月在北京召开大学生思想政治教育工作战线贯彻落实全国高校思想政治工作会议精神座谈会，要求各高校要积极探索课程育人等新理念、新方式，尤其是将思想政治教育贯穿于教育教学全过程，努力实现全程育人、全方位育人。

为加快推进思想政治理论课程改革，需要实现两个衔接和贯彻，在纵向上要实现大中小幼一体化德育体系，在横向上要实现全员、全过程、全方位育人的体制机制。这是国家对思想政治教育改革创新的重大战略，课程思政作为以横向为主，交叉纵向的思想政治教育课程改革典型获得更加快速发展。伴随着课程思政相关文件的落实和创新实践的探索，课程思政的理念已经广为传播，并为大多数思政教师和专业课程教师所关注和认可，一系列围绕课程思政的理论研究和实践成果开始不断出现在报纸和杂志上。赵庆寺教授对课程思政何以必要、为何可能、如何构建，课程思政为什么、是什么、怎么办等问题分析得淋漓尽致，为全面准确理解课程思政提供了很好的解读，在理论上深化了对课程思政的认识。

各地围绕课程思政不断发力，取得新的成绩。尤其是上海市高校在深入贯彻落实全国高校思想政治工作会议精神上取得显著成效，实现思政教育从

---

① 《习近平谈治国理政》第二卷，外文出版社2017年版，第378页。

"专人"转向"人人",其建设经验受到持续关注。教育部在 2017 年高校思想政治理论课教学质量年上海调研片会暨高校课程思政现场推进会上详细地介绍了上海课程思政取得的宝贵经验。高度评价了上海课程思政建设取得的成绩,认为"上海'课程思政'改革敢为人先、谋划超前,路径清晰、层次分明,领导重视、建章立制,取得了重要进展,体现了上海市'改进'的努力、'加强'的时效、'创新'的意识、'提高'的水平,为构建以思政课为核心,各类课程与思政课同向同行、形成协同效应的思想政治理论教育课程体系提供了一套有价值、可推广的'上海经验'"①。例如,上海交大的"读懂中国",上海应用技术大学的"中国古代技术",上海大学的"大国方略"通选课升级版课程——"创新中国""创业人生""时代音画"等。这些课程"旨在形成'课程思政'的全新课程观,即让高校的思政教育融入课程教学和改革的各环节、各方面,实现立德树人润物无声的目标"②。上海高校十几年来在全面推进课程思政教改过程中,新型课程体系逐渐成型,形成独特的课程思政特点,实现思政之"盐"溶入教育之"汤"的目标,对全国的课程思政建设产生了较大的影响,树立了一个学习的模板。各地各高校纷纷前往上海取经,有效带动全国各地课程思政建设并掀起一股浪潮。

四、课程思政的全面深化,开启大思政新格局

党的十九大以来,高校思想政治教育课程建设迎来了新的发展。在继续推进高校思想政治理论课程改革创新的同时,重心逐步转到课程思政的建设上来,课程思政逐步成为高校思想政治教育改革的前沿阵地,课程思政建设

---

① 董少校:《打赢提高思政课质量和水平的攻坚战 教育部召开高校"课程思政"现场推进会》,《中国教育报》2017 年 6 月 23 日。

② 樊丽萍:《上大课、讲大势、传大道,最优质的师资直供思政课 上海高校形成 360°思政课"德育合力"》,《文汇报》2017 年 4 月 7 日。

也由点到线、由线到面全面推进。

（一）课程思政建章立制加快推进发展

为加快推进课程思政建设，中央专门出台了一系列课程思政建设的指导文件，全面推进课程思政建设。

2017 年 12 月，中共教育部党组发布《高校思想政治工作质量提升工程实施纲要》，提出了"十大"育人体系，其中第一个就是统筹推进课程育人，要求深入推动习近平新时代中国特色社会主义思想进教材、进课堂、进头脑，大力推动以"课程思政"为目标的课堂教学改革，优化课程设置，修订各类专业教材，完善教学设计，加强教学管理，梳理各门课程所蕴含的思想政治教育元素和所承载的思想政治教育功能，融入课堂教学各环节，实现思想政治教育与知识体系教育的有机统一。培育选树一批"学科育人示范课程"，建立一批"课程思政研究中心"。2018 年，教育部思想政治工作司提出，要下大力气推动以课程思政为目标的课堂教学改革，努力实现知识传授、价值引领和能力提升的有机统一。同时，组织相关机构和专家研究提出课程育人指导意见，梳理其所蕴涵的思想政治教育元素，尤其是一批意识形态属性较强的学科，通过研究使其融入课堂教学各环节。在实践上要求注意培育一批学科育人示范课程，建立一批课程思政研究中心，充分发挥各门课程的思政教育功能。同年，教育部高等教育司要求高校树立新的思政观，认识到所有课堂都有育人功能、都是思想政治教育课，创新课程思政、专业思政，真正建立课程、专业、学科"三位一体"思政教学体系，努力开创高校思政工作新局面。这一系列的政策举措，预示着 2018 年成为课程思政全方位发力之年。

以上海为代表的地方各省区市和高校在课程思政建设中持续改革创新。上海高校推出课程思政领航计划，遴选出一批整体改革领航高校、重点改革领航学院、特色改革领航团队和精品改革领航课程，对这些项目将提供重点支持，打造一批好老师、好课程、好学院、好制度。2018 年 7 月，《中共上

海市委 上海市人民政府关于全面深化新时代教师队伍建设改革的实施意见》对新时代教师的课程思政能力提出更高的要求："引导教师在课堂教学中把价值引领、知识传授和能力培养有机结合起来。出台高校课程思政教育教学改革实施意见和大中小幼德育一体化以及学科德育指导意见。系统挖掘梳理各学科的思想政治教育内容，制定高校课程思政教学指南和中小学学科德育教学指南。把教师开展学科德育或课程思政情况，作为评价学校办学方向和人才培养质量的重要指标，以及教师师德评价、绩效考核、职称评审、奖励表彰等的必要条件。"把教师参与课程思政的情况作为考核重要依据，从评价体系引导广大教师向课程思政转变。

2018 年 9 月，全国教育大会召开，习近平总书记在大会上指出："要努力构建德智体美劳全面培养的教育体系，形成更高水平的人才培养体系。要把立德树人融入思想道德教育、文化知识教育、社会实践教育各环节，贯穿基础教育、职业教育、高等教育各领域，学科体系、教学体系、教材体系、管理体系要围绕这个目标来设计，教师要围绕这个目标来教，学生要围绕这个目标来学。凡是不利于实现这个目标的做法都要坚决改过来。"① 全国教育大会为课程思政进一步明确改革的方向和路径。2019 年 3 月，习近平总书记主持召开学校思想政治理论课教师座谈会，强调要坚持价值性和知识性相统一，要寓价值观引导于知识传授之中，要坚持显性教育和隐性教育相统一。强调挖掘其他课程和教学方式中蕴含的思想政治教育资源，以便实现全员全程全方位育人。会议推动了课程思政在全国的全面推进。

2019 年 8 月，中共中央办公厅、国务院办公厅印发《关于深化新时代学校思想政治理论课改革创新的若干意见》，针对各类课程同思政课建设的协同效应不够紧密等问题，提出要从整体推进高校课程思政和中小学学科德育。深度挖掘高校各学科门类专业课程和中小学语文、历史、地理、体育、

---

① 《全面建成小康社会重要文献选编》（下），人民出版社、新华出版社 2022 年版，第 1076 页。

艺术等所有课程蕴含的思想政治教育资源，解决好各类课程与思政课相互配合的问题，发挥所有课程育人功能，构建全面覆盖、类型丰富、层次递进、相互支撑的课程体系，使各类课程与思政课同向同行，形成协同效应。

为有效贯彻全国教育大会、学校思想政治理论课教师座谈会关于课程思政的要求，教育部采取了一系列行动，包括发布了一系列的指导文件、召开一系列工作推进会。2019 年 9 月，教育部印发《关于深化本科教育教学改革全面提高人才培养质量的意见》，再次强调，坚持知识传授与价值引领相统一、显性教育与隐性教育相统一，充分发掘各类课程和教学方式中蕴含的思想政治教育资源的重要性。教育部《关于一流本科课程建设的实施意见》，强调对一流本科课程建设要推动课程思政理念形成广泛共识，最终构建全员全程全方位育人大格局。2019 年 10 月，教育部印发《全面推进高校课程思政建设》，对课程思政的构建进行指导：一是明确课程思政内容体系；二是构建课程思政课程体系；三是创新课程思政工作方法；四是建设课程思政工作机制。①

2020 年 5 月，教育部印发《高等学校课程思政建设指导纲要》，在全国高校部署课程思政。这份文件标志着课程思政地方试点经验已经成熟，开始走向全国推广阶段。全国各高校在文件指导下全面启动课程思政建设，课程思政的实践经验和理论探索更加丰富，课程思政建设达到一个新的高度。2020 年 9 月，教育部、国家发展改革委、财政部出台《关于加快新时代研究生教育改革发展的意见》，对研究生课程思政进行部署，提出要从课程思政示范高校、课程思政示范课程、课程思政教学名师和团队、课程思政教学研究示范中心等几个方面加以建设。课程思政在我国各层次的教育领域全面实施，覆盖到所有的学生，其意义是重大的。

为了更好指导全国各地高校开展课程思政建设，2020 年 6 月，教育部

---

① 《全面推进高校课程思政建设》，2019 年 10 月 31 日，见 http://www.moe.gov.cn/jyb_xwfb/xw_fbh/moe_2606/2019/tqh20191031/sfcl/201910/t20191031_406254.html。

组织召开全面推进高等学校课程思政建设工作视频会议，部署《高等学校课程思政建设指导纲要》贯彻落实工作。会议强调，"要深刻认识全面推进高校课程思政建设的战略意义，充分发挥好专业课教师'主力军'、专业课教学'主战场'、专业课课堂'主渠道'的作用，推动课程思政建设不断取得新进展新成效，使专业课与思政课同向同行，构建立德树人长效机制，实现全员全程全方位育人。"① 2020 年 12 月，教育部在南京召开高校课程思政建设工作调研推进会，交流研讨课程思政指导纲要发布以后全国高校课程思政建设落实情况，深入推进高校课程思政高质量建设。总之，教育部在这一时期召开的一系列会议，发布的一系列文件，全力推进在学科建设中渗透课程思政的要求和理念，推动课程思政建设成为全国性的教育改革活动。

可以看到，党的十九大以来，课程思政建设的推进速度在加快，推进层次不断提高，推进层面不断扩大，已经形成全员全程全方位育人的大格局。一份份课程思政建设文件的出台，一场场课程思政推进会议的召开，无不显示着党中央对课程思政建设的重视，深刻体现其重要性、必要性。

（二）课程思政成果不断丰富

如果说在党的十九大以前，我国课程思政还是以上海为代表的"一枝独秀"，那么到了党的十九大以后就是"满园春色"的新景象。课程思政建设的理念、模式在全国各地各高校得到广泛而快速的推广，广大高校教师的共同努力促使课程思政的实践经验和理论成果不断丰富。

高校课程思政建设典型经验不断丰富。课程思政的不断实践必然带来建设经验的不断丰富。在党中央的统一部署下，全国各省级教育行政部门和各高校都在积极探索，逐步形成自己的建设典型经验。首先是各省区市教育行政部门推进课程思政创新的经验。例如，河南省在课程思政建设中的原则和

---

① 《全面推进高等学校课程思政建设工作视频会议召开　抓准抓实　全面推进高校课程思政建设取得实效》，2020 年 6 月 9 日，见 http://www.moe.gov.cn/jyb_xwfb/gzdt_gzdt/moe_1485/202006/t20200609_464012.html。

思路具有很高的参考价值，其主要做法体现在五个方面：一是深入挖掘课程思政元素，打造样板课程；二是充分发挥互学互帮作用，凝练教学团队；三是扎实推进课程思政研究，形成示范引领；四是整体推动思政育人改革，建设示范高校；五是全面启动教育教学改革，转化教研成果。2020 年 10 月 17日，《中国教育报》报道河北省依托马克思主义学院等机构，大力培育课程思政研究体系，每年选树省级课程思政教学研究示范中心约 20 个，每年设立省级课程思政改革项目 200 项。福建省在推进课程思政建设的过程中通过"四个抓好、四主合一"，全面推进高校课程思政建设，其主要做法是抓好顶层设计，坚定"主心骨"；抓好教师队伍，建强"主力军"；抓好课程建设，聚力"主战场"；抓好课堂教学，夯实"主渠道"。① 这些经验为其他地方高校做好课程思政建设提供有益的参考。

在这期间，上海如何从思政课程到课程思政，如何变成"高校第一课"的经验特别引人瞩目。2020 年 12 月 23 日，教育部介绍了课程思政改革"排头兵"的上海市推进课程思政建设 2.0 建设的经验：以课程教学为核心，整体设计、系统推进课程思政 2.0 建设，着力构建更加完善的课程思政内容体系、课程体系、教学体系、教师培养体系、制度规范体系，确保课程思政融得进、落得实、看得见。2018 年 1 月 3 日，《光明日报》报道了上海高校构建三位一体育人"同心圆"，党政"一把手"站上思政讲台，促进教师既教书又育人的课程思政建设经验。2018 年 8 月 29 日，《人民日报》报道了上海高校 13 年来全面推进课程思政教学改革，形成新型课程体系的情况，重点介绍了上海高校创新构建"4+1+X"思想政治理论课教学体系。2019 年 5 月 31 日，教育部高校思想政治工作简报〔2019〕第 12 期报道了复旦大学实施"四大行动计划"，深入推进"三全育人"综合改革的课程思政经验做法。2020 年 11 月 9 日，教育部网站介绍了河海大学通过实施体系

① 《福建省坚持"四个抓好、四主合一" 全面推进高校课程思政建设》，2020 年 12 月21 日，见 http://www.moe.gov.cn/jyb_sjzl/s3165/202012/t20201221_506635.html。

设计工程、分类建设工程、改革研究工程、素养提升工程、质量保障工程等"五大工程"，构建高质量课程思政体系的建设经验。上海市的课程思政建设不断走深走实，必然对当前及未来的全国各地方各高校课程思政建设具有重要借鉴和参考意义。

课程思政的理论研究成果越来越丰富。随着课程思政建设经验的丰富和重要性得到普遍共识，对课程思政的理论研究也呈现爆发式的增长。党的十九大以来，以课程思政为主题的相关研究逐年快速增长。2017 年到 2019 年，有关课程思政的相关研究论文达到 180 余篇。除了数量上的增长外，质量上也有很大的提高，在核心期刊发表的课程思政相关研究成果越来越多，研究的领域也越来越广，大中小学都有涉及，公共必修课、哲学社会科学课程的课程思政价值最先被挖掘和总结。

据中国知网统计，2020 年各类课程思政相关论文共 263 篇，其中核心期刊论文就有 53 篇之多，相关研究呈现以下几个特点：一是发表的文章数量猛增。一年时间全国发表的各类课程思政论文达到了过去几年的总量。二是参与研究的学者、教师增多。课程思政在过去几年主要是思政教师和思想政治教育工作研究人员在做研究，而现在更多专业教师也参与进来了。三是课程思政的研究范围更加广泛。体现在不仅跨度上涵盖大中小学、研究生思政教育，学科上几乎涉及现有的所有学科门类。四是课程思政的研究成果总体质量提高。在核心期刊的发文质量和数量上都更上一个层级。总的来看，随着课程思政的深入开展，与课程思政相关的课题、研讨会议、研究论文、报告、著作将会越来越多，质量也会越来越高。

| 第二章 |

课程思政的时代价值

课程思政建设以习近平新时代中国特色社会主义思想指导，是我国高等教育改革创新与发展的现实之需，体现着高校立德树人根本任务，思政工作体系，教师教书育人在新的历史方位的新定位、新要求、新举措。全面推进课程思政建设是深入贯彻习近平总书记关于教育重要论述的要求，是加快推进教育现代化、建设教育强国、办好人民满意教育的重要基石，是全面提高人才培养质量，培养造就大批堪当时代重任的接班人的重要保证。

第一节 课程思政是加强和改进
思政工作的基础工程

思想政治工作在落实立德树人根本任务中发挥着极其重要的作用，如何应对党的第二个百年奋斗目标征程的新境遇、新要求，不断加强和改进思想政治工作，始终是党和国家高度关注的重大现实课题。课程思政建设是高校思政工作体系的重要组成部分，在高校思想政治工作高质量、系统化、整体性建设中理解、审视课程思政建设，可以更加深刻地理解和把握课程思政建设作为新时代加强和改进思想政治教育工作一项基础工程的重大意义和重要价值。

一、课程思政是坚持发展中国特色社会主义的必然要求

推进课程思政是办好新时代中国特色社会主义大学的重大政治任务之需，是我国高等教育的一次深刻变革。中国特色社会主义伟大事业的辉煌成就，让我们更加认识到将马克思主义基本原理同我国实际相结合、同中华优秀传统文化相结合的重要意义。新中国成立以来，我国逐步建立的教育体系为社会主义建设培养了千千万万的人才。进入新时代，党和国家事业发展步入新阶段，开启新征程，面临的国际竞争愈加激烈，国家治理体系和治理能力现代化任务艰巨，对我国高等教育体系提出了新的要求，必须回答好如何为坚持和发展中国特色社会主义服务，抓好后继有人这个根本大计。

（一）贯彻党的教育方针，坚持社会主义办学方向

办学方向和办学宗旨是关系国家教育发展的根本问题，一个国家的政治、经济、历史、文化、国情决定了这个国家的教育去往何处。作为社会主义国家和最大的发展中国家，其社会制度和经济基础决定了高等教育必须走中国特色社会主义发展道路，必须坚持社会主义办学方向，为党育人、为国育才，努力办好人民满意的教育。高校是培养高级专业人才的摇篮，贯彻党的教育方针，坚持社会主义办学方向，遵循"四个服务"基本要求，才能承担起培养担当民族复兴大任时代新人的历史使命，造就德智体美劳全面发展的社会主义建设者和接班人。

课程思政是高校坚持正确办学方向的必然选择。不论是自然科学还是人文社会科学，任何一个成功的学科体系建设都离不开马克思主义的指导，都不能偏离社会主义办学的方向。课程思政建设坚持以马克思主义为指导，将马克思主义理论教育融入各个学科、各个专业的建设中去，真正体现按照中国特色来办学，是新时代高等教育的重大理念创新。课程思政建设也是高等教育遵循"四个服务"要求的必然选择。每一所高校、每一门课程、每一

位教师，实施课程思政的过程就是为人民服务、为中国共产党治国理政服务、为巩固和发展中国特色社会主义制度服务、为改革开放和社会主义现代化建设服务的过程。课程思政建设是新时代满足人民对更好教育需求的回应，是贯穿人才培养全周期的重要制度安排，是新时代学校践行以人民为中心发展理念的具体实践。

（二）服务"两个大局"，助力社会主义现代化强国建设

习近平总书记指出："一百年来，中国共产党团结带领中国人民进行的一切奋斗、一切牺牲、一切创造，归结起来就是一个主题：实现中华民族伟大复兴。"① 当今世界正处于百年未有之大变局，与中华民族伟大复兴战略全局构成"两个大局"，"两个大局"是思考和解决中国高等教育问题的现实基础。在"两个大局"的时代背景下，高等教育的使命就像聚光灯一样，聚焦于解决"卡脖子"问题、服务国家重大战略需求、培养高素质人才等硬核需求。归根结底，需要推进课程思政建设，全面提高高校人才培养能力，推动高校更好地发挥智力支撑、人才保障等功能，更有效地助力全面建成社会主义现代化强国的远景目标达成。

课程思政服务于实现中华民族伟大复兴的战略全局。中华民族伟大复兴需要培养大批的时代新人，坚决扛起伟大复兴之路的时代重任。首先，课程思政建设是用习近平新时代中国特色社会主义思想武装全体师生的重要载体，能够使全体教师在所有课程教学之中凝心聚力、团结一致，汇聚起推动伟大复兴中国梦的磅礴伟力。其次，课程思政建设是对高等教育质量全方位的检视和升华，是一场以刀刃向内的勇气实施的深刻变革，将高等教育资源再整合、再凝练、再提升，更好满足人民日益增长的对优质教育资源的渴求。课程思政建设有利于全面推进高等教育质量提升，一体化建构大中小思政课教育教学体系，为实现中华民族伟大复兴提供更优质的智力和人才支撑。

---

① 《习近平谈治国理政》第四卷，外文出版社 2022 年版，第 4 页。

课程思政服务于世界百年未有之大变局。大变局的世情需要培育时代新人应变的能力和水平，在大变局中始终坚定正确的政治方向、坚定理想信念。首先，课程思政建设在于发挥每门课程"守好一段渠，种好责任田"的育人功效，更好应对世界大势波云诡谲的挑战。强起来的中华民族仍将面对诸多的困难和风险，社会主义和资本主义两种意识形态斗争依然复杂尖锐，高校意识形态领域斗争尤为激烈。课程作为意识形态的重要阵地，每一门课程都是一座堡垒，课程建设全过程都需要以马克思主义的立场、观点、方法为指导，才能站稳政治立场。其次，课程思政作为一种教育制度创新，要承担起青年应对变局的能力、解决实际问题能力的培养任务。世界经历百年未有之大变局，意味着不确定性、不稳定性的增加。这种"不确定性"对于青年学生而言，只会更加强烈，更需要在课程中养成科学的思维方法、强大的思维能力，养成终身受用、终身受益的历史思维、辩证思维、系统思维、创新思维，学会用马克思主义的立场观点方法分析问题，善于把握时代发展的方向，才能应对未来世界的多元竞争与挑战。

党的十九大报告提出，要加快推进教育现代化，建设教育强国，办好人民满意的教育。全面建成社会主义现代化强国，实现中华民族伟大复兴，关键在国民素质现代化，基础在教育，决定着高校要全面推进课程思政建设，提升人才培养质量。课程思政建设为新时代中国高等教育规划了发展目标，指明了发展路径，充分发挥高等教育基础性工程、先导性工程、全局性工程的地位和作用，满怀信心建设更美好的高等教育，为实现中华民族伟大复兴的中国梦作出新的更大贡献。

（三）扎根中国大地办世界一流大学

习近平总书记强调："我们对高等教育的需要比以往任何时候都更加迫切，对科学知识和卓越人才的渴求比以往任何时候都更加强烈。"[1] 一流人

---

[1] 《习近平谈治国理政》第二卷，外文出版社 2017 年版，第 376 页。

才的培育需要一流大学的建设，课程思政建设回答了"培养什么人、怎样培养人、为谁培养人"的根本问题，同时指出了"办什么样的大学、怎样办好大学"的高等教育发展方向，即高校要"扎根中国大地办世界一流大学"。习近平总书记指出："世界上不会有第二个哈佛、牛津、斯坦福、麻省理工、剑桥，但会有第一个北大、清华、浙大、复旦、南大等中国著名学府。"① 中国有着独特的历史、文化和国情，现实的社会基础、经济基础和文化基础决定了我们的高等教育必须扎根于中国大地，用民族复兴的中国梦和中国特色社会主义的伟大成就引领我们办好中国特色社会主义高校。

办世界一流大学是中国高校肩负的时代使命，扎根中国大地办学，又是办好中国特色世界一流大学的根本出路所在。一流人才不仅要有广博的知识和深厚的专业素质，更要有正确的世界观、人生观和价值观。课程作为高校育人的核心载体，课程思政建设是一流大学建设的硬核构成，唯有一流的课程才能建好一流的学科、培养一流的人才，一流课程建设是一流大学的基础性、战略性工程。课程思政建设最基本的要素是课程，一流大学建设要求课程思政要实现坚持党的领导和遵循教育规律的统一、坚定文化自信与教育自信的统一、坚持中国特色和放眼世界的统一。诚然，办一流大学的"时代使命"和扎根中国大地办学的"根本出路"的着力点在于推进课程思政建设，进而构建具有中国特色的教育实践方案与理论成果，以一流的课程赋能中国特色、世界一流的大学建设。

二、课程思政是落实立德树人根本任务的战略举措

习近平总书记指出："高校立身之本在于立德树人。"② 课程是学校教育最基本的组织形式和载体，自然也应是立德树人最基本、最核心、最普遍的

① 《习近平谈治国理政》第一卷，外文出版社 2018 年版，第 174 页。
② 《习近平谈治国理政》第二卷，外文出版社 2017 年版，第 377 页。

组织形式和载体。推进课程思政建设是确保立德树人根本任务落实的应有之义、必备内容，更是一项关键的战略举措。

（一）落实立德树人根本任务的迫切要求

在全国教育大会上，习近平总书记把强调"坚持把立德树人作为根本任务"作为"九个坚持"的重要内容，明确提出："要把立德树人融入思想道德教育、文化知识教育、社会实践教育各环节，贯穿基础教育、职业教育、高等教育各领域，学科体系、教学体系、教材体系、管理体系要围绕这个目标来设计，教师要围绕这个目标来教，学生要围绕这个目标来学。"① 可见，课程思政建设是落实立德树人根本任务的迫切要求，也是落实立德树人的基础性和全面性的制度安排。

立德树人根本任务是一项系统性工程，课程思政建设贯穿立德树人根本任务的全过程。首先，课程思政建设助推立德树人根本任务融入高等教育的各个环节。立德树人离不开思想政治理论课主渠道，但课程思政的建设打通了专业课程与思想政治理论课的同向同行，为高等教育高质量发展提供不竭的内生动力。其次，课程思政将高校各大体系建设围绕立德树人目标开展。课程是学科的核心、是教学的基本形式、是教材的服务对象、是管理的直接对象，课程思政的建设有力推动学科体系、教学体系、教材体系、管理体系的转向。最后，课程思政要求教师坚守立德树人的教书育人初心和使命。高校教师要重新回归育人初心，不仅教授专业知识，更要"立德"进而"树人"。教师要充分发挥课程中蕴含的思政元素，引导学生做政治坚定的人、做道德高尚的人、做对社会有用的人，引导学生在课程学习中坚定共产主义远大理想，全面提升专业素养。

抓好课程思政建设，就是抓住了高校立德树人工作的"牛鼻子"。高等

---

① 《全面建成小康社会重要文献选编》（下），人民出版社、新华出版社 2022 年版，第 1076 页。

教育发展的历史和实践证明，不论是思政课程还是专业课程，所有课程都是高校立德树人的关键，牵动着高校立德树人根本任务的全面深化和有效落实。课程思政涵盖每门课程、每位教师，贯穿学生学习成长的全周期，需要教师转变观念，主动扛起后继有人的使命，发挥课程建设团队的集体智慧和力量，持续推动课程思政建设，真正从"根本"上有效落实立德树人根本任务。

（二）推动高等教育深化改革的现实需要

课程是教育内容、教育目标和教学活动的主要载体，全面推进高校课程思政是当前高等教育改革的重要举措，关乎高等教育高质量发展的战略布局，是深化高等教育改革、提升高校教学质量的当务之急和现实需要。

推进课程思政建设是高等教育改革的当务之急。教育是国之大计，党之大计，第二个百年奋斗目标已经开启，加快教育现代化，建设教育强国是高等教育面临的时代课题。高等教育改革不能满足于零敲碎打，不能满足于边边角角的"修缮"，而是要以全局性、整体性、系统性的思维加以改革。课程正是高等教育改革的核心，课程体现了学科建设的成效，也决定着人才培养的质量。整体而言，衡量一所高校"好不好"，要看它的课程质量如何；衡量一门课程的质量如何，要看它能否将知识传授、能力训练和价值引领深度融合。

推进课程思政建设是提升高校教学质量的现实之需。课程是教学内容、教学目标和教学活动的主要支撑，是课堂上教师和学生教学互动的集中呈现，也是衡量教学质量的重要标准。作为一种改革创新的教育理念，课程思政建设和提升课程教学质量是相辅相成的。全面推进课程思政建设是高等教育从"有没有"向"好不好"改革的现实要求和必经之路，抓住了课程思政建设，也就是抓住了课程建设、教师队伍、课堂教学这一系列关键，就是将高等教育改革用课程思政这条主线串联成一个整体。

（三）抓好后继有人这个根本大计的必然选择

《中共中央关于党的百年奋斗重大成就和历史经验的决议》指出：党和人民事业发展需要一代代中国共产党人接续奋斗，必须抓好后继有人这个根本大计。高校思政工作关系着党的后继有人的根本大计，整体依托思想政治理论课主渠道、学生日常思想教育和管理服务的主阵地，过度集中于思政课程"点"的聚集教育以及日常思想教育"线"的直接教育，不论是从思想政治工作规律上来看，还是从高校现实的教育情况来讲，专业课作为立德树人、育人成才的主阵地作用还没有得到发挥，通识课程、专业课程的思想政治教育功能还没有得到挖掘，需要以课程思政为抓手破解思想政治工作"孤岛现象"，建构适应抓好后继有人这个根本大计的课程思政建设格局。

思政课程和课程思政建设需要同向同行。在课程思政的一体两翼架构中，传统思政课要发挥主渠道、主课堂的显性功能。同时，要扩宽通识课的思政内涵和挖掘专业课程思政资源。[1] 课程思政建设是秉承着全面、立体、创新的思想政治教育理念，推进大思政课程体系建设，打破思政课程和通识课程、专业课程之间的界限，创新课程思政话语体系，形成教育合力。

推进课程思政建设以提升思想政治理论课教学效果。思想政治理论课系统讲述马克思主义和马克思主义中国化时代化最新理论成果，课程理论系统且深入，但思想政治理论课是必修课程，具备普适性的同时在专业针对性上有所欠缺，课程思政建设可以弥补这一不足，在各类课程教学中，寓理论教育、价值引导于知识传授和能力训练中，帮助学生树立正确的世界观、人生观和价值观。

课程思政是提升高校思政工作质量的有效措施。课程思政是解决思想政治教育"最后一公里"的重要举措，在专业课里融入思政教育，能够更贴

---

① 何红娟：《"思政课程"到"课程思政"发展的内在逻辑及建构策略》，《思想政治教育研究》2017 年第 5 期。

合学生实际地回答好"培养什么人、怎样培养人、为谁培养人"这个根本问题。提升高校思政工作质量，要在工作理念、工作机制、工作模式和工作评价上下功夫，课程思政建设在高校育人体系中发挥着补齐短板、优化结构、丰富模式等作用，是重要的质量提升措施。

总之，课程思政建设既要锚定育人目标，相辅相成，形成合力，也要注意因事而化、因时而进、因势而新，不断提升思想政治教育的亲和力和针对性，成为抓好后继有人根本大计的重要举措。

三、课程思政是"三全育人"综合改革的关键之举

习近平总书记强调："要坚持显性教育和隐性教育相统一，挖掘其他课程和教学方式中蕴含的思想政治教育资源，实现全员全程全方位育人。"① 这为高校进一步深化教育教学改革、推进"三全育人"综合改革提供了根本遵循。课程思政建设是"三全育人"整体格局的一项系统工程，需要高校加强顶层设计，激发调动全体教师的主体活力，压紧压实教育管理服务各环节的育人责任，营造全方位的育人氛围。

（一）课程思政推进全员育人理念的落细落实

专业课教师是课程思政的主力军。从教师数量看，一所高校教师队伍的大多数是专业课教师；从与学生接触时间上来说，专业课教师与学生接触时间更长；从教师的榜样示范作用来讲，专业课教师在学生心中更有威望、更亲切。所以，课程思政建设作为全员育人的重中之重，在于增强广大专业课教师投身课程思政的主体自觉和主体活力。

课程思政建设的关键在于提高专业教师的思想认识。首先，课程思政建设需要专业课教师既树立传授专业知识的理念，又树立传递价值的理念，在

---

① 《习近平谈治国理政》第三卷，外文出版社 2020 年版，第 331 页。

课程实施过程中贯穿"传道"与"授业""解惑","道"应当是社会主义核心价值观。随着课程思政建设的推进，越来越多的教师将切实认识自身的育人职责，从而自觉地将价值引领贯穿到课堂教学之中。其次，课程思政通过"以点带面"的方式撬动全员育人。通过培养课程思政骨干教师、打造课程思政示范课程，引导带动其他专业教师去挖掘、凝练相关专业课程的思政建设。实现以少带多，最后实现全覆盖，达成全员育人的理想状态。

（二）课程思政推动全过程育人的体系建构

从全员育人到全过程育人，课程思政是撬动育人师资从一到多、育人过程由始至终的关键法宝。全过程育人，主要是指针对学生成长全周期而言。育人既是一项系统工作，又是一项长期任务，要将立德树人作为工作的出发点和落脚点，将思想政治教育贯穿于学生从小到大的成长全过程。其中，大中小学不同阶段的课程可以渗透不同的课程思政元素，推动大中小学思政螺旋式上升，一体化推进，以实现全过程育人。

通过课程思政所实现的全过程育人具备以下三个优势特点，即系统性、全面性和全程性。依托课程思政开展的全过程育人天然地就具有系统性，能够将思想政治教育渗透到课程教学的点滴，从思政课程向课程思政转变，将滴灌和漫灌结合起来，形成全过程育人的新格局。全面性是指课程思政实现的全过程育人，不仅通过课程使学生掌握必需的科学文化专业知识，同时要通过价值观的渗透努力促成学生具备良好的身心素质和道德品格，实现每一名学生的全面发展。全程性是指课程思政的理念要融入教育教学全过程，强调大中小学思想政治教育一体化建构，根据学生成长不同阶段的不同特点，制定相应的课程思政内容，以适应学生的不同特点。

（三）课程思政加强全方位育人的氛围营造

课程思政的目标不仅在于全员育人和全过程育人，还在于构建全域协同育人机制，营造全方位育人的氛围。全员参与、全时贯穿是课程思政的育人逻辑起点，全域协同在构建思想引领、课程建设、教育管理、校园文化、社会实践等全方位育人机制中具有重要意义，也是全方位育人的核心要义。

课程思政所营造的全方位育人氛围，主要指课程思政所带动的思政课程和专业课程相结合、课上课下相结合、校内校外相结合、教育与管理相结合、理论学习与实践活动相结合等。课程思政撬动高校全方位育人氛围营造的直接原因是抓住了课程这一关键，通过课程的思想政治教育资源挖掘实现思政课程和课程思政的同向同行，同时根本原因在于课程思政建设作为一种教育理念，不仅仅是单纯地将专业课程与思政元素糅合在一起，而是需要树立一种大思政的格局，即高校中的一切要素都必须是为立德树人根本任务的实现而服务，是为了培养德智体美劳全面发展，担当民族复兴大任的时代新人而服务的。

第二节　课程思政是实现教师育人使命的时代工程

教育大计，教师为本。教师是教育发展的砥柱基石，担负着塑造灵魂、塑造生命、塑造新人的时代重任。课程思政建设的目标是"课程门门有思政，教师人人讲育人"，是实现教师"为党育人、为国育才"光荣使命的时代工程。教师既是开展课程思政建设的重点，也是课程思政建设的难点所在。一方面需要深入挖掘每门课程中的思想政治教育元素，并有机融入课程育人过程中。另一方面，要把课程思政作为提升自身执教能力的重要方面，持之以恒，久久为功，促成自身素质的跃升。

一、课程思政是对新时代教师教育理念的守正创新

教育理念是在教学实践及教育思维活动中形成的对"教育应然"的理性

认识和主观要求。新时代、新技术和新形势催生了教师教育理念的新变化，但是变化中仍有其不变，即是教书育人的初心不能变，而教育观念和教学方法需要与时俱进。要更加注重课程思政建设对于新时代的教师在教育理念上的革新作用，在为党育人、为国育才的教育初心之上，转变课程观、教材观、教师角色观、师生关系观等教育理念，实现新时代教师队伍教育理念的守正创新。

（一）坚守教育初心不变

为党育人、为国育才，培养担当民族复兴大任的时代新人，这是所有教师教书育人的初心和责任，在任何情况下都不能动摇和改变。只有初心不变，课程思政建设才能实现引领教师坚定育人初心、自觉承担育人责任，激发教师的使命自觉。

首先，课程思政理念有助于高校教师树立正确的育人价值观。课程思政建设帮助高校教师将"培养什么人、怎样培养人、为谁培养人"的教育初心由外而内融入自己的内心深处，真切地感知高校教师的目的、意义和价值所在，让为党育人、为国育才的教育价值观成为自身强大的精神内核，在思想上强化使命认知和责任认知。课程思政的建设就是要树立教师育人的思想理念，理解自己所授课程的崇高意义。

其次，课程思政理念有助于高校教师践行正确的育人责任观。要培养什么样的人才，是新时代高校教师育人责任观的重大课题。基于马克思关于人的全面发展的理论，我们国家提出教育要培养的是德智体美劳全面发展的社会主义建设者和接班人，要培养担当民族复兴大任的时代新人。"培养什么人"的内涵随着时代的发展不断丰富，但是一脉相承的是其中蕴含着的社会主义建设者和接班人。高校教师培养人才，是要培养能够建设社会主义、坚持和发展中国特色社会主义的人才。

习近平总书记指出，广大教师作为打造中华民族"梦之队"的筑梦人，必须有理想信念、有道德情操、有扎实学识、有仁爱之心。在新时代，广大高校教师要认清自己肩负的使命和责任，始终同党和人民站在一起，始终忠于党和人民的教育事业，落实立德树人根本任务，将"为党育人、为国育才"的教育初心贯彻到教育科研管理工作全过程中去。

（二）坚持教育理念更新

习近平总书记指出："好老师应该懂得，选择当老师就选择了责任，就要尽到教书育人、立德树人的责任，并把这种责任体现到平凡、普通、细微的教学管理之中。"① 如何将教书育人、立德树人的责任体现到教学管理中呢？这里就涉及高校教师"怎样培养人"的教育理念。

首先，要更新对待课堂教学的态度。思政课教学要用好课堂教学主渠道，专业课程教学同样要用好课堂教学。课堂当然不仅仅是传授知识的场合，"传授知识"和"培养人"不可能割裂地来看。广大教师要有从课程中开发思政元素的意识和能力，将课堂和思政真正联系起来，通过课堂教学传授知识来培养人，课程思政的核心意义才能够真正实现。

其次，要更新对待教学方法的态度。从根本上理解教学方法的创新，即要理解在新时代思想背景、技术背景、师生关系背景的情况下，如何优化"教"与"学"方式、方法和手段，提升教学效果。从古至今，中外教育方法的种类繁多、教无定法，但要与时俱进、因人而异、因课而宜。如今教学设备飞速进步，课堂上黑板早已不是必备，教学课件成为目前课堂教学的主流，但随着科技的再深入发展，必定会有新的技术和工具代替而成为课堂教学的主要媒介。教学方法还要考虑学生的实际情况、课程内容的实际情况采取差异化的选择。

二、课程思政是对新时代教师教书育人的全面回归

面对新时代的新方位、新征程、新使命，不得不承认教师队伍现状还不

---

① 习近平：《做党和人民满意的好老师——同北京师范大学师生代表座谈时的讲话》，人民出版社 2014 年版，第 10 页。

能完全适应新形势和新挑战，有的教师教书育人职责履行情况堪忧，素质能力无法适应培养堪当民族复兴大任的时代新人的需要，思想政治素质和师德师风水平需要提升，专业化水平也需要进一步提高。通过课程思政建设的推进，可以促成教师回归到"传道授业解惑"的教书育人基本职责上来。

（一）新时代要增强教师教书育人职责使命

教书育人是教师的职责，"教书"是为了"育人"，"育人"需在"教书"过程中予以实现。但目前部分高校教师群体存在着将"教书"与"育人"割裂开来的现象，政治素质和业务能力脱节、师生关系疏离等问题，如"学生价值观的塑造应该在中小学阶段完成，高校是传授专业知识、培养研究人才的地方""我只要将专业课讲好，培养学生'三观'的任务是思政课老师需要做的"之类的看法。

高校教师职业发展的首要素质是政治素质，基本要素是业务能力，二者均是高校教师必须具备的素养。政治素质是统领，业务能力是基础，脱离了任何一个，都不能成为一名合格的教师。但是现实中重业务能力、轻政治素质，甚至将二者对立起来的情况仍然存在。部分高校教师理想信念模糊、敬业精神缺失、道德修养滑坡，不仅未能对高校学生的言行起到模塑作用，反而破坏了教师崇高的社会形象。

部分高校教师在师生关系上呈现"亚健康"化。和谐良好、教学相长的师生关系是提升教育活动效果的关键因素，是教师教书育人职责履行的重要体现。我国高校师生关系的主流是一种良好、健康且有温度的师生关系。[①] 但是从近年来师德师风问题频出，也能窥见部分师生关系中出现了一些杂质，出现了情感淡漠化、交往功利化、伦理道德失位等问题。这些问题的出现本是部分教师教书育人职责履行不当的结果，又反过来影响到大部分

---

① 刘志礼、韩晶晶：《新时代高校师德师风建设：内涵意蕴、现实困境及破解之道》，《现代教育管理》2020 年第 9 期。

教师教书育人职责的正常履行。

（二）课程思政促成教师教书育人职责的回归

当前高校教师教书育人职责履行存在的问题，已经造成了一定的不良影响。因此，推动课程思政建设，摆脱教书育人职责困境已然势在必行、刻不容缓。课程思政建设促成教师教育育人职责的回归主要着力在以下几个方面。

一是教师要传道与授业相融合。教师教书育人职责的实现，关键在于将"传道"与"授业"结合起来。课程是将德育与智育融合起来的主阵地，建设课程思政，就是要促成高校教师成为真正的"传道者"，引导大学生积极践行社会主义核心价值观、学习习近平新时代中国特色社会主义思想，树立正确的世界观、人生观和价值观，教育学生先做人再学本事。

二是教师要在立德修身中坚定理想信念。理想信念是高校教师的首要之德，高校教师立德修身，关键在于坚定理想信念，坚守对马克思主义的信仰，不断提升自身思想政治素质。通过课程思程建设，引领高校教师自身凝聚信仰、坚守理想，用理想信念的大德浇筑育人灵魂、用敬业奉献的公德浸润育人心灵，真正成为"大先生"。

三是教师要做学生成长成才的知心伙伴。正如习近平总书记所说："好老师应该懂得既尊重学生，使学生充满自信、昂首挺胸，又通过尊重学生的言传身教教育学生尊重他人。"① 通过课程思政建设，让高校教师目中有"人"，把学生当作有价值、尊严、个性和自主性的主体看，不论是在课上课下，都能主动走向学生、与学生沟通交流、与学生共同成长，促成高校师生关系的和谐化、健康化，帮助教师更好履行教书育人职责，让师生成为"学习成长共同体"。

---

① 习近平：《做党和人民满意的好老师——同北京师范大学师生代表座谈时的讲话》，人民出版社 2014 年版，第 11 页。

（三）课程思政提升教师教书育人的效果

新时代对高等教育提出新要求，也对教师教书育人提出新要求。课程思政建设进一步拓展高校教师教书育人的广度和长度，推动高校教师思考自己所授课程在社会范围内的影响如何、在历史长河中的作用如何。立足于教学，但又超脱于单纯的传授知识，促使高校教师将教学与社会服务有机融合，将教学的理论成果和有益经验充分运用到社会实践中，为区域、国家乃至世界发展奉献重要力量。立足于育人，但又跳出培养单一专业、单一功能的人，促使高校教师培养能够为国家、为民族挺身而出，将自己所学所长投入中国特色社会主义伟大事业的"大写的人"。教育的最终目的是为了人，拓展教书育人的职责，才能完成立德树人的根本任务，才能不断培养出担当民族复兴大任的时代新人。

三、课程思政是提升新时代教师素质的必然要求

教师是教育的主力军和最大资源，教师素质的高低将对学生产生直接的影响。给学生一杯水，自己要有一桶水。新时代高校教师要先受教育，提升自己在思想政治、专业学识等方面的素质，成为学生的人生导师和知心朋友，更好地推动高等教育事业发展，同时使自身获得更好的成长发展。

（一）对高校教师政治素质提升的要求

思想政治素质是教师在从事科研、教学和政治活动时通过言行所表现出的内在品质，这种品质包括对国家政治制度和政治利益的态度、立场和方向等。[1] 关注高校教师思想政治素质的提升，是加强高校思想政治工作，坚持

---

[1] 张嘉译、吴云志：《新时代大学教师思想政治素质提升策略》，《沈阳农业大学学报（社会科学版）》2019年第5期。

社会主义办学方向的必然要求，也是提升高校办学质量，实现立德树人根本任务的重要保证。课程思政建设正是从课程这一教学的根本渠道促进教师思想政治素质的提升。

习近平总书记指出："教师思想政治状况具有很强的示范性。要坚持教育者先受教育，让教师更好担当起学生健康成长指导者和引路人的责任。"① 通过让教育者先受教育，建设政治素质过硬的教师队伍，是高校立德树人根本任务的基础性工程之一。课程思政是对高校教师思想政治教育制度的落实。目前，高校有相对稳定的教师思想政治教育机制体制，如入职培训、进修培训、师德师风建设、"三会一课"等，加深了高校教师对马克思主义理论的理解认同，坚定了马克思主义信仰。但是仅在理论上理解是不够的，更要在实践中践行，就是要通过课程思政将对马克思主义理论、中华优秀传统文化、革命文化、社会主义先进文化的理解，以知识讲授的形式传授给学生的同时在育人中获得自我认识的提升。

课程思政对专业课教师的政治素质提出了更高的要求，也提供了提升政治素质的方式方法。一是坚定教师的政治信仰，在自我教育、自我学习的过程中，不断增进教师自身对中国特色社会主义的政治认同、思想认同、情感认同。二是锻炼教师的政治能力，在课程思政建设中，教师要站在正确的政治立场上，运用马克思主义观点和视角看待问题、把握方向、预防风险，锻炼自己的政治鉴别力、政治洞察力、政治引导力，提升自己的政治敏锐性和警惕性。三是严格遵守政治纪律，要求教师在政治上、思想上、行动上同党中央保持高度一致，严守政治规矩和法律规则。

（二）对高校教师专业素质提升的要求

教师专业素质包括扎实的专业知识、高超的教育艺术和良好的综合素质等。一方面，课程思政的开展离不开教师的专业素质；另一方面，课程思政

---

① 习近平：《在北京大学师生座谈会上的讲话》，人民出版社 2018 年版，第 8—9 页。

也能助推教师专业素质的提升。专业素质是高校教师立足讲台的根本，掌握扎实深厚的专业知识是教师开展教学的基础，没有扎实的专业知识，就完不成培养人才的目标。提升高校教师的专业素质与教学水平，才能更好地激发学生在课堂上的学习积极性，才能提升课堂教学的效果，才有可能实现课程思政的目的。如果一位教师专业素质不强，哪怕他课程中渗透出很多思政元素，对于讲台下的学生来讲，这都是一堂没有专业吸引力也没有思政说服力的课堂，也就更不用谈起价值引领。所以说，课程思政建设建立在高校教师专业素质提升的基础上。

课程思政建设势必推动教师专业素质的提升。课程思政建设的基础在于立足课程本身，这就要求教师在教学内容的挖掘、教学方案的设计、教学方式的选择、教学过程的安排、课堂教学的组织、教学语言的打磨、课堂氛围的营造等方面都要花费大力气、倾注大心思。每一门课程实现课程思政的过程，都是教师专业素质不断提升的过程，督促引导教师不仅要不断地挖掘课程思政元素，还要练就过硬的教学本领，持续吸收新思想、新知识、新理念，在追求课程思政的过程中实现高校教师专业素质的提升。

四、课程思政是新时代课程教育的创新探索

2020 年 5 月，教育部印发的《高等学校课程思政建设指导纲要》明确要求：要深入梳理专业课教学内容，结合不同课程特点、思维方法和价值理念，深入挖掘课程思政元素，有机融入课程教学，达到润物无声的育人效果。课程思政是对课程教育内容的创新探索，不是对专业知识的再探索再挖掘，而是以专业内容和思政元素的关联点和契合点为切口，以教书育人规律和学生成长规律为遵循，对课程内容、授课方式、新型师生关系中的思想政治教育资源做出探索。

（一）充分挖掘课程内容中的思想政治教育元素

2017 年 12 月，中共教育部党组发布的《高校思想政治工作质量提升工程实施纲要》明确提出，要梳理各门专业课程所蕴含的思想政治教育元素，深入挖掘课程思政元素。无论是梳理还是挖掘思想政治教育元素，首先要明确每门课程内容中的思想政治教育元素是什么。思政元素并没有固定的模板，正如每一门课程的所授知识是有巨大区别的，每门课程内容的思政元素也不尽相同，甚至是天差地别。但这并不意味着有的课程不存在思政元素，而是明确所有课程均蕴含着思政元素，这是客观现实也是推进课程思政建设的认识基础。

课程是知识传授的重要载体，也是最直接的手段。有一些课程内容中的思政元素是直接体现的，比如哲学社会科学类的部分课程，本身内容即具有较强的意识形态性、价值导向性，所呈现的知识天然就是丰富的思想政治教育元素和资源，直接体现和引导学生在理想信念、爱国情怀、道德情操、人文素养等方面向真向善向美。还有一些课程的思政元素没有直接显露在课程内容中，而是蕴含在知识理论之中，比如一些自然科学类课程，从自然科学的知识体系来说是比较纯粹的，不存在价值观念的问题，但当其成为一门课程，它的知识体系就不单是"知识"，而是以"知识"为核心的更庞大的知识体系，蕴含着学科历史、职业伦理、工匠精神、创新精神等思政元素。不论是何种类型的课程，都需要我们去结合具体课程的知识体系、内容结构把握思政元素在其中的分布，从中创造性地整理挖掘与该门课程密切相关的思政元素。

（二）有效挖掘教学行为中的思想政治教育元素

除了课程内容中的显性思政元素，课程思政还要着力于挖掘授课方式中的思想政治教育元素，把"教学行为"作为重要的思政元素。习近平总书记指出："教师承载着传播知识、传播思想、传播真理，塑造灵魂、塑造生命、塑造新人的时代重任。"① 教师要"言传",讲授课程内容要围绕政治认同、家国情怀、文化素养、法治意识、道德修养等挖掘梳理出的显性思政元素,更多的隐性思政元素就渗透在任课教师的"身教"之中,比如教学方式、教学艺术、人格魅力、人生态度等,这些都是宝贵的思政元素。其中,大量的思政元素无法从课程教学中剥离出来实现具象化,但是融汇在教书育人本身过程之中,在知识传授和理念培育的同行同向中予以传递。我们不仅关注高校教师在课堂上讲什么,也要关注高校教师是如何讲的,以什么样的精神状态来讲的,要确保讲的内容符合社会主义核心价值观的要求,也要确保讲的方式符合教育规律、学生成长规律,能够真正用教师自身的行为影响学生、带动学生。

(三)深度挖掘新型师生关系中的思想政治教育元素

挖掘新型师生关系中的思想政治教育元素,是除了课程内容、教学行为之外,对课程教育内容的深度扩展和广度延伸,是帮助课程思政从课堂走向现实生活,实现思政元素"二次开发"的必要和必然。课程思政绝不仅仅是将思政元素和专业课堂进行关联嫁接,更要将"思想"核心、"政治"定位、"育人"根本融入嵌入不同专业、不同层次的人才培养具体实践中去。课程思政建设要求高校教师不能将育人停留在课堂之上,还要渗透到带领学生开展科学研究、社会实践、完成科研成果等第二、三课堂之中。

课程思政建设亦不单纯是教师教和学生学,除了"教与学"关系之外,还需要通过课程思政建立一种有效沟通的师生交流机制。不仅在课堂上要具有以学生为主体、师生交互的师生民主平等观,在现实生活中也要有以生为本、立德树人的师生纯粹交往观。教师在课程思政中的角色将从单纯的知识传授者,丰富扩展到兴趣激发者、方法指导者、思考引领者、价值导航者。

---

① 习近平:《思政课是落实立德树人根本任务的关键课程》,人民出版社 2020 年版,第 12 页。

这些角色单纯地靠课堂上师生互动是不足以支撑的,将师生互动从课堂上延续到精神、思想和生活的方方面面,从新型的师生关系中去挖掘和培育这些思政元素,才能落细落小落实对学生人生观、价值观的塑造和创造性与创新性的培养。

五、课程思政是激发学生学习动力的有效手段

学习动力是学生开展学习、取得良好学习成效的重要前提,而学习动力不足问题,如学生在课堂上注意力无法集中、课后无法进行自主拓展学习等,必须引起我们的高度重视。

(一) 课程思政提供学生爱学乐学的情境支撑

课程思政能够有效将教学诸要素与学生学习特点相结合,从外在的情境支撑入手,最大限度提升课堂的吸引力和感染力,激发学生学习的积极性与主动性。课程思政激发学生学习动力最直接的手段就体现在对课堂组织的调整上,为学生提供全方位的外部动力支撑。一是注重实现教学方式的改革。课程思政对课堂教学的教学方式提出新的要求,必须不断探索创新性的教学手段和开展创新性的教学活动,使课堂的表现形式焕然一新,来引起学生自觉关注。二是注重课堂内容的丰富。在课程思政的概念下,学科、专业、知识点等不再是单纯的知识性内容,而是兼具价值性和知识性的内容。因为情感和价值观的传递需要课堂内容作为载体,如知识点不一定可以传递价值观念,但知识点背后的科学故事却可以激发学生的好奇心,将好奇心转化为兴趣,进而转化为主动学习的动力。三是注重课堂氛围的营造。课堂是传授知识和技能的主要场所,但更是传递价值观的主要渠道和阵地,课程思政通过价值观的输送可以使学生在情感上与教师取得共鸣共振,以此达到集中学生注意力,做到"入耳、入脑、入心"。

（二）课程思政构筑学生愿学好学的内在动力

课程思政通过帮助学生树立正确的世界观、人生观、价值观，以此重塑学习动机，确定学习目标，提升自我效能感，激发强化学生的内部学习动力。一是通过树立理想信念，端正正确的学习动机。学习动机是保持持之以恒学习动力的关键，课程思政在课程中强调个人价值和社会发展的统一，引导学生坚定远大理想信念，融入社会发展，可以帮助学生稳定学习动机结构，实现"要我学"到"我要学"的转变。二是通过确立学习目标，激发长久的学习动力。学习目标与学习动力相辅相成，目前学生普遍缺乏长期目标，对人生目标的规划欠缺科学性和长远性，更需要教师帮助学生寻找专业发展方向、坚持知行合一，建立起终身学习、不断进步的理念。三是通过充实自我效能，保持长期的学习状态。在课程思政的实施和实现中，教师将不仅关注学生的知识获取，更关注学生能否在课堂上不断提升自我效能感。通过价值引领和正向激励，让学生建立学习信心，将课堂上的学习效果延展到课下，实现课程思政育人的目标。

第三节 课程思政是培育时代新人的铸魂工程

党的十九大报告明确提出，要培养担当民族复兴大任的时代新人，这是我们党在新时代提出的育人目标，对于我国高等教育事业发展具有极其深刻而重要的意义。推进课程思政建设是一项重要的铸魂工程，将知识传授和价值观塑造融为一体，引导学生在追求真理的过程中，成为一个大写的人，成为堪担民族复兴大任的时代新人。

一、时代新人的内涵意蕴

时代新人是一个内涵丰富并随时代和实践发展不断深化拓展的概念。党的十九大以来，习近平总书记围绕"培养担当民族复兴大任的时代新人"，对时代新人的使命担当、素质修养、能力要求等内容作了一系列的论述，这些论述是我们认识时代新人的理论指导和行动指南，把握时代新人的内涵，是我们开展课程思政以培育时代新人的前提和基础。

（一）时代新人要担当民族复兴大任

党的十九大报告中"培养担当民族复兴大任的时代新人"的论述，是对"时代新人"内涵最直接的界定，以"担当民族复兴大任"对"时代新人"作出了使命规定。

实现中华民族伟大复兴是近代以来中华民族和中国人民最伟大的梦想。时代新人要勇敢地承担起实现中华民族伟大复兴的历史使命，离开了承担民族复兴大任的青年学生就算不上"时代新人"，因为"担当民族复兴大任"和"时代新人"应当是直接等同的。

担当民族复兴大任，也是中国特色社会主义新时代的时代呼唤。今天，中华民族处于历史新阶段，对青年学生提出了更高的使命要求和能力要求，是"应然"也是"必然"，意味着时代新人不仅应当承担民族复兴大任，而且必须能够承担重任。唯有如此，中华民族伟大复兴的中国梦才能终将在一代代青年的接力奋斗中变为现实。

（二）时代新人要有理想、有本领、有担当

党的十九大报告指出：青年兴则国家兴，青年强则国家强。青年一代有理想、有本领、有担当，国家就有前途，民族就有希望。"有理想、有本领、有担当"就是认识理解"时代新人"素质内涵的基础。

有理想指的是树立共产主义远大理想和中国特色社会主义共同理想。理想信念是时代新人精神之"钙"。一个人若在精神上没有支撑，就必然导致思想迷茫、无所适从，青年学生若没有精神追求和支撑，那么国家的未来就可能被带入歧途。习近平总书记指出："青年的理想信念关乎国家未来。青年理想远大、信念坚定，是一个国家、一个民族无坚不摧的前进动力。"①青年学子必须有坚定的马克思主义信仰，能够抵挡一切西方错误思潮的侵蚀，如此才是真正的时代新人。

中国特色社会主义伟大事业是一项还没有前人经验可以借鉴的伟大事业，这就要求时代新人要有本领。这里的本领是指把中国特色社会主义伟大事业推向前进的真本领。当今世界，国际形势风云变幻，科学技术日新月异，知识更新不断加快，没有真本领，我们就要被西方国家"卡脖子"，就要继续受制于人。所以，只有努力学习科学文化知识，提升自身文化修养，增长知识才干，如此才能成为时代新人。

时代新人一定要有担当。这里的担当指的是一种精神、一种情怀、一种责任。担当精神，是无私奉献不怕牺牲的精神，能够为大家舍小家，自觉将个人小我融入时代大我中去。担当情怀，是在关键时刻，不为困难所动，迎难而上，敢于带头冲锋的情怀。担当责任，是坚守岗位，永不退缩的表现。时代新人有担当，才能在未来的国际人才竞争中成为国之栋梁。

（三）时代新人要德智体美劳全面发展

习近平总书记明确指出，要培养德智体美劳全面发展的社会主义建设者和接班人。从毛泽东"德智体"全面发展思想到江泽民"德智体美"教育理念，再到习近平总书记"培养德智体美劳全面发展的社会主义建设者和接班人"，都是对马克思主义关于"人的全面发展"理论的继承发展。德智体美劳全面发展的社会主义建设者和接班人，科学全面概括了时代新人的能

---

① 《习近平谈治国理政》第三卷，外文出版社 2020 年版，第 334 页。

力内涵和目标内涵，解答了"培养什么样的人、如何培养人以及为谁培养人"这一教育根本问题。德育、智育、体育、美育、劳动教育体现了新时代中国特色社会主义教育的全面性。德育方面，要开展理想信念教育、爱国主义教育、社会主义核心价值观教育等。智育方面，习近平总书记勉励青少年要珍惜时光、丰富学识、向"求真理、悟道理、明事理"方向前进。体育方面，习近平总书记提出"健康中国"，关心青少年的身体健康和素质。美育方面，坚持以美育人、以文化人。劳动教育方面，习近平总书记多次强调要在全社会大力弘扬劳模精神、劳动精神，"让劳动最光荣、劳动最崇高、劳动最伟大、劳动最美丽蔚然成风"①。

二、课程思政的核心目标是培育时代新人

2020 年 9 月，习近平总书记在教育文化卫生体育领域专家代表座谈会上再次强调，培养担当民族复兴大任的时代新人，明确提出要培养学生的爱国情怀、社会责任感、创新精神、实践能力，丰富拓展了时代新人的意蕴内涵。课程思政的价值核心就是要通过坚定理想信念、厚植爱国主义情怀、加强品德修养、增长知识见识、培养奋斗精神、增强综合素质等方面的努力，为时代新人培根铸魂。

（一）课程思政坚定学生理想信念

教育部印发的《高等学校课程思政建设指导纲要》明确提出：课程思政建设内容要紧紧围绕坚定学生理想信念，以爱党、爱国、爱社会主义、爱人民、爱集体为主线，围绕政治认同、家国情怀、文化素养、宪法法治意识、道德修养等重点优化课程思政内容供给，系统进行中国特色社会主义和中国

---

① 习近平：《在庆祝"五一"国际劳动节暨表彰全国劳动模范和先进工作者大会上的讲话》，人民出版社 2015 年版，第 5 页。

梦教育、社会主义核心价值观教育、法治教育、劳动教育、心理健康教育、中华优秀传统文化教育。课程思政建设，要在教育教学内容设计方面，结合课程特色，从学理明理层面不断引导学生坚定理想信念。例如，《马克思主义基本原理概论》《毛泽东思想和中国特色社会主义理论体系概论》等思政课的教学内容重点在研究阐释马克思主义理论和中国特色社会主义理论，在学理上讲清楚马克思的真理威力和科学魅力，帮助学生树立远大理想信念；通识类课程的课程思政教学内容设计，要注重从经济、社会、文化、生态文明等方面，展现社会主义制度的优越性，用现实社会最鲜活的案例增强学生的自信心和自豪感；专业课的课程思政内容设计，要立足课程特色，可以从专业的发展、学科的发展等角度，激发学生学好专业，报效祖国和人民的使命感。不同类型的课程，通过课程思政建设，共同增强学生道路自信、理论自信、制度自信、文化自信，帮助学生坚定共产主义远大理想和中国特色社会主义共同理想。

（二）课程思政厚植学生爱国情怀

习近平总书记指出："在社会主义核心价值观中，最深层、最根本、最永恒的是爱国主义。"[1] 爱国主义是常写常新的主题，最能感召中华儿女团结奋斗。在课程内容中发掘爱国主义元素，讲好爱国故事，厚植学生爱国情怀，也是每一门课程应当完成的任务。不论是思政课、通识课还是专业课，首先都要阐释好爱国主义的内涵，将其与课程内容紧密结合起来，在课程讲授中渗透爱国主义教育。其次，不同类型课程开展爱国主义教育的形式也有所区分，比如说思政课讲爱国主义，是要将爱国主义的内涵和要求讲清楚，从思想上树立爱国、爱党、爱社会主义的观念。通识课程讲爱国主义，是要从不同角度为爱国主义提供支撑，让爱国主义既有历史的纵深感，又有现实的亲切感。专业课讲爱国主义，要把专业课程中体现的爱国主义精神的人物

---

[1] 习近平：《在文艺工作座谈会上的讲话》，人民出版社 2015 年版，第 24 页。

和事迹与课程知识相结合，用专业榜样的力量体现带动学生致力专业研究，将爱国精神转化为爱国行动。

（三）课程思政加强学生品德修养

明大德、守公德、严私德，是培养公民道德修养的三个方面，也是课程思政挖掘德育元素。大德就是个体对于国家、民族的情感，课程思政加强学生品德修养，首先就是在"明大德"上发力，引导学生热爱伟大祖国和伟大人民，将"富强、民主、文明、和谐"作为个人的终极价值追求。"守公德"是与各类课程思政建设关系最密切的结合和最广泛的应用，是现代社会对公民遵守秩序的要求，通识课、专业课等课程中关于遵守"秩序"的内容也是最普遍的内容之一。私德常指个人修养、个人约束自己行为的道德规范。"严私德"是课程思政建设在加强学生品德修养上最基本的要求，要教育培养学生强化自我约束、不受外界诱惑的能力。严私德才能守公德，守公德才能明大德。课程思政教育教学内容设计要在引导学生加强品德修养上下功夫，特别要把握好大德、公德、私德之间的关系，在各类课程教学中都要发挥育德的作用。

（四）课程思政增长学生知识见识

新时代新形势对当代大学生的知识见识水平提出了更高的要求。增长知识见识是时代新人实现全面发展的重要基石，是时代新人建设社会主义事业的迫切需要，是时代新人担当人类文明发展大任的必然要求。[1] 课程思政建设推进，既要增长学生的知识，也要增长学生的见识。形势政策课等思政课，是最直接增长学生见识的课程，重在引导学生树立"四个正确认识"，培养学生的中国情怀、世界眼光和国际视野，用中国的方案解决世界的问

---

[1] 邱安琪：《培育时代新人要在增长知识见识上下功夫》，《北京教育（德育）》2019 第 4 期。

题。通识课是大学生增强多方面知识储备的途径，课程思政建设要突出增强大学生提升知识见识的自觉性与自主性。专业课是学生掌握专业知识最主要、最直接的途径，开展课程思政建设是要增强课堂的吸引力，进而激发学生的求知欲，用"思政"的指挥棒引导学生扎实掌握专业知识。

（五）课程思政培养学生奋斗精神

习近平总书记指出："新时代中国青年要勇于砥砺奋斗。奋斗是青春最亮丽的底色。"[1] 奋斗精神的培养关系到大学生的成长成才，对于大学生未来的生活、工作以及社会价值的实现具有重要的价值。思想政治理论课重在阐释奋斗精神的内涵，让学生从理论层次提升对奋斗精神的理解。课程思政建设通过不同类型的课程培养学生奋斗精神，解决思想政治理论课中讲授奋斗精神的场景和平台限制，进而激发学生奋斗动力，保证正确的奋斗动力。通识类课程以及专业课程，注重用奋斗榜样的案例引导教学，将奋斗精神的培养与专业知识的传授相结合，激励学生做到艰苦奋斗、自强不息。

（六）课程思政增强学生综合素质

课程思政的最终目的是要增强学生综合素质，将学生培养成为德智体美劳全面发展的社会主义建设者和接班人。综合素质的提升既是"两个一百年"奋斗目标的历史交汇节点对大学生提出的要求，也是大学生自我价值实现的内在需要。综合素质的提升，才能保障大学生在新时代的历史潮流中始终勇立潮头，在中华民族伟大复兴的征程中彰显个人价值。思想政治理论课重在培养"德"，通识课程重在培养体、美、劳，专业课程重在增长"智"，虽然各有侧重，但是课程思政建设将始终致力于将学生培养成为道德水平高、理论知识优、动手能力强、审美素养佳、综合素养好的优秀人才。

---

[1] 《习近平谈治国理政》第三卷，外文出版社 2020 年版，第 335 页。

| 第三章 |

课程思政的内在逻辑

课程思政作为一种新的课程观，是课程内在思政逻辑的展现。思政逻辑蕴含在课程价值取向的历史演变中，体现在知识中包含的事实取向和价值取向选择，教育者在课程传授中通过学问化、专业化、结构化等体现主体的价值选择，共同形成课程思政的内在逻辑。

第一节　人才培养方案的思政取向

人才培养方案具有顶层设计的意义，是对人才培养目标、培养过程、培养方法等方面的基本设计。人才培养方案的构成包括确定教学计划、安排教学任务、组织教学过程等内容，它的核心在于育人主线的制定。人才培养方案直接影响课程思政的实施和实效。教育教学需要秉承"育人为本"的理念，人才培养更要坚持"以人为本"的育才价值观，两者是彼此互促的统一关系。因此，人才培养方案在课程思政的构建中处于一个相当关键的地位，如果不能从人才培养方案入手构建课程思政的基础，就难以将课程思政真正落实到教育教学实践中。对课程思政而言，人才培养方案具有纲举目张的作用，要确立育人与育才相统一的目标导向，把立德树人真正贯穿和体现在人才培养方案的规划和设计之中。

一、人才培养方案主线的价值导向

价值导向是教育教学实践活动的起点和归宿，也是评价课程思政实效的核心标准所在，既是评判标准也是践行目标。当前，在解决课程思政建构过程存在问题的探索中，我们最应该坚持的是思考人才培养价值取向的本质和意义，思考正确的人才培养价值取向对整个社会发展所带来的积极作用。人才培养方案是教育价值导向的体现，落实课程思政，首先必须对人才培养方案进行适当、适时修订，从以"学科本位"为主线转变到以"立德树人"为主线。

（一）人才培养价值取向的思政逻辑

"人的教育活动总是有一定价值取向的。人们在教育活动过程中的各种价值取向，也是教育科学研究的重要对象。"[1] "所谓价值，就是主体在实践活动中建立起来的，以主体的尺度为尺度的一种客观的主客体关系，是客体的存在及其性质是否与主体的本性、目的和需要相一致、相适应、相接近的关系。"[2] "价值取向"与"价值导向"是价值哲学的两个重要范畴，取向的作用方向是使主体走向客体，导向的作用方向是使客体趋近主体，前者是后者的前提，后者是前者的向导。[3] 人才培养方案价值多样主体性的存在特性，决定了人才培养方案价值取向多维度的特征。人的本质是社会关系的总和，人才培养的价值取向取决于人与社会的关系。"个体价值是相对于社会价值而言的，是社会价值的基础；社会价值是个体价值的延伸和验证。他们

---

① 《教育学原理》，高等教育出版社 2019 年版，第 3 页。

② 项久雨：《思想政治教育价值论》，中国社会科学出版社 2003 年版，第 38 页。

③ 徐晨光、张民、谭树新：《价值取向与价值导向的区别和联系》，《湖南师范大学社会科学学报》1996 年第 2 期。

之间相互联系，相互促进，共同发展。"① 也就是说，党和国家对个体素质的社会要求以人才培养社会价值要求而彰显，社会价值取向必须通过个体价值取向的实现而获得实现。具体来说，是通过对作为个体的人才进行培养而实现，这是人才培养的个体价值取向所揭示的。

当前，尽管在人才培养社会价值取向与个体价值取向上的一些共识已经基本形成，但从人才培养的科学研究和教育活动来看，由于受制于传统教育观的惯性作用和思维定式的影响，对人才培养的社会价值取向与个体价值取向的理论和实践仍需进一步厘清和归位。社会价值取向往往是人才培养主要追求和着眼所在，作为个人的主体地位在人才培养中没有受到应有的尊重和重视，对个体价值取向关注不足，人才培养对个体精神世界乃至个体生命的意义、重视和激发人的内在动力的功用受到忽视，人才培养的实效性因此受到影响和制约。人才培养不仅直接通过实现其价值来间接地体现其经济、文化和社会管理功能，同时通过提升人这一最为活跃要素的素质，使人的主观能动性得到充分激发和调动，促进经济社会的全面发展进步。因此，人才培养价值取向的思政逻辑"说起来重要、做起来次要、忙起来不要"的外延窄化和实践的简单化趋势必须得到有效遏制。

人才培养的价值取向服务于经济基础，必然要立足于经济社会发展阶段，并对社会发展作出时代回应。我国正处于并将长期处于社会主义初级阶段，必须适应社会主义初级阶段的需要，充分重视和发挥人才培养的政治、经济、社会、文化和生态价值。同时，从人的发展价值目标来说，人才培养应该始终着眼于促进人的全面自由发展，纠正对个体价值重视不足的现象，使人才培养价值取向回归社会价值与个体价值的统一。人才培养是培育、完善和提升人的素质的教育活动，其中的"合适"不仅包含内容、方法、途径等教育活动的适当，更为根本的是价值定位和追求的适当、与所处的社会发展阶段相适应、与时代任务相协调、与人的生存发展需求相一致。只有这

---

① 项久雨：《思想政治教育价值论》，中国社会科学出版社 2003 年版，第 25 页。

样，才能推动人才培养实践模式的转型，构建现代人才培养方案，增强新时期人才培养的实际成效。

（二）人才培养方案体现思政教育价值导向

人才培养方案是教育价值导向的体现。落实课程思政，首先必须对人才培养方案进行适当、适时修订，从以"学科本位"为主线转变到以"立德树人"为主线，将思想政治教育培养融入课堂教学的培养体系。课程思政要求将思想价值引领、传授知识、培养能力和高素质一体推进作为贯穿人才培养方案的主线，将立德树人的要求落实到人才培养的全过程，坚持以人为本的教育原则，注重学生全面人格的养成，教育引导学生德智体美劳全面发展。

"立德树人，育人为本"是我国教育贯彻的原则，也是课堂教育的人才培养方针，与传统模式的课堂教学过程相比，融入思政教育的培养理念，是教育教学的重要变革和举措。因此，不断推陈出新，将思政教育渗透到教学的全过程之中，使之成为相辅相成的整体，在大局上实现全方位育人的目标，开创中国高等教育发展的新局面成为当前教学改革的必然趋势。思政教育就其本质而言，就是为社会主义现代化建设提供思想保障，旨在让学生对中国特色社会主义的共同理想产生高度的价值认同，培养学生树立正确的"三观"，同时维护正确的意识形态，让学生具有大局观和责任意识，培养学生的爱国情感，激发爱国热情，将个人成长与国家的未来发展密切连接。课程思政教育体系的构建，为我国的人才培养奠定了可持续发展的基础，也为我国各行业各领域培养高素质的专业知识人才、专业技能人才提供保障，培养他们积极进取，爱岗敬业的美好品质，推进中国特色社会主义建设。

人才培养方案中，如何建立课程思政与课堂教学相互联系的枢纽是一个值得深思的问题。这个衔接转化的过程与顶层架构的设计息息相关，课程思政的本质就是在课堂教学过程中完成立德树人的目标，需要提纲挈领的总体框架。思想政治教育是一项需要长期坚持且过程复杂的工作，涉及教育问题的方方面面，一定要在所有细节上进行严格把握和调控，完善这个大框架才能够完成课程思政的总体蓝图。根据教育工作的基本构成，从教育目的、教学内容和教育构成进行规划，一方面做好教育资源的整合，另一方面遵循学生思想政治教育规律，完善教育体系的构建，同时教育部门要制定和完善相关政策，给予学校构建全课程参与思政的人才培养体系的教育资源和资金扶持，保障人才培养计划的构建和运行。

二、人才培养方案的工具性与价值性现实考量

马克斯·韦伯提出了人的行为的工具理性和价值理性。工具理性行为是指能够计算和预测后果为条件来实现目的的行动，与行为本身的价值相比，更为看重的在于是否可以因为此行为达到有效目标的能力。价值理性行为以绝对的价值为唯一标准，认定此行为本身的价值就会为达到目的而努力。人才培养方案偏倚工具性还是价值性，是一个需要思考和解决的首要问题。课程思政时代命题的提出，要求高等教育的人才培养实现价值、知识、能力的统一，需要构建德智体美劳全面培养的教育体系，实现我国高等教育的专业人才培养方案，结合人才的知识技能体系培养融入思想政治教育，进而形成更高水平的人才培养体系。

（一）人才培养的价值性要求

教育发展不是一成不变的，它是一个持续发展创新、优化完善的过程。在这个过程中，必然会受客观或主观因素的影响和制约，但归根结底是为国家的社会、经济、政治、文化发展提供服务保障的。习近平总书记指出："我国是中国共产党领导的社会主义国家，这就决定了我们的教育必须把培养社会主义建设者和接班人作为根本任务，培养一代又一代拥护中国共产党领导和我国社会主义制度、立志为中国特色社会主义奋斗终身

的有用人才。"① 这是对中国特色社会主义教育的价值要求。"要努力构建德智体美劳全面培养的教育体系，形成更高水平的人才培养体系。要把立德树人融入思想道德教育、文化知识教育、社会实践教育各环节，贯穿基础教育、职业教育、高等教育各领域，学科体系、教学体系、教材体系、管理体系要围绕这个目标来设计，教师要围绕这个目标来教，学生要围绕这个目标来学。凡是不利于实现这个目标的做法都要坚决改过来。"② 广大教育工作者必须认真学习贯彻习近平总书记关于教育的重要论述，突出人才培养的价值性要求，以培养德智体美劳全面发展的社会主义建设者和接班人为己任，将各方面资源和力量进一步聚焦到人才培养上来，不断开创教育工作的新局面。

（二）人才培养的工具性要求

马克思主义指导下的思想政治教育，其起源即内在包含着思政教育关涉劳动和社会关系等目的。思政教育从工具理性维度分析，无论在历史抑或现实中，都是人类生存和生活本身的需求。从工具性要求上来说，思政教育的目的可以从整体与个体两方面来理解。思政教育作为工具，根本目的是社会的整体发展，思政教育是为了社会和人类社会进步而进行的活动，是为了满足社会整体的发展需求而进行的活动。构建课程思政教育体系，加强课堂教育中的思想政治教育，不仅是为了提高学生整体的文化水平和素质，帮助学生更好地适应社会，也是为了我国社会整体发展，为了中华民族的伟大复兴，是建设教育强国的有机组成部分。

人才培养工具性的要求，不仅仅是在思想政治教育过程中出现的现象，更是一些现实问题在教育领域的反映。工具理性在思政教育体系构建过程

---

① 《全面建成小康社会重要文献选编》（下），人民出版社、新华出版社 2022 年版，第 1071 页。

② 《全面建成小康社会重要文献选编》（下），人民出版社、新华出版社 2022 年版，第 1076 页。

中，要求教育工作者利用理性思考，根据客观的事实进行思想阐发和理论建设。同时，课程思政作为现代社会一个重要的公共行动，需要工具理性以应对社会实际的需要。基于工具性要求的反思，首先应认识到课程思政是适应社会需求的产物，所以它既是工具，又是目的。面对来自康德"人是目的本身"之规范性主张的质疑，在整个思政教育体系构建中，学生或者老师又是一个怎样的角色呢？是工具还是目的？这些都是值得我们思辨的问题，也是我们需要进一步探究的教育理论。

（三）人才培养工具性与价值性的统一要求

长期以来，我国教育工作中存在着重视工具属性而忽视价值属性的现象。无论是科学教育还是人文教育，无论是强调知识本位还是能力本位，都对教育的价值属性存在不同程度的忽视，表现为价值属性弱于工具属性，普遍认可以"学科本位"（也称"学科教育本位"）为主线构建人才培养方案。随着时代的发展，经济和科技的重大变革，世界的现代化发展进程达到一个新的高度。科技程度成为一种评判标准，成了工具理性的代名词，而工具理性也逐渐摆脱价值理性的制约，这样的现象普遍存在于社会发展的各个层面中，并且越来越显示出其缺陷。思政教育也面临同样的问题，以人为本的理念在教育实践中逐渐出现偏差，这是思政教育体系构建中值得关注的问题。

思政教育工具理性和价值理性融合的自然表达，点明了思政教育发展进程中的多元、分化和丰富，工具理性和价值理性两个维度的冲突在这个进程中也开始显现。思政课程进行最直接的思想政治教育，专业学科教育也应然地承载着一定的间接思政教育任务，而有"培养精致的利己主义者"之规避必要性的专业学科教育，在实然层面并没有很好承担起思政教育的使命。不仅如此，在现实中，专业学科教育的重要性和权威性往往遮盖思政教育，课程思政事实上被重视和尊重的程度不够，相应的结果就是，思政教育在人才培养方案中被重视和尊重的程度不够。课程思政要得到更多的重视和尊重，往往对自身直接的思政教育作出妥协式调整，展现更多的工具理性。也就是说，课程思政的外在压力造成了课程本身教育的工具理性一定程度上凌驾于价值理性之上的情形。由于面对的是专业和就业导向等更为直接现实的目的，思政教育需要培养社会生活和职业生活中遵规守法的规范习惯和社会公德。同时，思政教育也要强调价值理性，包括社会责任和爱国情怀等思政心理和行为的教育。这种独特性对课程思政教师提出更高要求，需要对思政教育的两个维度进行平衡，对思政教育具体问题进行具体分析，引导学生树立正确的世界观、人生观和价值观，增强对优秀美德的认同，培养正确的价值理性，做正确的事。同理，思政教育也要注重培养学生的思政智慧和实践能力，培养学生的工具理性，以达到工具理性和价值理性的和谐统一，使课程思政的科学性和思想性有机融合，从而取得良好的教育教学效果。

三、构建立德树人的人才培养方案

高校是培养人才的主要场所，也是思想意识形态工作的前沿阵地。高校思想政治教育工作切实关乎人才培养目标的实现，促进国家综合竞争力的提升。习近平总书记指出："要坚持把立德树人作为中心环节，把思想政治工作贯穿教育教学全过程，实现全程育人、全方位育人，努力开创我国高等教育事业发展新局面。"① 从立德树人根本任务出发，科学合理的人才培养方案应该包含三个基本要素：一是以全面发展作为构建培养方案的主线；二是形成不同课程互补互促的思政体系；三是设定每一门课程的思政要求。只有这样，才能在顶层设计上规划好课程整体功能，把课程思政扎根在人才培养方案的基础性设计之中。

（一）将"以德为先、全面发展"作为构建培养方案的主线

围绕立德树人根本任务，以学生德智体美劳全面发展作为构建培养方案

① 《习近平谈治国理政》第二卷，外文出版社 2017 年版，第 376 页。

的主线，贯穿于教育的各个环节。党的十八大提出，"把立德树人作为教育的根本任务，培养德智体美全面发展的社会主义建设者和接班人"。此后，习近平总书记围绕坚持立德树人这一教育的根本任务作出了许多重要论述，提出了明确要求。党的十九大报告进一步强调，"要全面贯彻党的教育方针，落实立德树人根本任务"。要实现"两个一百年"奋斗目标、实现中华民族伟大复兴的中国梦，必须通过以立德树人为导向的教育，培养全面发展的社会主义建设者和接班人。

德智体美劳全面发展是每个学生的应然状态，只重智育而轻视德育，或者只重动脑而轻视动手，必然导致学生"五谷不分"。国以德兴，人以德立，具有根本性的"德"是处于首位的，发挥着引领性的作用。"扣好人生第一粒扣子"决不能沦为空谈，要教育引导学生从点滴小事做起，脚踏实地修炼德行，以成长为有大爱、大德、大情怀的人为目标，自觉培育和践行社会主义核心价值观，做到明大德、守公德、严私德。反对灌输式、填鸭式、教条式、"一言堂"式的教学方式，不断增强学生的创新创造能力，引导学生做到"求知、学习，思考、探索样样精通，真理、道理、事理事事通达"是理想的状态追求，也是教育工作者需要为之奋斗的目标。

增强课程思政的思想性，突出政治引导、价值观塑造，让学生更加坚定感党恩、听党话、跟党走。要立足价值引领，树立以学生为中心的价值取向，适时引入"时代的河水"，进而以有趣的课堂吸引人。要注重创新课堂教学，使其蕴含时代内涵气息，给学生深刻的学习体验，引导学生树立正确的理想信念、学会正确的思维方法。要推动课程思政改革创新，打造学生真心喜爱、终身受益、毕生难忘的"金课"。具体来说，人才培养要以问题为导向，以学生"真心喜爱、终身受益"为目标推进课程改革实践，着力解决制约课程思政质量提升的体制机制障碍和瓶颈问题：一是解决各类课程层级弱化、学科壁垒、条块分割而产生的统筹不够、合力不足问题，使资源整合更有力度。二是解决各类课程将思政元素融入教学时"讲不准、讲不透、讲不活"的问题，使课堂教学更有深度。三是解决学生"人到、心未到"

情感价值认同不到位的问题，学生学习更有效度。归根到底是要以"培养什么人"为首要问题明确办学宗旨，以"四有好老师"为标准打造高素质的教师队伍，以教学实效性为目标提升课程质量，让每一门课程都成为学生真心喜爱、终身受益的优质课程，为培养德智体美劳全面发展的社会主义建设者和接班人融入"生命线"意义。

（二）形成不同课程互补互促的思政体系

根据不同的学科、专业，选择体现思政的课程结构模式，形成不同课程之间相互补充、相互支撑的思政体系，把思政教育贯彻落实到每一个学科的教育之中，这是教育体系的完善，也是立德树人主线的延伸。课程思政建设的关键在于丰富每一个学科的教育内容，运用思想政治教育进行串联，使之发展为一个整体，在对学生进行思想政治教育的同时，还可以充分挖掘各学科所蕴含的价值，找出其发展历程中的历史、文化和经济等因素在学科建设中的影响，进行融入式的教学体系创新。注重研学过程的科学性，明确研学方向，坚持运用马克思主义的立场、观点和方法进行教学，鼓励学生进行科技创新和深入研究，培养他们敢于探索，善于研究，吃苦耐劳的优秀品质，教育者需要掌握所教授学科的主题思维层次，在不同层次上将思政教育加以创新，使思政教育与各学科融合发展。

各类专业课程蕴含着丰富的思政元素。一方面，学科本身是具有价值倾向的，可以将思政教育的理念编入专业教材，从源头上进行思政教育的引导。另一方面，教师可以以思政体系为起点深入挖掘，使体系得到进一步拓展。因此，教师自身的政治立场必须坚定，专业素养必须过硬，这样才能够更好地履行教书育人的教育初心，贯彻立德树人的本质要求，为培养社会主义建设者和接班人提供源源不断的动力。需要注意的是，课程思政不是简单的"课程+思政"，而是融合创新的体系模式。举例来说，课程思政不仅仅是在专业知识教学中穿插社会主义核心价值观等德育内容，还是在各学科的学习中，由表及里、循序渐进地引导学生厚植情怀。课程思政正是潜移默化、润物无声的过程，需要思政教育与不同专业课程相辅相成、协调共生。

基于人才培养方案中课程思政教育体系的建立，可以从学科教材和课程设置等方面进行完善。把思政教育的理念和内容贯彻到课程教学的大纲和框架中，优化课程设置，对教学准备、教学计划、教学方案和教学目标等进行优化管理，着力在提高课程内容编制合理性上下功夫。

（三）设定每一门课程的思政要求

以点带面并不是以偏概全的方式进行体系构建，而是要把每个要点都进行细化完善。学科和课程都需要进行思政教育创新、融入思政元素，用新的教学模式和方式保证立德树人的贯彻落实，推进实现课程思政的标准化、专业化和整体化。如何将课程的本体内容与思政元素巧妙融合是一个值得深思的问题，因为融合不仅要符合专业的特色，更要力求实效，真正做到教书育人、立德树人。《高等学校课程思政建设指导纲要》提出：课程思政建设要紧紧围绕全面提升人才培养能力这个核心点，在全国所有高校、所有学科专业全面推进。基于《高等学校课程思政建设指导纲要》的精神，课程思政的开展立足于立德树人的教育目标，对贯彻落实习近平总书记"其他各门课都要守好一段渠、种好责任田，使各类课程与思想政治理论课同向同行，形成协同效应"① 的重要论述，提出了新要求。

课程思政建设要细化研究每一类学科的特点，注重教育教学的引导性。在课程思政潜移默化的教育中，培养学生的爱国主义情怀，加强道德品质修养，同时鼓励学生自主学习相关技能，提升自身价值，以艰苦奋斗的精神进行科学研究。结合各专业课程的特色，深入挖掘学科体系的知识层次和思政知识的联系，形成合理的、科学的、系统化的教学思路。立德树人的重要目标就是让每一个生命都闪亮，让每一个学生都能够全面成长和发展，为此必须用活用好课堂教学这个主渠道，将思政育人要素合理嵌入专业教学中，充

① 《习近平谈治国理政》第二卷，外文出版社 2017 年版，第 378 页。

分发挥价值观引导润物无声的特性，在课堂教学中实现育人效果的最大化。具体来说，对于经济学、管理学、法学类等专业课程，要着重培养学生诚信友善、实事求是、知法守法的高尚职业素养；对于文学类专业课程，要引导学生深入理解社会主义核心价值观和中华优秀历史文化成果，自发自觉地弘扬民族精神和时代精神；对于理科、工科类专业课程，要着重开发他们的科学思维和想象力，鼓励他们学会创造，学会创新，学会科研，在学习过程中体验和感悟大国工匠精神，感悟追求真理，勇攀科学高峰的使命担当；对于艺术类的专业课程，要给予学生美的教育，着重在审美观和人文观等方面进行系统培养，以美育人、以美化人，不断增强学生的文化自信，坚持对优秀文化、艺术的传承和创新。

课程思政内容的构建必须始终紧紧围绕理想信念的塑造。以爱党、爱国、爱社会主义、爱人民、爱集体为主线，把课程学习同学习领会党带领人民创造的"两大奇迹"结合起来，同学习领会全面建设社会主义现代化新征程的新实践结合起来，构建崭新的、先进的、可持续发展的课程思政内容，不断优化内容供给。首先，要以习近平新时代中国特色社会主义思想为指导，以立德树人为目标导向，推进习近平新时代中国特色社会主义思想进教材、进课堂、进头脑，引导学生知世情、知国情、知党情、知民情，坚定"四个自信"，增强对党的创新理论的深刻认同。其次，把社会主义精神文明建设融入课程思政之中，培育和践行社会主义核心价值观，引导学生把国家、社会和公民的价值要求有机结合，将自我的价值融入国家民族的价值之中，把社会主义核心价值观内化为追求、外化为行动。最后，要挖掘中华传统优秀文化、优秀民俗和优秀品质嵌入系统的课程学习。让爱国主义为核心的民族精神贯穿在每一本教材、每一份讲义之中，引导学生深刻理解中华优秀传统文化中讲仁爱、重民本、守诚信、崇正义、尚和合、求大同的精神财富，秉承着取精华、去糟粕的科学态度，让每一个学生都能在内心深处感受到中华民族绵延数千年的公平、正义、和谐、包容等精神力量。

总之，高校人才培养是育人和育才相统一的过程。"立德树人"是对于教书育人的本质追求，是办好中国特色社会主义教育需要秉承的原则。构建高水平人才培养体系，必须将思想政治工作体系贯通其中，抓好课程思政建设，解决好专业教育和思政教育的问题。围绕高质量的人才培养工作，学科学习和思政学习是互为一体、相辅相成的，必须将思想政治教育培养贯通其中，对每一个学科进行深化改革，不断完善教育体系，加强课程思政的规划指导，将思想政治教育的内容与国家、党和社会的需要紧紧联系在一起，创新思政教育新模式。此外，要结合学校自身的特色资源和政策进行人才培养方案的规划和实施，最终打造一个全面覆盖、类型丰富、层次递进、相互支撑的课程思政体系，守好教育初心的"责任田"，引导学生成为德智体美劳全面发展的社会主义建设者和接班人。

第二节　课程体系的思政选择

课程思政既不是增开一门课，也不是增设一项活动，而是一种课程观。[①] 课程思政想要达成的目的是充分利用思政教学资源，使思政教育与课程教学有机融合，提升学生的理论素养，能够让学生将自己所接受的思政教育付诸生活实践，形成一种整体的协同效应。可见，我们需要从课程观的角度去理解课程思政，进而将课程思政当中涉及的多个课程要素进行充分联结，如课程设置本身的价值取向、教师、知识、课堂、学生等的思政逻辑，深化课程思政的理论思考，丰富思政体系建设，推动课程思政实践的展开。

一、课程的内在规定性

从内在角度出发，课程思政归属于课程研究中的一种。对于课程研究来

---

① 高德毅、宗爱东：《从思政课程到课程思政：从战略高度构建高校思想政治教育课程体系》，《中国高等教育》2017 年第 1 期。

说，则主要分为两个模块：一是关于学校中应当编制怎样的内容与活动的、有现实影响力的"决策"问题的研究；二是超越这种决策，探讨课程的历史、社会意蕴和主观意蕴的研究。① 值得注意的是，从研究角度看，课程思政既要解决具体课程的内容编制问题，又要从课程历史中探讨课程思政的社会意蕴，增强课程思政的学理支撑，从而为课程思政实践减少主观随意性。两类研究的聚合点是如何把握课程本身的价值取向，由此得以深刻理解课程本身价值取向对课程思政的意义。

（一）课程的社会意蕴

纵观课程历史发展，在 17—18 世纪，西方国家正在经历封建社会向资本主义社会过渡的阶段，很多教育家提出自己的课程思想，从本质上看，这些思想的实质是一种古典主义与现实主义的对立。现实主义流派的教育者认为科学知识仅仅满足商人和战争制造商的利益，所以在课程的设置上就应该以实行普通教育为课程的目标，要让学生多去学习一些实用性的知识。而古典主义流派的教育者并不支持将科学知识作为学生学习的核心目标，主张道德教育应是课程的目的，要注重思想道德的教育传授，而不能过度关注技术性的学习，所以这一流派的教育家希望将训练学生的智力为教育教学的目的。现实主义或自然主义、功利主义者主张采取"实质训练"的立场，倾向于注入实用知识。由此可以看出，关于课程教学的核心之争，从某种程度上反映出不同学派对于课程教学的价值取向的分野。在实践中，随着科学技术的发展，每当现实对课程提出新要求时，在课程设计上总是采取补充新的学科和教材的方式加以解决，此种方式不仅增加了新的课程内容，还极大加剧了日趋冗杂的课程体系的扩张，致使需要补充的科学知识无法被有效吸纳。由此，课程设计者不得不有所取舍，以结构主义的主张去掉课程中一些"无用"的东西，课程内容选择的最低标准体现在课程衡量上就是"最低必

---

① 钟启泉：《现代课程论》，上海教育出版社 2006 年版，第 42 页。

要量"。例如，内容上的选择和编排需要确定课程的最低必要量、知识的最低必要量以及道德素质的最低必要量等。这无疑使得道德教育与实用知识（如技术等）在课程上的对立愈演愈烈，向"实用"倾斜成为课程价值取向的趋势，并维持着对立的延续性。

进入 19 世纪以后，出现了一种功利主义课程观，同现实主义的立场并行。这种课程观念在英国尤为盛行。19 世纪六七十年代，英国已经成为最发达的欧洲资本主义国家，随着国家经济迅猛发展，英国开始注重大机器生产模式的变革，受产业革命影响，众多的劳动力得到节省，让劳动力市场发生了翻天覆地的变化。显然，有计划地研究教育科学技术知识和体系的必要性日趋迫切，英国制定了很多教育政策。在这些教育政策当中，十分注重初等教育、中等教育、高等教育以及职业教育的发展，课程体系建设十分注重自然科学教育，并将近代自然科学引入普通教育。19 世纪后半叶，类似的情况在德、法、美等国也纷纷出现。由此，课程演变成为以科学知识尤其是自然科学为主要取向的教学载体，对人的道德教育被边缘化，但自然科学自身局限性逐渐凸显。"这种做法也给我们留下了一种习惯：把各种自然物和自然过程孤立起来，撇开宏大的总的联系去进行考察，因此，就不是从运动的状态，而是从静止的状态去考察；不是把它们看做本质上变化的东西，而是看做固定不变的东西；不是从活的状态，而是从死的状态去考察。"①。

20 世纪 30 年代以后，世界开始大范围进行课程改造运动，在课程目标的制定上也更加注重"人"的价值回归，也就是在课程的传授过程当中更加关注激发学生的内在兴趣，而不是仅仅进行知识的传授。在课程的组织和安排上，与学生的身心相联系。总之，这不仅改变了课程观念，还改变了把学校视为各种知识、技能的授受机构的传统学校观，探索并实践新型课程，要求同学生的心理特征和社会要求相适应，如德国的合科教学和美国的核心课程等。

---

① 《马克思恩格斯选集》第 3 卷，人民出版社 2012 年版，第 396 页。

从 20 世纪 60 年代开始，全球的教育出现更多呼吁改革的声音，具体可分为两大思潮：第一种思潮就是将学校的制度进行改革，更加注重在课程的编排上教授一些未来生存发展所需要的各种知识，也就是不仅仅传授当下社会需要的知识，也开始为学生未来的生活做准备。第二种思潮是改革课程，就是把课程内容融入现代的科学技术手段与思想文化成果，丰富课程体系，这同时是一种学科结构的融合。这样一来，课程改革便分为了两种主要的观点：一是压缩科学的古老层部分的内容，加强"新生层"，充实学科内容；二是改造学科课程，从学校教育的最初阶段开始，就要在教材中引进学生能够理解的同现代科学息息相关的一般原理和思想。① 然而，无论是哪种观点，课程的改革都是针对学科教学的内容，忽略了"人"为价值取向的课程改革点。

（二）课程的价值意蕴

从历史发展的角度来看，课程改革一直在进行。当今课程改革是为了培养社会主义事业建设者和接班人，让学生能够在学校教育的过程中获得全身心的发展，在教育过程中贯穿着思想政治教育，整合各个学科以及课程的优秀思想政治教育资源，从而培养出更优秀的人才。在课程的编排中，要注重价值观念的传输，提升学生的专业素养，寓价值观引导于知识传授和能力培养之中，这是推进课程思政建设的目的所在。而"课程"既可以指具体的每一门课程，也可以指学科知识传递的课程系列。因此，课程的价值取向，不仅指每一门课程内在的价值意蕴，而且反映在课程结构化选择的倾向中。从课程发展历史来看，课程的价值取向充满争议且开始发生重要变迁是在欧洲工业革命时期。② 工业革命推动了整个社会的进步和发展，各行各业需要更多的技术人才。这种社会发展的现实极大推动学校课程的改革。在改革的

---

① 钟启泉：《现代课程论》，上海教育出版社 2006 年版，第 22—23 页。
② 钟启泉：《现代课程论》，上海教育出版社 2006 年版，第 4—28 页。

过程中，有很多关于课程不同观点发生激烈的碰撞，其间贯穿着古典中心主义、人文主义与现实主义或自然主义、功利主义的论争。辩证分析，各种论争的背后实际上是对课程价值取向的一种新的建构，直接影响课程与道德教育或思想政治教育之间的关系。

课程思政建设以党和国家事业发展全局为出发点，面对世界百年未有之大变局，立足实际办好人民满意的教育，高质量建设教育强国，课程改革使命光荣、责任重大。由此，课程思政建设需要建立在对现行课程制度与体系充分思辨、改革的基础上，塑造具有新时代特征的新教育理念。必须认识到，"课程"不能只是知识和技能的灌输，要更多注重学生能力的培养、习惯和态度方面的引导，实际上是知识传授、能力训练和价值引领的双线融合发展过程，是培育人的实践技能和塑造思想的复合单元。正是课程的这种"复合"特性，课程的价值取向在不同的时代有着不同的定位，但归根结底都要体现以"人"为核心的质性需求，课程思政则是在新时代条件下对课程价值取向的一种新定位。基于课程思政的理念，学校要用好课堂教学这个主渠道，以立德树人为教育目标，让课程的思政功能从隐性走向显性，从自发走向自觉，从零散走向系统，以教育普遍性和学科具体性统一的双重价值要求，将思想政治教育融入所有课程教育实践活动，培养德智体美劳全面发展的社会主义建设者和接班人。

二、课程体系的思政功能

2020年5月，教育部印发的《高等学校课程思政建设指导纲要》进一步回答了有关课程思政的重大问题，为全面推进课程体系的思政功能建设提供了具体的、可操作的政策实施表和行为路径图。2020年4月，教育部等八部门联合印发的《关于加快构建高校思想政治工作体系的意见》也明确要求：全面推进所有学科课程思政建设。统筹课程思政与思政课程建设，构建全面覆盖、类型丰富、层次递进、相互支撑的课程体系。选择设置什么样的课程，建成什么样的课程体系，不仅要遵循人才培养方案的内在要求，而且要体现课程之间的逻辑关系。课程设置不是简单地呈现知识图谱，更蕴含着选择的价值和对达成目标的期待。

（一）课程体系的价值内蕴

对于传统的课程设置来说，其主要沿着由学科或专业需要出发的总体思路，专业课被先行确定，依此逻辑推演，接续确定专业基础课、大类基础课、公共基础课等，导致专业重而通识轻、知识重而价值轻的结构失衡现象突出。在课程思政的视域下，必须依照立德树人的基本理念及要求进行课程设置，重构和凝练课程内容，使得课程要素间关系的构成比例得到优化，逐步生成逻辑明朗、结构合理的课程体系。

其一，使思政要求在课程体系中实现"形式构成"。按照立德树人的要求，对各门课程的思想政治功能进行定位和整合，形成课程间纵向关系和横向联系的有机体系，实现思想政治课程的一体化设计。具体而言，要建立课程思想政治教育的整体平台，加强课程思想政治教育的横向联系和纵向渗透，培育不同层次课程之间的思想政治教育"课程树"，形成纵横交错的课程思想政治教育模块，防止课程思想政治教育的碎片化和随机化。

其二，使思政要求在课程体系中实现"实质构成"。从学校层面、专业层面、课程层面，不断推进，具体实施，让课程思政真正落到实处。在学校层面，要确定立德树人的培养理念，根据学校目标定位、服务定位和学校类型定位，确定人才培养的类型、规格和水平，体现德才兼备的要求。在专业层面，以德为先确定培训计划，明确德智体美劳等方面的培训要求和质量标准，在此基础上，确定专业内涵、知识结构和培养方式，形成课程体系。在课程层面，要确定以知识与价值统一为核心的教育教学模式，处理好教育教学、科研与学科建设的关系，不断优化教学方法，真正落实课程的思想政治要求。

（二）课程思政功能的双重价值要求

建设一个完备的课程思政体系，离不开对作为体系核心要素的课程思政功能的指认。与传统的专业课程相比，课程思政功能的双重价值要求体现为教育者在培养受教育者掌握技能和知识的同时，更要注重思想认识和价值观的提升。构建系统科学的课程体系，是思想政治教育融进课堂的过程，是一个从表层知识学习到深层价值认同的过程。"理论只要说服人，就能掌握群众；而理论只要彻底，就能说服人。"① 也就是说，要充分发挥课程思政在提高政治站位和明确自我价值定位中的功用，逐步提高受教育者的知识诉求能力和实践应用能力，使课程思政功能的双重价值要求得以真正彰显。

从课程思政功能价值要求的二维性逻辑出发，面对当今社会利益格局与思想理念的复杂变化与对冲，如何使受教育者坚定政治立场，坚持正确的价值取向，加强精神涵养和接受更切实的现实指导，是课程思政在实践中要解决的首要问题。因此，不论是从课程的建设，抑或思想政治教育的改革，都要结合新时代青年学生的思维发展特点，不能仅仅注重知识的简单传授，更加注重对学生的正确价值引领，帮助学生拥有自己独特且深刻的价值体验。基于此，对尊重受教育对象存在的客观差异性提出了更高要求，在课程思政的教学过程中需要不断发展人的价值和意义，搭建教育主客体之间交流互促的渠道，防止教育过程因人与人本质的分离而滑向纯粹"技术主义"的培养道路。

除此以外，课程思政体系的实质是对应然目标所确立健全人格的"因材施教"，让每个个体充分发挥自己的优势，在整体社会的发展过程中，找到自己的精准定位，以此激发其自觉为社会贡献力量的主观能动性。这样一来，课程就需要根据不同个体的相异学习背景进行积极有效的价值引导，从而让受教育者做出更多更符合整体社会发展需要的向上向善的作为。更进一

---

① 《马克思恩格斯文集》第1卷，人民出版社2009年版，第11页。

步说，课程思政的实行就是对主流价值观的一种坚守，课程思政要牢牢把握这一特点，重视价值导向中的意识形态性，注重从合法性维度、强化党和国家的政治权威，以维护政治秩序稳定作为一切课程逻辑的关键前提，不断增强受教育者高度的政治认同。在整个育人过程中，必须警惕各种社会不良思潮对个体产生的影响，防止个体在社会环境中出现违反主流价值观的错误想法，敢于对任何鼓吹"要'专业化'不要'意识形态化'"的错误观点亮剑，始终如一坚守课程的意识形态性。

全面推进课程思政体系建设，是新时代重新构建育人理念，联结知识迁徙和价值导向、教育普遍性和学科特殊性，构建政治高度的教育观。为此，必须抓住后继有人这个根本大计，强化社会主义办学方向，培养国家长治久安所需的人才，提升教育的政治地位，构建高层次政治教育观，明确教育是为了培养中国特色社会主义事业的建设者和接班人，是不断培养学生"树立对马克思主义的信仰、对中国特色社会主义的信念、对中华民族伟大复兴中国梦的信心"①。

三、课程体系思政功能现实的困境

课程思政是"大思政"育人共同体的关键构成，也是时代新人培养链上的主要阵地。当前，思想政治教育的"孤岛"困境仍然不同程度地存在，思政教育与专业教学之间"两张皮"现象未能得到彻底变革。面对新技术、教育新形态等，在使思政课程"更有味"的基础上，让所有课程回归育人使命的"更有为"是课程改革的关键。思政课程向课程思政的转变不是简单的立场交换，而是从一门孤立的课程向一个全面立体的课程体系转变。因此，我们应该从综合的角度来看待问题，直面课程思政转型过程中的现实困难。

---

① 《习近平谈治国理政》第三卷，外文出版社 2020 年版，第 334 页。

（一）课程体系设计的功利化选择

功利化选择的其中一种表现是为了思政的简单化倾向。面对课程思政要求，在教学实践中倒向生硬理论灌输的现实困境。需要的是用好课程这个德育载体潜移默化地影响学生，而不是把理论直接灌输给学生。因为这样不能引起学生的兴趣，进而影响课程思政的持续性。

功利化选择的另一种表现是课程思政流于形式的趋势明显。在课程思政的实施中，需要有多种教学方法，需要教师在教学中进行不断创新，构建多元化、层次化的课程教学体系。然而，这些教学资源的开发难度较大，而且很多教师缺乏课程思政教学经验，课程资源选择容易出现偏差。一些教师会强调形式而忽视内容，一些教师会机械地选择一些资源，一些教师会模仿其他教师的教学方法，进行简单且形式化的教学，这样就不会引起学生的兴趣，也达不到最佳的教学效果。

究其原因，可以归结到课程思政体系建设的功利化问题。如今，我国各大高校都在推进立德树人根本任务落细落小落实，各个高校提供了很多激励和保障措施。国家层面，推出了许多相关的教学研究课题项目，一些教师为了提升自己的名气、评聘职称或谋取其他利益之需，把课程包装成课程思政的精品课用于申报各种项目，将普通课程包装成为课程思政金课，申报课程思政的相关项目，虽然包装得天花乱坠，但最后的内容却缺乏价值，这显然与推行课程思政的教育初心相悖。

（二）课程设计的纯知识化倾向

毋庸置疑，知识在大学课程中的重要性是不可替代的。但是如果将课程简单化为知识输入，将人才培养仅仅认定为培养具备专业知识的人才，将会导致学生与现实生活产生疏离。需要注意到，思政教育不同于知识教育，它不仅仅是传授一些科学性的知识，更多的是引领学生走向正确的道路，具备健全的人格。在教育"纯知识化"引导下极大地缩小了思政教育发挥作用的空间，也使思政教育的整体流程被过度简化。这种价值取向下的教育，以客观的、普遍的"纯知识"与思想政治教育、现实生活割裂开来，实质是背离思想政治理论课与其他课程同向同行的要求，未能充分发挥思想政治理论课的引领和示范作用。诚然，充分发挥思想政治理论课解决问题的能力面临许多矛盾和制约。例如，其独特的思想教育功能和组织、提供知识的自然功能，在碰撞中孕育了知识与价值的争论，导致课堂教学中知识与价值分离的隐忧。在课程教学"纯知识化"指导下的教育，知识泛化的教学目标把思想教育和现实生活的知识分割开来，导致学生知行不一和受教育脱节的不良现象。

对于一些教师来说，或许做到了强调意识形态教育的重要性，但是他们忘记了知识本身就具有价值意义。不可否认，在理论与实践结合过程中把握好两者之间的关系，把道理讲清楚、讲明白对于教师的课程设计提出了较高要求，但不能仅仅为了知识传授过程的完整性，就一味地对学生进行灌输，忽视回应学生关切，忽视知识接受规律，从而在某种程度上致使学生的正常发展受到不必要的负面影响。一些教师则过度强调知识性的传授，将马克思主义理论单纯看作一种人文社科理论知识，在教学过程当中只注重理论知识，而忽略理想信念和价值引导，使学生学习的热情难以被有效调动。有的教师为了打破学生对课程无趣的印象，创新多种教学方式试图调动学生的学习兴趣，在活跃课堂气氛的同时却不时破坏知识理论的完整性和严谨性，从而出现一些误将"庸俗"当作"通俗"的不当教学现象。思想政治教育的规范是知识性的，是由一系列理性的教学行为规律构成的，如果仅仅进行教条式的陈述，课程知识传授则成为没有生命力的灌输，缺失了思想政治教育的独特魅力，必然导致学生的认知与实践的脱离。

面对课程体系思政功能的种种现实困境，实现人才培养教育目标离不开课程思政的有效运行。如果想要达到更好的教学效果，最好的方式是坚持德育和智育并举，将思想政治教育有机融入学生的现实生活中，使学生在潜移默化中实现对知识的吸收转化，推进显性教育与隐性教育统一互动、形成课程思政与思政课程协同育人的思政体系教学模式。

四、打造课程思政的课程体系

课程思政建设依托完整的课程体系，要将各类课程打造成思政工作的重要渠道，真正做到守好一段渠、种好责任田，使各类课程与思想政治理论课同向同行，形成协同效应。主渠道与主阵地同向建构、相互配合，才有互为"同行"的内在动力。只有两者的目标、资源等要素同向同行、互为补充，才能形成大思政育人共同体的闭环，生成高质量的人才培养链，形成彼此支撑、合力育人的协同效应。构建思想政治教育课程体系要将思想政治理论课作为完整体系的核心，同时，根据课程的分类，充分挖掘专业课程中蕴含的思想政治教育要素，构成一个完整的课程体系设计，并依据课程的性质和教师的实践能力，设置思想政治教育的相应重点和目标，以充分发挥课程体系整体功能。

（一）以人的全面发展为导向构建课程体系

人实现全面发展是教育人本性的永恒主题。作为课程设置及其进程的总和，课程体系在"实现人的全面发展"的进程中有着重要价值。以人的全面发展为导向构建课程体系，就要遵循知识的思政逻辑，把价值引导寓于知识传授之中。"教材的内容无非是心灵世界的传输者"，人是一个完整的人，教育不能单纯地灌输知识，而应当着眼于提高人的本来的创造性，"课程除了纯粹的智力发展外，情绪、态度、理想、雄心、价值，对教育过程来说也是应当关注的正当的领域，还要发展自尊和尊他的思想意识"。① 如果课程设置仅仅依靠知识，就不会产生社会所需要的适当行为，因为对不以价值观和感情为基础的知识的获取，往往会把人降低到一种片面的状态。显而易

---

① 钟启泉：《现代课程论》，上海教育出版社 2006 年版，第 168 页。

见，只有立足于人的全面发展理论，课程思政发展才能向着正确的方向稳步前行。因此，课程体系建设要加强对人的全面发展理论内涵的解读，根据当代学生的心理特点，不仅要以传递知识为目标，还要追求精神世界的丰富和成熟，着力提高思想政治教育的针对性和实效性，从而实现课程思政的有为发展、有效创新。

课程思政是围绕学生对显性和隐性课程从功能到需求和情感的结合，以知识教育支撑价值导向，以价值导向引领知识传授，并将知识与情感、意志培养相结合，以人格的塑造、人的价值发展为目标，使课程成为培养人的全面发展的集结世界。与之相对的是，围绕知识教育目标实现的传统课程体系忽视课程与人的发展之间存在的本质联系，也就忽视了教育中"人"的发展是最为重要的，从根本上忽视了教育以人为本这一基本价值判断。在课程体系的构建中坚持以人的全面发展为向导，致力于教育价值取向的优化，真正实现课程设置以人的发展为本位。课程育人是一切课程体系建设的"始基"。近几年来，国家发布了一批关于课程思政的指导性文件，这些文件的核心要义之一就是指出学校每门课程都要在学生的成长发展中发挥自身的作用，给学生带来"浸润式"的思想政治影响。进一步来说，课程体系的建设所指向的人的发展，既构建着人的主体性，又依托着人的主体性，在这个意义上，课程设置与人的主体性发挥应当是协调一致的。因此，建立以人的全面发展为导向的课程思政的课程体系，需要在进行课程设置时，对学生的认知特点与行为特点有足够的了解与把握，并以此为基点，保证学生的主体地位，给予学生充足的自主发展空间，引导学生按照合理的成长目标实现全面发展，注重课程教育功能的积极有效发挥。

（二）以服务社会全面进步为指向构建课程体系

众所周知，以科学合理的理论分析为前提的课程体系，其构建过程是形成于一定时代和社会条件，同时又通过课程教育的方式对特定时代和社会施加影响。当代中国的社会发展正逐渐摆脱传统导向而趋向于创新导向，成为集聚发展变化的"发展型社会"。因此，新的社会需求需要得到实现，新的社会问题需要得到解决，这是"发展型社会"的两大鲜明特点。"社会发展"对教育的需求集中体现在对能够较好适应于现实社会状况的人才的需要，这种需要必须在一系列具体课程所构架而成的"人才培养场域"中得以实现。与社会发展的多样性要求不同的是，课程体系的构建呈现出独特的发展规律，不能简单地以课程的多样性来回应社会需求的多样性，而是要同时考虑受教育者的个体发展需要以及课程的知识获取特性。换言之，以服务社会全面进步为指向构建课程体系，在教育中吸收并体现社会发展成果，不能只是单纯根据社会的不同需求而一一对应地开设不同课程，我们要在课程保持应有的"量"的基础上，探寻课程设置如何更好适应社会发展与人才培养需求的某种"质"的规定性。这种规定性反映在课程体系构建中，就体现在对于"社会要什么"和"课程有什么"这两个基本问题的不同回答之上。

"新时代新形势，改革开放和社会主义现代化建设、促进人的全面发展和社会全面进步对教育和学习提出了新的更高的要求。"① 以社会全面进步为指向构建课程体系，是基于课程思政与社会个体互促发展的关系考量。人的本质在其现实性上，是一切社会关系的总和。现实生活中的人的本质，必然要使人所处的时代的特点被体现，人所处的社会的特点被体现，人与他人之间的特定的相互关系被体现。个人社会关系的高度发展是人的全面发展的标志之一，也就是说，人的全面发展与社会全面进步是彼此互促的。社会关系影响个人的发展，甚至决定一个人的发展程度。实现"社会全面进步"所指向的课程体系构建以人为工作对象，可以帮助人们创造平等、和谐、友好的社会氛围，在人与社会之间架起沟通的桥梁，解决人们交往中的矛盾和问题，促进个人社会关系的发展，提高个体认识和改造世界的能力，使个体

---

① 《习近平在全国教育大会上强调：坚持中国特色社会主义教育发展道路，培养德智体美劳全面发展的社会主义建设者和接班人》，《人民日报》2018 年 9 月 11 日。

既能改造客观世界，又能改造主观世界，使个人在社会中生活得更好。课程思政的课程体系通过培养和塑造人，为社会发展和进步提供源源不断的动力。

（三）以创造美好生活为目标构建课程体系

"为中国人民谋幸福，为中华民族谋复兴"是中国共产党的初心和使命。习近平总书记在党的十九大报告中多次提到"美好生活"一词，"人民对美好生活的向往就是我们的奋斗目标"。由于"美好生活"侧重于实践层面的现实需要，"向往"则侧重于精神层面的主体追求，对"创造美好生活"的理解需要联系理论与实践的复合维度。"思想政治教育接受的目的，是使受教育者树立起一定的世界观、价值观和人生观，形成某种理想和信念，并外化为行为，最终形成稳定的人格。"[1] 在当今文化多样化、社会信息化的时代，我们必须注重"对美好生活的向往"的思想性与实践性的特点，使课程设置在现实问题阐释、价值方向导引方面有积极作为。必须指出的是，作为创新课程体系构建的重要价值指标，以改革课程设置为主要抓手促进学生对美好生活的向往的实现，可以称得上是"创造美好生活"在教育领域的生动实践。

学生对美好生活的需求反映了他们作为独特个体的价值观，也体现了社会需求的发展趋向。因此，"创造美好生活"呼唤一系列能够具体、真实展现新时代价值观，能够纾解过度价值困惑和疑虑的优质课程。通过课程思政对新时代价值观的解读，培养和引领人们对美好生活的精神需求。通过课程思政，学生可以建构或形塑自己的价值取向和思维方式，明确自己对美好生活的需求，进而朝着为实现美好生活的方向努力前进。构建课程体系需要综合考量理论要求与实践诉求、历史思维与现实逻辑等多层次、多角度的科学合理规划安排，对学生进行引导，从而为学生提供强大的精神动力和理论支

---

[1] 胡凯：《思想政治教育过程的心理规律初探》，《思想理论教育导刊》2005 年第 3 期。

撑。要实现这一预期，课程设置需要关注生活，敢于直面现实问题，努力解决现实问题，培养和启发人们用新时代的价值观去感知道德之善与生活之美。

总而言之，以创造美好生活为目标构建课程体系，要遵循课程价值取向的思政逻辑。课程教育发展"提出了教育上一个根本问题：应当立足于维系包含了种种矛盾的现存社会的立场编制课程呢，还是应当以改造社会本身为目标，从而编制出相应的课程呢？这个问题，也是今日信息社会迫切需要考虑的问题"①。解决社会主要矛盾要依靠发展，但说到底要依靠人才。课程是造就人才的重要载体，面对当前人民日益增长的美好生活需要和不平衡不充分的发展之间的矛盾，课程设置必须注重强化课程教育的现实关切，保证对学生现实社会问题的所思所想所惑在课程安排中有所体现，契合个人对美好生活向往的现实需求与价值追求，强化课程解释问题、化解矛盾和引领方向的效用，引导学生自我发现、自我充实，真正做到知行合一。

第三节　知识体系的思政内涵

课程思政必须借助知识构成。知识既包含着事实取向，又包含着价值取向。"处于一切自然科学和数学的中心的基本概念，对形成人生和文学的基本课题，是强有力的，同时又是单纯的""知识具有某种结构和内部体系，其中包含着某种程度的有关人生和自然的某一侧面的人类已有的识见。"②全面推进课程思政建设，要从知识的本质规定上明确知识体系的思政内涵，为全面推进每一门课程的课程思政奠定思想上和实践上的基石。

---

① 钟启泉：《现代课程论》，上海教育出版社 2006 年版，第 19 页。
② 钟启泉：《现代课程论》，上海教育出版社 2006 年版，第 131 页。

一、知识的内在规定性

习近平总书记指出："挖掘其他课程和教学方式中蕴含的思想政治教育资源，实现全员全程全方位育人。"① 作为课程构成的知识，其本质特性、习得过程、价值延展等无不决定知识的思政功能。

（一）知识的本质特征

第一，知识的本质特征具有整体取向性。"知识"从某个角度来看是一个抽象名词，它囊括了横向与纵向相交叉的内容。从横向来看，我们最熟悉的莫过于不同领域的专业知识，如经济、文化、传媒等。从纵向来看，可以将历史维度作为我们的参照系，就各学科知识的历史来看，我们不仅要了解各学科知识的研究现状，还要了解各学科知识在不同的时代的发展样态。由于人的身心发展具有整体性、顺序性、阶段性等特点，推进课程思政的建设必须遵循学生群体的身心发展规律，力求做到不打破各学科知识的逻辑体系，因为一旦破坏了学科的内部逻辑，可能会影响学生对知识接受的程度。

第二，知识的本质特征具有事实取向性。"为了理解客观事实，以特定的原理和探究方法，将各种概念构造而成的学问结构，应当是现代教育内容的核心。不过，立足于这种观点的课程结构论，不是强调罗列式的知识体系，而是强调蕴含着人类的创造性、探究性的认识本质的学问结构。"② 一方面，知识具有自身的规律，人对于知识的理解和吸收都是从简单到复杂，由杂乱到系统过渡的。另一方面，知识本身反映着客观规律，是关于某个事实的陈述。例如，课程思政这一知识就可以看作是将思政价值寓于课程的一项事实阐述。

---

① 《习近平谈治国理政》第三卷，外文出版社 2020 年版，第 331 页。
② 钟启泉：《现代课程论》，上海教育出版社 2006 年版，第 131 页。

第三，知识的本质特征具有价值取向性。知识具有的价值取向，代表着满足某种需求的主体判断，反映了人的合理需求，它包含了人类对于进步的追求和趋向，因为认识世界和改造世界是教育的根本旨归。就课程思政这一论题来说，它的价值取向在于实现以智启人和以德育人相结合，实现知、情、意、信、行的统一，认知与情感共鸣相统一的效果。学生通过对该课程的系统学习，除掌握系统的专业知识外，还应该懂得形成基本道德认知、道德情感和道德意志，课程思政就是在工具理性和价值理性统一的基础上，追求教育的本质和育人的终极目的，实现知识导向与价值引领的融合，突出显性教育和隐性教育的融通，真正实现思政课程与课程思政的同向同行。

（二）知识的习得逻辑

第一，知识的习得逻辑具有顺序性。"人所具有的知识，是同该知识应以什么顺序、什么方式加以掌握这一因素紧密相关的。"[1] 由于人的身心发展特点具有顺序性，一般而言，我们对于知识的习得也具有顺序性，人类对于外界事物的学习一般都是由简单到复杂，由零散到系统，由个别到一般的规律。以课程思政为例，在进行课堂教学时不能首先就给学生讲一些空洞抽象的道理，这样做不仅会让学生的注意力分散，还会导致学生在接受这一知识之后直接抛到脑后而忘却。而真正高明的做法是从一个具体的点切入，由小及大，可以从一个喜闻乐见的鲜活事例入手，先把学生的注意力集中到事件本身，再由表及里阐明其中蕴含的道理。例如，裴斯泰洛齐就认为，人们都喜欢接受简单而有效的知识，一切知识也都是从最简单的要素开始的。

第二，知识的习得逻辑具有接受性。所谓接受学习，指人类个体经验的获得，来源于学习活动中，主体对他人经验的接收，把别人发现的经验经过其掌握、占有或吸收，转化成自己的经验。接受学习区别于发现学习之处，在于这种学习中，主体所得到的经验是来自经验传递系统中，他人对此经验

---

① 钟启泉：《现代课程论》，上海教育出版社 2006 年版，第 133 页。

的传授，并非来自他自己的发现与创造。低级的接受学习主要表现为"呆读死记""一知半解""半通不通"，高级的接受学习则表现为"举一反三""触类旁通""精通"或"融会贯通"等。赫尔巴特在自己的思想论述过程中提到了心理学的名词"统觉团"，认为一切心理现象都归结为"观念"。各种观念的形成及其运动决定人的意识的全部内容。在人的意识中，原来聚集着无数的观念，其中有一些观念由于其力量和强度较小，被抑制在意识阈之下，有一些观念则呈现在意识阈之上。同时，各种观念往往不是单个存在，而总是组合成观念团。人类学习知识和认识事物的基础就是统觉团，当外界的刺激和大脑当中已有的意识域产生交汇，它们会形成统觉团，慢慢进入人的已有观念并形成新的观念。可见，接受学习为课程思政提供了灌输的必然。

第三，知识的习得逻辑具有探究性。探究性学习，是指学生在学科领域内或现实生活情境中选取某个问题作为突破点，通过质疑、发现问题；调查研究、分析研讨，解决问题；表达与交流等探究学习活动，获得知识，掌握方法。探究性学习相比接受性学习，侧重点产生了相应的变化，接受性学习的侧重点在于接受间接经验也就是知识点，探究性学习的侧重点在于培养学生学习知识的能力，如想象力、逻辑思维能力等。在这样的知识学习方式中，通常教师不再仅仅是具体知识的讲授者，而是转化成为课堂的组织者、学习资源的提供者等身份，给予学生充分的主动性和自主性，这样做的好处在于可以培养学生自主思考问题的能力和敢于创新的意识，探究性学习为课程思政打开了方法视角。

（三）知识的价值延展

第一，知识的价值延展是直观性与丰富性的统一。在知识的呈现过程中，直观呈现是最基本也是最常见的一种方式。直观性教学是现代教学的八大原则之一，可定义为在教学中，通过学生观察所学事物或教师语言的形象描述，引导学生形成对所学事物、过程的清晰表象，丰富他们的感性认识，从而使他们能够正确理解书本知识和发展认识能力的原则。将知识的直观性和丰富性结合起来的是两者的属性，直观性类属于方式，丰富性类属于内容，我们可以通过直观性的方式去窥见知识当中所蕴含的丰富性的内容。知识的丰富性指的是一方面本身所具有的"文化普及"的教育功能和社会价值，在知识的海洋之中我们可以获取的不仅只有知识本身，而且还可以获得思想上的启发和思维逻辑上的锻炼。这就为课程思政如何处理好方法与内容、知识与价值的关系提供了基本逻辑。另一方面就课程思政的角度而言，知识拥有丰富的思想启发性，而且可以在以智启人和以文化人的基础上，专业课程教学应该注重以德育人的思想，教师需要注重专业课课堂教学中的思想道德教育渗透，强化学生的思想道德建设。

第二，知识的价值延展是科学性与思想性的统一。"课程实施中，崇尚'知识价值'达到了'一分抵万金'的地步，却忽略了健全人格的'素质价值'。"① 这一论述是对我国现行教育模式中知识价值意义问题的反映。知识本身反映着客观规律，因此知识具有科学性，这一点着重讲的是教人辨别客观事实、发现客观规律。从逻辑体系来看，课程思政就是在努力追求工具理性和价值理性统一的基础上，实现传授知识、培养技能和价值引导的结合，最终达到追求教育的本质和育人的终极目的。课程思政就是要在实现课程工具性的基础上，通过挖掘课程背后蕴涵的价值教育资源，让知识的传授在有广度的同时也有深度，有高度的同时也有温度。

二、知识的思政功能

"在课程对应的每个知识门类里，都反映着人类追求更合理需求以及更充分满足需求的执着探索精神和向未知探索的科学精神，从这一角度看，思

---

① 钟启泉：《现代课程论》，上海教育出版社2006年版，第456页。

政功能既是知识的最基本的规定，亦是其最高的规定。"① 课程思政要解答如何将知识的思政功能发挥得淋漓尽致的教育命题，就要紧紧抓住知识的思政载体性、知识的价值规定性、知识的旨归人本性，着力实现价值塑造、知识传授和能力培养三维目标的统一。

（一）知识的思政载体性

就课程思政来看，知识既是课程的内容，也是思政的载体。无论是单纯强调专业知识（尤其是理工类课程）的科学纯粹性，还是单纯强调专业知识（尤其是人文社会科学课程）的价值纯粹性，都必须克服片面思想倾向。实现中华民族伟大复兴是我们当前发展和前进的方向指引，"历史是最好的教科书，也是最好的清醒剂"②。无论在哪个历史时期，我们的课程都需要承载一定的历史记忆和思想意识形态，因为思想意识形态是课程制定和设计的方向。同时课程的制定还需要体现国家意志和社会主流价值观，因此知识本身承载的就是具有生命力和感召性的思政命题。更好发挥知识的思政功能，就要充分把握知识的思政载体性，丰富优秀课程思政教学载体资源库。为此，可以启动优秀课程思政教学案例的收集、推荐和评选工作，打造集视频、课件、练习、案例、作品、实验实训（实践）项目为一体的优秀教学资源库，推动思想政治教育资源的开发和创新利用，使其成为调动师生积极性的思想库和"加油站"。

（二）知识的价值规定性

知识包含着规律性和价值性相统一的认知。一方面，知识反映客观规律，规律作为客观知识体现着人类理性精神的进步。另一方面，价值是满足人的需求的主体判断，反映了人类合理的需求。知识已经是现代社会中

---

① 王秋：《课程思政的思与行》，《黑龙江教育（理论与实践）》2019 年第 6 期。
② 《习近平谈治国理政》第四卷，外文出版社 2022 年版，第 287 页。

"最难获得或最难替代的生产要素"。自 20 世纪七八十年代至今，整个世界因知识的急剧增长和迅速传播发生了深刻而巨大的变化。一方面，知识的价值是指其本身所具有的"文化普及"的教育功能和社会价值，从这个角度来讲，知识是无价的，知识能够潜移默化地对人产生影响，这种影响从思想角度体现为对人的世界观、人生观和价值观产生影响。例如，数学知识会完善人们对于世界的理性认识，文科类知识影响人们对于世界的感性认识。另一方面，知识的价值也是指对相关知识领域进行专业化挖掘、系统化梳理、高效化传播所进行的劳动的价值体现，也就是我们常说的经济价值。著名美国经济学家舒尔茨的经济理论——人力资本理论提出，知识是有价值的。舒尔茨认为人力资本是凝结在劳动者身上的知识、技能及其表现出来的能力，人力资本和人的收入是正相关的，不仅可以提高人的经济收益也可以加大教育投资的比例，促进社会效益的提高。由此可见，必须去除纯粹性的知识价值中立倾向。知识价值奠定了课程思政之于所有课程都具有普遍可行性，是知识的本质规定和必然要求。

（三）知识的旨归人本性

知识包含着人类发展进步的价值追求。认识世界和改造世界是人类活动的根本目的之一。知识就其本质而言，是人类认识世界成果的累积。从这一意义上看，知识本身带有特定的"人本"属性，具有"为了人"和"成为人"的属"人"特征。纵观我国教育发展史，在春秋战国时期，孔子就主张"人本"的思想，他在教育作用方面首先肯定了教育的积极作用，体现了"以人为本"的思想。他的教学方法"不愤不启，不悱不发，举一隅不以三隅反，则不复也"以及"学而优则仕"的教育目的，都是认为人是不断发展和进步的个体，"人性本善"，只要重视后天的培养和学习就一定会成为对国家有用的人才。美国教育心理学家罗杰斯的观点也是如此。罗杰斯对人类的基本需要进行了研究和分类，将之与动物的本能加以区别，提出人的需要是分层次发展的。他按照追求目标和满足对象的不同把人的各种需要从低到高安排在一个层次序列的系统中，最低级的需要是生理的需要，这是人所感到要优先满足的需要，而随着"需要序列"层次的提升，一种人类天生的"自我实现"的动机逐渐彰显，即一个人发展、扩充和成熟的趋力，它是一个人最大限度地实现自身各种潜能的趋向。可见，人本学派强调人的尊严、价值、创造力和自我实现，把人的本性的自我实现归结为潜能的发挥，而潜能是一种类似本能的性质。因此，人本主义主张必须从人的本性出发学习和研究知识，同样表明知识的旨归是人的发展和进步。

三、知识与思政的显性或隐性分离

课堂是知识传授的载体。由此我们可以追问：课堂是否实现了知识的全部功能？长期以来，课堂遵循的是学问中心课程取向，其特点是学问化、专业化、结构化。尽管没有放弃知识蕴含的思政力量，但唯理智论的倾向十分明显。目前，课程思政存在的主要问题就是教学上的形式主义，"教书不育人""知识存在的外在性""知识在快速更迭中流失价值"等，造成知识与思政形成或显在或潜隐的分离。

（一）"教书不育人"的选择迷失

"未被学问化的知识，无论对于教授还是学习，都是不适宜的。它不是教授性的""一切的教授应当是以学问为中心的。换言之，不进入学问范畴内的事件是教学所不希望的。"① 从现有的课程思政教学方案来看，虽聚焦于政治认同和国家意识、品德修养和人格养成、学术志向和专业伦理等方面的价值引领，但思政元素的选择却越发随意，缺乏深入调查和系统构思，碎片化地植入，使学生感到生硬杂乱，不利于良好认知行为的养成，也弱化了课程思政的学理内涵，难以形成价值引领体系。在课堂教学实践中，学问中

---

① 钟启泉：《现代课程论》，上海教育出版社 2006 年版，第 52 页。

心逻辑与教学的心理逻辑呈现出完全的同一性，导致课堂中存在教书不育人的现象。因为，知识可以由考试来呈现，作为主体的教师需要为此担责。引领学生思想成长是综合、长期的工作，教师貌似无责，于是就成为课堂结构性做减法的对象。

"课程，不仅反映知识本性本身，也反映认识者本性本身，而且反映认识者本性和掌握知识过程的本性。"① 教师在课堂教学中处于主体地位，在课程思政中起着主导作用。其一，教学内容的编制回避不了知识的世界观、历史观和价值观，也回避不了教师的世界观、历史观和价值观，体现了知识客观性与教师主观性的统一。其二，教学内容的编制体现了教师对待知识逻辑与学生学习逻辑之间的关系——何者优先、是统一还是分离，体现了教师对待知识和学生之间关系的价值选择。其三，教师备课是对知识的结构化理解的体现，具有知识的逻辑或顺序性、心理的逻辑或顺序性、学习的逻辑或顺序性，反映了教师对课堂价值的认识。学生接受过程也是如此。其四，教师授课中不仅按照价值预设展开，而且授课言行、课堂互动直观体现和进一步强化了主体地位和主导作用。

"课程政治学的核心特点在于探讨政治对课程改革理想的影响形态，亦即，创造课程的种种权力关系的状态得以变革的可能性，在这里，研究的中心往往被置于：借助现行的课程或将要改革的课程，获益的是谁？"② 以此追问，课程思政显而易见的直接获益者是学生，而居于主导地位的教师是否也可以从中受益？从目前来看，教师似乎对此没有明显获益之感。一些教师把课程思政当作外在性要求和实践任务，缺乏落实的自觉性。因此，教师对课程思政的关注更多地着眼于政治权力如何作用于课程，而对课程本身拥有的思政权力关注不够，包括课程内容的选择与考核、教师的讲授与课堂管理、课程的考核、学生的学习评价等。这些方面还需要持续深化思考。

① 钟启泉：《现代课程论》，上海教育出版社 2006 年版，第 132 页。
② 钟启泉：《现代课程论》，上海教育出版社 2006 年版，第 52 页。

综上所述，学校需要加强对教师的思想政治理论教育，引导教师提高政治理论素养和思想政治教学能力。将课程思想政治教育纳入教师岗前培训、在职培训和教学能力提升。搭建思想政治建设课程交流平台，建立健全优质资源共享机制，在不同领域、不同学科开展典型经验交流、专题研讨、现场教学观摩等活动，引导教师自觉加强课程思想政治建设，不断提高课程思政教学能力。

（二）知识存在的外在性的挑战

课堂教学仅仅着眼于各门学科框架内被学问化的内容，甚至只是主要内容，知识的价值性方面不被课堂重视。长此以往，作为知识构成部分的价值就成为外在于课堂的部分，思政成为课堂的局部性、分散性和间接性的存在，知识与思政形成或显在或潜隐的分离。课程思政需要重点解决的问题在于如何将专业知识与思想政治教育相结合。传统意义上的专业知识的教学重在知识的掌握，但是思想政治教育则要求多维度价值的统一。因此，课程思政面临的主要问题就是如何将知识领域的"真"融入"善"与"美"之中。"作为素质教育的'学校知识'大体应当包括三个侧面：一是作为认识事物与现象之结果的'实质性知识'，一般称为知识技能；二是掌握信息与知识的'方法论知识'，即学习方法；三是为什么而学习的'价值性知识'，是同克服知识的非人性化、知识的活用相关的。"[1] 然而，当今学校教育的教与学逐渐遮盖了知识内在蕴含的价值追求，造成知识层次的"扁平化"，知识学习的初衷、价值和意义也被逐渐忽视。

为了使"知识存在的外在性"这一问题得到有效缓解，将知识内在价值贯穿于专业课学习全程，绝不能仅仅是对知识价值与知识探索之间的联结进行单纯的回望和回探，而要在整个教学实践过程中，围绕专业人才培养目标和毕业要求中设定的课程思政元素，将课程思政元素有机分解并融入课程

---

[1] 钟启泉：《现代课程论》，上海教育出版社 2006 年版，第 453 页。

教学目标，增设课程思政教学资源，从人文关怀的角度看待科学知识，在各章节的教学要求及教学要点中明确课程思政教学内容，在教学进度表中融入课程思政元素，有意识地将知识的内在价值融入教学过程。

（三）知识在快速更迭中流失价值

伴随着当今信息化时代的海量信息生产和传播，知识更新迭代的周期明显呈现出加快的趋势，受教育者对于知识获取所要求的观念、内容、方式也在发生着变化，这些变化对课堂教学提出了新的挑战。由此，课堂教学目前存在的课堂吸引力流失、课堂上学生注意力不集中等现象可以归结为三点主要原因：一是教学不适应知识获取观念的更新，课堂教学以预设课程编制为基准，而学生获取知识的主动性在不断增强，课堂中随机出现的疑问与见解易被教师忽略或简单带过，导致学生课堂互动参与积极性受挫，课堂氛围不活跃。二是教学不适应知识获取内容的更新，学生对于知识获取内容的需求量与日俱增，较少课外知识的补充，教材内容未能吐故纳新，导致学生失去学习兴趣。三是教学不适应知识获取方式的更新，传统课堂以口耳相传的方式展开教学，这种传统形式效率低，在积极调动学生学习兴趣方面有所欠缺。

课程思政需要遵循师生主体行为的逻辑，把立德树人落实在多样化教学中。立德树人作为教育的根本任务，具有普遍的价值意义，应该在各个学科的教学中全面贯彻，成为所有课堂教学的行动指南和实践旨归。同时，各个学科、各门课程之间存在差别，课程思政不是也不能消除课程的多样化，而是要立足课程所属的特定知识门类和反映人类的特定需求及其探索，以及与此知识门类相对应的社会分工的职业责任和伦理要求，把课程思政理念同各个学科的具体特点相结合，把立德树人的普遍要求转化成各个学科课堂教学目标的具体要求，做到因"学科"制宜、因"教材"制宜、因"学生"施教，既进行多样化教学，又做到步调一致、相互补充、互为促进，确保各门课在思政工作上都守好一段渠、种好责任田，共同回答好"培养什么样的人、怎样培养人和为谁培养人"这个根本问题。

四、打造课程思政的知识体系

教育"不仅是提高社会生产的一种方法，而且是造就全面发展的人的唯一方法"①。这就内在规定了课程思政的实践逻辑，即促进社会生产和人的全面发展相统一。人的学习具有顺序性，是从零散到系统的过程，打造系统性的课程体系，一方面可以更加全面和完善地讲授知识点，另一方面可以更加深入地贯彻立德树人的思想引领，挖掘整个课程体系的思政要素及其价值元素，培育学生的高尚情操、优良品格、奉献精神和创造精神。

（一）把价值引导寓于知识传播

有效教学是课堂改革的主题，也是知识传授达成的桥梁。信息时代的有效教学需要的是什么？是否发生了迭代变化？这是信息时代课堂知识传授必须思考的问题。如前所述，信息时代知识获取方式的拓展导致课堂教学意义的变化。尽管知识中隐含的价值力量会产生惯性作用，但因为缺乏教师的激发，过于纯粹、简单的知识传授，价值力量就容易衰减、被遮蔽和忽视，不易被学生自行唤醒和发现，导致知识中的价值意义在"沉睡"中流逝，失去思政功能，使知识传授更多地停留在工具性层面。"我们必须少说一些'学科结构'，更多地谈论'学习者和他的学习结构'。"② 课堂教学必须更多地采取融合教育，使知识价值意蕴与学生价值期待相呼应，不仅有知识的交流，而且有价值的碰撞与共鸣，在教学相长中贯穿价值引领。一方面，在学习中将认知性、情意性、价值性等诸方面结合起来，推动人的全面发展。另一方面，通过构建教学的交流性、开放性，让学生真正理解课程的目的，

---

① 《马克思恩格斯选集》第 2 卷，人民出版社 2012 年版，第 230 页。
② 钟启泉：《现代课程论》，上海教育出版社 2006 年版，第 168 页。

形成全面学习的自觉。总之，融合教育鼓励师生之间的知识、情感、价值交流，教师不仅要根据知识结构来编排课程，而且要依据学生的问题探讨、问题解决行为选择适切的教学方式，形成"意义再主体化"，实现以教师的成熟价值引领学生的价值成长。

课程思政的价值意蕴，旨在实现文化知识传授和思想道德教育的融合，架起知识与德性之间的桥梁，达到传播文化与养成德行的统一，在知识传播过程中可以借助学校的显性课程与隐性课程两条线索分别进行价值引导。在显性课程中，设置与思政相关的必修课和选修课，调整好课程比例，这种课程类型侧重于掌握教师或教材呈现的具有结论性和现成性的知识，在学习过程中学生需要掌握的知识内容具有一定确定性，在接受教师讲解或对教材进行理解中不断吸收新知识，进而形成并逐步丰富自己的认知结构，以便应对解决相关问题。在隐性课程当中，可以借助校园的文化活动建设以及校徽校训等价值载体的影响作用，将学校的文化环境与代表性符号与学生的价值观念产生融合交汇，激励学生的共情，从而实现知识和德性之间的桥梁搭建。

课堂作为知识传播过程的主阵地，应当把各个学科的课堂教学作为切入点，因为各学科均有传递知识、理论、技能及经验的职能，并且蕴藏着丰富的思政价值，能够发挥良好的育人作用。例如，思想政治理论课中思想家的思想观念、家国情怀，历史课程中历史人物的社会责任、家国大义，等等。教师要把立德树人看作中心环节，强化思想政治理论课和各类课程的连接，使思政工作融入教学全过程，实现全方位的育人目标。

（二）把价值元素融入课程教材

课程教材是依据课程标准所编制的、便于教学使用的基本教学媒介，是对知识进行体系化再现的结果，也是课程思政的重要实现载体。目前我国的课程教材建设具有编写主体多元化、教材内容多样化、教材受众精准化三个显著特点。同时，课程教材建设存在着"价值引领性在教材中的彰显力度仍需加强、统编教材与校本教材的协调性与系统性不足、教材编写修订更新不及时"等突出问题，针对上述课程教材建设现状，需要从以下几个方面来强化。

一是要更加突出教材的价值引领功能。思想政治理论课与专业课的区别，是思想政治理论课教材与专业课教材区别的前提。专业课是以知识传授为目的，其目的是培养学生掌握某种知识和技能，总体来说是在实用价值的意义上提供客观知识的。而思想政治理论课则是向学生传递主流价值观和国家意识形态，因而是在"精神性价值"①的意义上提供关于价值观的知识体系和知识框架。概言之，专业课主要是知识教育，而思想政治理论课则主要是价值观教育，这是专业课教材和思想政治理论课教材的根本区别②。但这仅仅是两类教材在定位上的差异，而不是知识传授与价值引导的分裂，是不同类别的相互补充与融通。为了使教材的价值引领特性和功能得到更有效发挥，就需要通过建设高质量的课程思政教材体系，利用好马工程重点教材，帮助学生更好地理解中国特色社会主义、中国梦和社会主义核心价值观等重要概念的内在意蕴。

二是要增强统编教材与校本教材的协调性与系统性。统编教材是由国家教育行政部门统一组织编辑，基础应该有严格的逻辑体系。校本教材是以学校为本的教材，是学校自己开发的校本课程所用的教学材料。但从根本上讲，它必须与国家的教育方针、教育目标，特别是人才培养目标相一致的，也只有这样才能更好地保证人才培养目标的实现。统编教材和校本教材都是教材体系中不可或缺的重要组成部分，它们不是完全分离的，而是有机地结合在一起的，两者之间也是一种相辅相成的关系。一般来说，校本教材是统编教材教学功能得到更充分发挥的催化剂和助推器。任何一种知识和观点都必须在一个系统的理论体系中获得其客观真理性，要求统编教材与校本教材要以知识体系或价值体系的形式存在，做到"逻辑完备性"。所谓"逻辑完

---

① 吴宏政、王小景：《论思想政治教育中的"精神性价值"》，《思想政治教育研究》2014 年第 4 期。

② 吴宏政：《思想政治理论课教材观的理论自觉》，《思想理论教育》2021 年第 6 期。

备性"，是指在一门课程的系统学习中，全部内容之间必然是相互联系而形成了较为完整的体系，各部分内容之间达到逻辑自洽。只有摆脱杂乱的零散素材的集合，知识才具有客观必然性，才有"思想的客观性"。因此，思政教材建设尤其是对于统编教材与校本教材的协调建设来说，应该鼓励思想政治课教师与专业课教师合作开发教材，充分发挥课程思想政治教学研究中心、马克思主义学院及相关学科专业教学组织的作用，构建多层次的课程思政教材建设研究体系，强化统编教材与校本教材的协调性与系统性。

三是要确保教材动态更新、联系实际。时代的脚步在不断前进，课程思政的理论依托也在深化发展与完善，教材不能成为束缚思想发展的绊脚石，教材的编写必须摆脱固定的套路与模板。当前，为了使课程思政在实际教学中更加脚踏实地和通俗易懂，应当结合学生的实际认知水平和理解能力去合理设计课程和编写教材。"教材是课程计划和课程标准的具体化和工具载体，它由课程标准所要求达成的各种知识内容及方法所构成。"① 教材的知识体系本质和教学素材功能要求教材编写遵循科学性与思想性相统一的基本原则，始终聚焦育人的主目标和原动力，将思政价值和时代元素结合注入课程和教材编写中，使得教材内容和形式都可以创新性发展，真正服务于立德树人目标的最终实现。

① 《教育学原理》，高等教育出版社 2019 年版，第 228 页。

| 第四章 |

课程思政的实践行动

　　课程思政最终要落地，不能仅仅停留在理念层面，要从实践上落细落小落实，着力拓展"培养什么人、怎样培养人、为谁培养人"的实践路径。落实课程思政的实践行动需要教师、学生等课程思政参与方校正自己行为方向，努力为课程思政的教学展开创造条件。

第一节　教师主体的思政行为

　　习近平总书记对教师明确提出"四个相统一"的要求，即"坚持教书和育人相统一，坚持言传和身教相统一，坚持潜心问道和关注社会相统一，坚持学术自由和学术规范相统一"①，这是每一位教师实践课程思政的行动指南。

一、立德树人：奠定课程思政的课程哲学

　　哲学始终是站在时代之巅对时代命题进行深度思考并不断追问的学问，

---

① 《习近平谈治国理政》第二卷，外文出版社 2017 年版，第 379 页。

每个时代的哲学都以自己的时代追问的方式来建构其所在时代的思考与认识。黑格尔说："哲学乃是一种特殊的思维方式，在这种方式中，思维成为认识，成为把握对象的概念式的认识。"① 哲学即对理论和实践的元研究。对课程思政的课程哲学进行研究是课程思政建设的首要任务。教师对课程思政研究必然关涉对课程思政元问题追问，其是课程思政的课程哲学的应有之义。

马克思在《关于费尔巴哈的提纲》中曾言道："社会生活在本质上是实践的。凡是把理论诱入神秘主义的神秘东西，都能在人的实践中以及对这种实践的理解中得到合理的解决。"② 课程思政活动具有强烈的实践属性，马克思主义哲学强调实践性，也是整个课程哲学的基础。"马克思主义实践活动论详尽地阐述了人与活动的关系、人的本质与精神交往问题，揭示了人为什么要活动的深刻原因以及人的活动与人的发展之间的必然关系，为活动课程建设提供了重要的理论阐释。"③ 以此为基础，促使人们重新理解课程思政与课程哲学之间的关系。立德树人视域下的课程思政建设要以马克思主义为引领，构建课程思政的课程哲学。

哲学既是世界观也是方法论，包含着本体论、认识论和价值论。课程思政作为课程研究的新领域，从其提出就带有哲学意涵。课程思政的课程哲学是立足于本体论、认识论及价值论去理解、把握立德树人的育人逻辑，是课程思政的立论之基与立命之本。

（一）课程思政本体论

"哲学只有上升到本体论研究层次，才能真正摆脱具体经验的局限，校正具体学科的视差。"④ 教育哲学作为对教育本源的思考与追问，从本源上

① ［德］黑格尔：《小逻辑》，贺麟译，商务印书馆 2003 年版，第 61 页。
② 《马克思恩格斯选集》第 1 卷，人民出版社 2012 年版，第 135—136 页。
③ 靳玉乐：《活动课程与学生素质发展研究》，重庆出版社 2001 年版，第 72 页。
④ 靳玉乐等：《课程研究方法论》，人民教育出版社 2012 年版，第 100 页。

规制着立德树人教育，影响着对课程思政的认识。"教育哲学的本体论是教育哲学的根基，教育哲学的本体论决定着教育哲学的认识论。不同的教育本体论会带来不同的认识论，同时不同的教育本体论也会带来不同的教育理论思想和教育行为。"① 教育本体是对教育本质问题的回应与回答。"在历史发展演变进程中，'本体'逐渐包容了'始基'、'本原'、'基础'、'普遍本质'以及'逻辑的出发点'等含义。"② 在本体论视野下，课程思政的课程哲学要回答课程思政本体论何以是、何以能、何以为等问题。不同哲学流派对本体论的理解不完全相同，但马克思主义哲学不同于以往的哲学，将实践融入哲学之中，强调人的全面发展。课程思政是一种为人和人为的活动，不是先于人的客观存在。因此，要以马克思人的全面发展理论为价值指引的课程哲学来指导课程思政。课程思政被视为立德树人的重要抓手与途径，关注个体的存在与发展，目标在于促使个体实现全面发展，这就为课程思政的实践行动奠定了理论基石。从本体论层来审思课程思政，能使课程思政建设站在哲学的高度来理性反思"课程思政何以是、何以能与何以为"。只有抓住课程思政本体论这个关键点，才能抓住事物的本质，避免"舍本求末""人云亦云"的误区与盲区。

（二）课程思政认识论

认识论也是哲学研究的核心问题之一，是关于人类的认识来源、本质及其规律的学说。马克思主义哲学将实践引入认识论，认为实践是认识的来源与基础，是认识发展的动力，是认识的目的及归宿，是检验认识的真理性的唯一标准。辩证唯物主义视域下的认识论，强调人的认识是一个不断深化、能动发展的辩证过程，对实践具有反作用。

---

① 王志军、陈丽：《联通主义："互联网+教育"的本体论》，《中国远程教育》2019 年第 8 期。

② 曾文婕：《70 年课程研究哲学基础的回顾与展望》，《湖南师范大学教育科学学报》2019 年第 5 期。

在认识论视野下，课程思政的课程哲学要回答"人们是怎样认识及定义课程思政的""对课程思政的认识是怎样发生的""如何落实课程思政"等基本问题。对课程思政的认识是课程思政内容研究的重要方面，是开展实施课程思政的重要一步。课程思政认识论问题域是解决如何获得立德树人知识以及如何理解立德树人的性质，影响着课程思政内容的取舍。基于立德树人的课程思政要求与人的全面发展的课程哲学目标相一致，课程思政将以此为"问题域"的逻辑起点，统合个体与社会的双重价值。

（三）课程思政价值论

价值是客体与主体需要之间的一种满足关系。价值论是关于价值的性质、构成及评价的研究，是事物之间关于价值关系的本质与发展规律的学说。一方面，客体需要具备某种属性来满足主体，客体所具有的某种属性决定了价值的来源。另一方面，主体的特征属性决定了价值的大小。因此，课程思政价值论需要从主体需要与客体能否满足这种需要，以及如何满足这种需要出发来评价、考察课程思政的实践活动。

课程思政的重要问题是对课程的价值判断、价值选择及价值实现。课程思政活动中的价值追问与价值追求，是价值论研究的重要方面。课程思政建设必然指向何种价值共识与价值选择。诚然，在主体的不同价值需求中，个人本位和社会本位的价值关系最为关注。一方面要塑造对社会有用的人，另一方面要塑造个性发展的人，必须充分考虑国家需要与个人发展之间的张力。

课程思政的价值在于各类课程思政活动参加者的需要与满足这些需要的课程思政活动之间的关系。其中关涉国家、社会、学校、教师、学生及其他课程思政参与方等多种需要，内蕴了课程思政的丰富性与多样性。课程思政活动是涉及多主体、全部课程的复杂系统，在课程思政需要与课程思政活动之间会产生无数的交锋、交汇与交融。在复杂、多元的利益诉求面前，尤其要校正课程思政的努力方向与价值取向，以引导多方力量形成共同参与课程思政建设合力。

在价值论视野下，课程思政的课程哲学要回答"什么样的课程思政是最重要的""哪类课程思政是最重要的""应该建设什么样的课程思政""课程思政之于个人、社会、国家价值何在""什么样的价值选择贯彻课程思政始终"等基本问题。在课程思政场域中，教师、学生是直接主体，学校、社会、国家等是间接主体，这些主体对课程又有什么不同的需要？课程思政如何满足这些不同类型主体的价值需要？"尊重各类课程的价值逻辑，提升课程体系的育人合力，推进思想政治理论课的内涵式发展，发掘专业课程体系的文明禀赋，发挥哲学社会科学课程体系的人文情怀与社会关怀，彰显自然科学课程体系内蕴的科学思维能力。"①

哲学是对世界的综合认识。在课程哲学视域下，课程思政是将学术价值、国家意志、师生意愿、课程目标等各种情境整合在一起，体现一种系统整体观。课程思政的课程哲学生成及发展有其内在规律与发展逻辑，课程思政需要在本体论、认识论和价值论等方面进行合理性辩护与行动指引。价值塑造、知识传授、能力培养三位一体，是课程思政的课程哲学基础。

目前课程思政研究多侧重在操作层面，对课程思政的基本理论问题究"根"不够深，认识有待提高，价值引领需要加强。课程思政建设须坚持马克思主义为指导，形成符合中国课程实际的课程哲学，从而在形而上层面指导课程思政的建设与发展。课程哲学形成后具有相对稳定性，影响甚至左右着教师的教学行为的选择和教学思维的转变。因此，需要澄明课程哲学的形成原因、形成过程、形成影响，帮助教师树立正确的课程哲学观，提升课程思政价值引领。

（四）课程哲学的演进逻辑

关于教育是什么，教育的目的是什么的认知，东西方教育哲学对此有不同的解释，构成了东西方课程哲学的差异与分野。

对人性问题的追问，成为东西方教育哲学差异的最初之源，也为后世的

---

① 高国希：《构建课程思政体系的教育哲学审视》，《思想理论教育》2020 年第 10 期。

课程哲学提供了价值遵循。我国哲人认为"人之初，性本善"。在性善论之下，对道德教育特别重视，自始至终强调"道德教化"的化育作用。西方认为"人之初，性本恶"，只有严刑峻法才能将人之恶性与恶行禁锢住，否则会祸害社会。在这一点上，西方世界罗马法的兴盛与完备，可管窥其对法治教育的重视。中国传统社会对道德教育的重视，为我们后世的道德教育与课程思政提供了历史资源与价值依据。

中国历史悠久，在两千多年的春秋战国时期就已经建立了一套完整的文明与文化体系。其中以儒家的包容和谐、仁爱互助为核心，强调集体主义精神，崇尚国家、集体利益至上。西方以基督教信仰体系为核心的文明与文化体系，以古希腊、古罗马为起点，承续了文艺复兴、宗教改革及启蒙运动以来的价值意识与社会观念，强调个人主义价值传统，追求个人意志与个性自由，奉行个人利益至上。

集体主义精神与个人主义精神两种东西方迥异的价值取向，影响了彼此后世在教育理念上的不同范式选择。以集体主义的社会本位思想强调教育要"修身、齐家、治国、平天下"，注重共性价值认同教育；而以个人主义思想为指导则强调"人是万物的尺度""认识你自己"，侧重个性价值的培育。我们从秦始皇兵马俑雕塑和古希腊雕塑的差异中可以管窥东西方精神世界的巨大差异。兵马俑成千上万，千军万马，甚为壮观，但是很难清晰辨析每一个兵马俑的差异性，似是同一个模子刻出来一样，共性是东方文化的重要标志。而古希腊的雕塑，每一件作品都不一样，形态、姿态万千变化，个性化是其显著标识。

在这两种文化价值取向影响下，我们的教育讲求为社会服务，教育的目的是"为群"之学，成就集体。西方的教育讲求"提升自我本身，提升自我人格，而不是提升自我在世的资本"①，教育的目的是"为己"之学，成

---

① 刘铁芳：《什么是好的教育——学校教育的哲学阐释》，高等教育出版社 2014 年版，第 41 页。

就自己。承自不同的教育传统和教育理念的指引，东西方教育最终走向了两种不同的路径，这在后来的课程哲学选择上有明显的东西方差异。新中国成立后，我国对于教育本体性问题的追问有了新的价值意涵。系统回顾与总结社会主义语境之下对教育根本任务的追问，就会发现"立德树人是教育的根本任务，始终贯穿于中国共产党领导中国革命、建设和改革的伟大实践中"①。检视不同时期党的教育方针，可以发现不同历史时期所展现的立德树人的阶段性特征。

新中国成立后至改革开放前，党和政府面临着如何改造旧世界、变革旧教育体系，建立新的社会制度、新的教育体系等重大历史与现实问题，教育的主要任务是培养"有社会主义觉悟的有文化的劳动者"。

改革开放初期，社会主义建设迎来了新的发展，改革与开放成为国家政治、经济生活的中心。一方面，要对"文化大革命"的教育方针进行拨乱反正，另一方面又要校正改革新时期的教育新航向。这一时期教育的重要任务是培养"四有"新人。"四有"新人中对"有道德"的凸显，是接续了中华民族几千年来道德教育的传统，但在改革开放新时期赋予了"五讲四美三热爱"的新内涵。

社会主义市场经济体制确立初期，我们面临着苏联解体、东欧剧变的国际环境。国内对姓"社"、姓"资"问题的争论，使得人们一度思想混乱。改革开放和现代化建设时期的教育为适应新的时代变化，提出教育"必须为社会主义现代化建设服务，必须与生产劳动相结合，培养德、智、体全面发展的建设者和接班人"②。2001年，党中央颁布的《公民道德建设实施纲要》，要求逐步形成与发展社会主义市场经济相适应的社会主义道德体系，道德建设被逐渐纳入育人框架之中。

21世纪初期，世界科技革命飞速发展，我国改革开放又面临加速融入

---

① 王学俭、王君：《新中国成立70周年中国共产党立德树人的历史回顾、基本经验与时代展望》，《新疆师范大学学报（哲学社会科学版）》2020年第1期。
② 《十四大以来重要文献选编》（上），人民出版社1996年版，第77页。

全球化等新的问题。在这种历史背景之下，明确提出教育要培养中国特色社会主义事业的合格建设者和可靠接班人。这一时期提出的社会主义荣辱观具象化了道德规范的形式与内容，为人们践行道德要求提供了价值遵循。

党的十八大以来，党中央明确了教育的根本任务是"立德树人"，培养担当民族复兴大任的时代新人。在全国教育大会上，习近平总书记提出将"劳"融入了"德智体美"之中，使原先的育人目标更加充实、完整，并上升到时代新人的高度，"努力培养担当民族复兴大任的时代新人，培养德智体美劳全面发展的社会主义建设者和接班人"①。总结新中国成立以来中国共产党立德树人的基本经验，可以得出以下结论：坚持以马克思主义和中国化马克思主义为指导思想，坚持为人民服务的根本原则，坚持同生产劳动和社会实践相结合的重要方法，坚持抓住青年这一关键群体，坚持以爱国主义、集体主义和社会主义教育为重要内容。② 可以看出，新中国成立以来，我们党从社会主义事业后继有人和国家长治久安的战略高度出发，始终坚持育人为本、德育为先，始终坚持把"立德树人"作为教育最根本的任务。"立德树人"这一主线始终贯穿新中国历史发展的各个阶段，为新的思想政治教育提供了课程哲学上的思考与理论上的依据。在新时代，"全员育人、全程育人、全方位育人"被视为落实立德树人的有效抓手。在新的历史方位，为了更好完成立德树人根本任务，课程思政在新的历史背景下被提出，成为教育改革的重要内容。

二、认知转型：建构课程思政的理解范式

课程思政这一育人理念最初在上海萌生。课程思政是以完善"三全育人"为纽带将学科化课程与思政课课程同向同行同频，形成育人合力，是

---

① 《习近平谈治国理政》第三卷，外文出版社 2020 年版，第 328 页。
② 王学俭、王君：《新中国成立 70 周年中国共产党立德树人的历史回顾、基本经验与时代展望》，《新疆师范大学学报（哲学社会科学版）》2020 年第 1 期。

落实教育根本任务的一种新理念。

课程思政不是某一门或某一类特定的课程，而是一种新的育人价值理念，就是把立德树人的根本任务融入每一门学科化课程之中，展现每一门课程所特有的育人价值与育人功能，以及每一位任课教师独特的育人使命与育人魅力。

"课程思政理念主张，课程学习的终极目的不是只学习课程知识，即停留于把握学科的概念与原理，提升认知水平，而是要使学生在知识学习的过程中，通过思维的训练运演，形成自己的独立判断，练就较强的思维能力，在反思的基础上形成内心的信念，明确生活目标和人生方向。"① 课程思政实质是一种具有强烈育人特征的教学思维，任课教师在学科教学过程中有目的地融通思想政治教育的意涵，表现为高校在立德树人的顶层设计上把思想政治素养的培育作为课程教学的重要观测维度，并融汇到专业发展之中。

课程思政的目的不是要改变原有学科化课程的专业特征，也不是要把学科化课程塑造成思政课模式或者将所有学科化课程都视为思政课程，而是要充分发挥各门学科化课程的育人意涵，凝练、总结学科化课程中蕴含的育人文化基因和德育价值范式，将其转化为社会主义核心价值观具象化的教学资源与教学载体，在"溶盐入汤"的化育过程中渗入理想信念的价值指引。

课堂教学均是中外高校实施道德教育的有效途径。例如，美国高校将德育内容主要渗入在人文社会科学等相关课程中，主要要求学生从历史与政治、社会与道德等角度学习每门学科化课程，激发学生思考与思想伦理、价值判断等问题，进而完成育人任务。其他西方发达国家也非常注重挖掘文史哲、物化生、音体美等课程中的思想道德元素，充分挖掘育人功能。

目前，思想政治教育变革创新主要集中在：基础理论层的"谋道"、技术环境层的"谋技"、实践创新层的"谋术"。大多数研究停留在"谋技"与"谋术"阶段，关注的是"教育"的效度，易忽视"思想"的厚度、

---

① 高国希：《构建课程思政体系的教育哲学审视》，《思想理论教育》2020 年第 10 期。

"政治"的高度，对"谋道"关注不足。"重器轻道"易致思政教育偏狭与局限，表现在对思想政治教育的规律性、理论性审视不清。仍然将思想政治教育看作是"工具性存在"，对其育人意义认识不够，"两张皮"现象仍普遍存在。

课程思政的提出，首先是在"道"的理念层面提出了新的变革，在基础规律层进行了尝试性创新，为立德树人实践创新提供了价值指引。课程思政理念的提出旨在追寻缺失或忽视的育人价值与育人环节，跳出"教书"与"育人"两张皮的育人困境，挖掘学科化课程富含的思政元素，将社会主义核心价值观、理想信念有机融入学科化课堂教学，促进学生自由全面发展。

三、目标再塑：重新厘定教书育人的价值逻辑

《中共中央 国务院关于全面深化新时代教师队伍建设改革的意见》指出：教师承担着传播知识、传播思想、传播真理的历史使命，肩负着塑造灵魂、塑造生命、塑造人的时代重任，是教育发展的第一资源，是国家富强、民族振兴、人民幸福的重要基石。要深刻认识教书与育人的内在统一性，从理论与实践两个层面上探索、揭示其育人规律，以此撬动新时代教师队伍建设改革，推动广大教师掌握和利用这些规律。

立德树人作为新时代教育的根本任务，具有鲜明的价值指向和道德指引。立德树人作为一种价值理念需要一定的实践活动内化为教育者与被教育者的自省自觉行为，贯穿在教育的各阶段、全领域，理应要做到对教育全领域覆盖。现在的德育活动大多见诸标准化、建制化的思想政治教育体系之内，被认为是思政课教师的专门任务。

伴随着立德树人任务的确立，德育也在拓展其教育边界和规模。但以升学考试、专业教育为核心的学科化教育不断淹没其合理地位，对立德树人产生了一定侵越与干扰。作为教书与育人的统一体，专业教育、学科教学在完

成立德树人根本任务时不应缺位，要努力反思学科教育下对立德树人的迷失与忽视，以期补齐育人短板。

正如德国哲学家雅斯贝尔斯所说："教育必须有信仰，没有信仰就不成其为教育，而只是教学的技术而已。教育的目的在于让自己清楚当下的教育本质和自己的意志，除此以外，是找不到教育的宗旨的。我们常听到的一些教育口号并没能把握到教育的真正本质，诸如：学习一技之长，增强能力，增长见闻，培养气质和爱国意识、独立的能力、表达的能力，塑造个性，创造一个共同的文化意识等。"[①] 课程思政语境中把握"立德树人"的内涵，进一步廓清"育人"的价值定位，需要进行教育哲学层面的审视。课程思政以一种统合与联动的思维方式，直面当前高校教育工作所面临的"教书"与"育人"的分离。课程思政建设的根本任务是"立德树人"，"育人"是课程思政的价值目标。

四、行为共振：规制同向同行同频的行动逻辑

高校全面推进课程思政建设是落实立德树人根本任务的基础性、根本性举措，影响到未来教育的战略走向，甚至决定着民族复兴、后继有人这一根本问题。要深度挖掘高校各学科门类专业课程蕴含的思想政治教育资源，解决好各类课程与思想政治课相互配合的问题，发挥所有课程育人功能，构建全面覆盖、类型丰富、层次递进、相互支撑的课程体系，使各类课程与思政课同向同行，形成协同效应。但在教学实践中经常存在一些认识上的误导与思维上的误区，简单化地认为价值引领完全是思政课教师的责任，其他学科化专业课教师只要负责知识传授、能力培养即可，各类课程之间难以形成"同向同行、协同育人"的育人合力。高等学校人才培养须坚持育人和育才

[①] ［德］雅斯贝尔斯：《什么是教育》，邹进译，生活·读书·新知三联书店 1991 年版，第 41 页。

相统一，课程思政建设是提高人才培养能力的重要抓手，为解决好专业教育和思政教育"两张皮"提供了新的解题思路。

（一）坚持教书与育人相统一

课程思政就是"通过深化课程目标、内容、结构、模式等方面的改革，把政治认同、国家意识、文化自信、人格养成等思想政治导向与各类课程固有的知识、技能传授有机融合，实现显性教育与隐性教育的有机结合，促进学生的自由全面发展，充分发挥教书育人的作用"①。课程思政建设的首要目的在于帮助学生在知识学习与价值塑造之间构建意义纽带，为学生成长成才准备充分条件。"一方面，教书必然育人是教育活动的客观规律。不管教师本人是否认可或意识到，教书都在起着育人的作用。另一方面，教书与育人有机结合是由教育本质和培养目标决定的。"② 立德树人的任务，不仅要求学生的智力、能力的发展，还要求道德、价值观的成长与成熟。任何学科化教学都应主动接受立德树人这个高阶任务目标的指引与规训，回归正常的育人轨道上来。目前，针对学科化教学的改革，正在积极探索以课程思政为范式的德育融合路径。学科化教学、专业教育作为教育体系的重要组成部分，应该发挥思想政治教育与学科化专业教育各自的特长与优势，营造同向同行同频的育人生态，校正专业教育的育人缺位，按照立德树人要求来重新思考教师教书育人的方向，追寻立德树人的价值导向，做育人、育德的实践者。

（二）坚持校内与校外相结合

课程思政是一种开放性的育人理念，需要调动校内外一切课程资源。一般来讲，"课程思政依托于高校的各门各类课程，通过构建一个合理的高校

---

① 王学俭、石岩：《新时代课程思政的内涵、特点、难点及应对策略》，《新疆师范大学学报（哲学社会科学版）》2020年第2期。
② 韩振峰、陈臣：《多维视角下教书育人规律初探》，《思想教育研究》2018年第6期。

课程体系来承载思政功能，以'全方位、全程性'的方式发挥思政的育人功能与价值。因此，课程思政所要表达的理论逻辑就是以课程的方式承载育人的功能"①。这种课程观比较聚焦在课堂内课程思政的开展，具有一定的偏狭性。课程思政不应局限在课堂内展开，广阔的校外天地大有可为，为开发课程思政提供了沃土。校外课程思政资源的开发作为校内课程思政的延伸与补充，在一定程度上满足了学生对个性化、多元化教育需求的追逐。校外课程思政教学资源具有很强的丰富性和实践性，教师需要充分发掘校外课堂的育人价值，用好社会大课堂，丰富课程思政的实践育人逻辑。立德树人在校外教育是相对缺失的，德育链条在校外"掉链"了，成为"自我放飞"的"自由牧场"。学校体制内的思想政治教育体系已比较完备，校外思想政治教育没有与校内思想政治教育形成双向互动的教育闭环。因此，必须坚持将校内教育与校外教育相结合，丰富课程思政的形式、内涵。校外思政资源在社会实践、社会调研等方面有教育优势，往往也是校内课程思政教育资源难以具备的。需要利用好校外课程思政教育资源的创新课程思政个性化、实践性形式，推动校内、校外课程思政资源协同发展，共同塑造立德树人的课程思政教育生态。对校外课程思政资源的开发要放到立德树人的根本任务下去思考与贯彻，按照习近平总书记关于教育重要论述为价值指针，强化总体性思维导向，推动不同课程之间衔接互通，打通校外课程思政资源开发的堵点，为立德树人添砖加瓦。

五、实践导向：创新课程思政的方式方法

随着课程思政的持续推进，从国家到地方都致力于从课程思政观念到课程思政行为的转变，但表面上的繁荣不能确证观念上的真正转变，更不意味

---

① 唐芳云：《立德树人：高校"课程思政"价值定位的哲学审视》，《理论导刊》2020年第 2 期。

着实践上的成效，由此需要在课程思政观念和课程思政实践之间架起过渡的桥梁。如果课程思政理念没有有效转化为课程思政行为，很容易陷入"穿新鞋走老路"的怪圈，需要不断创新课程思政背景下的教育方式方法。从思政课程到课程思政的迭变，昭示着育人思维从偏狭的"小思政"视角迈上了宽广的"大思政"视域，这是基因式的再构。再构的核心要义是要超越简单阐释文本知识、依赖课堂讲授的单一的学科思政教育途径，进而在立德树人的大视域下设计思政教育的途径方式。由此，体验导向是创新课程思政方式方法的重要策略和路径。

（一）师生角色互换式讲授

人的全面发展理念要求课程回归于人，回归到学生成长。"教师是教的主体，学生是学的主体，他们既互为主客体，又共同作为主体与客观的知识或教材相互作用，产生各自相应的'思政'内涵。"① 教师角色互换式讲授，是回归学生的重要体验方式，努力使教师做到目中有人。课程思政是一种立足需求、关怀现实、承认差异的多元动态系统，要求教师发挥每一名学生的特点、特长，参与课程思政活动，进而内化对学生的思想引领。例如，在社会实践课程中，教师做好课前引导、分工；学生负责查阅资料，做好前期的社会实践与调研，完成讲课课件、微视频等课程资料，为课堂教学、演讲做准备。同时，学生还可以通过论文、讨论、辩论、论坛等方式深化教学体验。教师全程负责组织和引导学生积极参与和体验，以学生的体验来升华自身的认知，改变传统的线性教育方式。"这种线性交往导致教育是为了'教'而'教'，学生是为了'学'而'学'，彼此之间缺乏丰富的交流环节，这种凸显功利色彩的单向性'教''学'行为难以在师生间达成共识，欠缺平等，难以实现育人之功效。"② 在师生的角色互换过程中，注重课程

---

① 陈理宣、董玉梅、李学丽：《课程思政的内生机制、实现路径与教学方法》，《国家教育行政学院学报》2021年第8期。

② 张丽敏：《从异化到和谐：大学师生关系的理性回归》，《社会科学战线》2020第9期。

中学生成长迅速的生成性，实现价值塑造、知识传授、能力培养"三位一体"的勾连。

（二）增进思政课程与专业课程之间的契合性

高校人才培养是以课程为载体来具体落实的，各类课程本身就包含了"怎样培养人、培养什么样的人"的课程思政逻辑，蕴含了品格塑造、价值涵养、精神陶冶、技能训练等各方面育人元素。但课程实施过程中也存在重教轻育、重技轻德、重工具性轻价值性，影响着立德树人根本任务的实现。统筹课程思政建设需要将其纳入教学改革的总体设计，做好顶层规划，理顺各学科专业课程之间的内在关系，分类推动不同学科的课程目标、内容与思政课程的契合性。以专业教育与思政教育相融通契合为统摄理念；以公共课、专业基础课、专业必修课、专业选修课为实施载体，进行进阶融通；以课程思政目标、课程思政资源、课程思政实践、课程思政评价为实施路径，构建课程思政实践路径。将各类各门课程所蕴含的知识体系和价值意涵放到学生成长成才的体系中加以统筹和设计，把课程设计和课程实施紧密关联起来，课程思政才有可能摆脱"孤岛化""两张皮"等不佳效果。

（三）理念与实践相结合

任何课程改革创新最终都需要在实践中予以检验。课程思政不仅需要静态的理念革新，更需要在实践中实现动态迭代创新。每个教师处在落实课程思政的最后一公里的神经末梢，是课程思政建设的最终执行者，能敏锐地感知到课堂的细微变化，课程思政建设能否取得成效，重点在于教师对课程思政的认知、理解及参与创新。每个教师需要以课程思政的理念为指导，树立自己的课程观与课程意识。既要完成"立德树人"的规定性动作，又要发挥自己教学能动性，来创造理想的教学生活。思政教育贵在知情明理、入脑入心，而"理"必须随着中国实际国情、改革创新实践的步伐不断加以提炼总结，才会具备对现实的理论阐释力与思想解释力。教师必须具备广博的知识，并能自由地跨越理论与实践的鸿沟，实现相互转化、相互促进，做到专业课与思政课在融通中"悟道、明道、传道"。习近平总书记指出："一种价值观要真正发挥作用，必须融入社会生活，让人们在实践中感知它、领悟它。要注意把我们所提倡的与人们日常生活紧密联系起来，在落细、落小、落实上下功夫。"① 实践是理念落地的最终归宿，不能落地的理念永远是镜中花、水中月。需要注意的是，要将课程中蕴含的育人素材提炼、提升，将抽象化的概念通过实践具体化，紧贴学生实际生活与真正需要，避免"贴标签"等形式主义的做法，否则会引来专业教师及学生的质疑与反感，影响课程思政的落实与推进。在统合理念与实践的过程中，需要以教师课程思政能力提升来连接、打通二者的鸿沟，这对专业教师提出了新的更高育人要求。

六、开放课堂：连接课堂内外、用好课程显隐资源

传统思想政治教育主要局限在课堂等有限的渠道之内，思政主体主要为思政教师、辅导员等少数群体，可用于开掘的资源也极其有限。课程思政视域下，在课堂内外每一位教师都是育人主体，身边可见或不可见的资源都可被挖掘、提炼、利用化为育人资源。

（一）勾连课堂内外

立德树人是高校的主要任务，在育人育才的过程中发挥着至关重要的作用。一方面，高校要力求打造第一课堂的精品思政课程，精心设计教学内容与课后实践作业，引导学生迈过社会的入门阶段。高校思想政治理论课系统地承担着思想理论教育的重要任务，是人才培养应有之义与核心要求。另一

---

① 《习近平谈治国理政》第一卷，外文出版社 2018 年版，第 165 页。

方面，高校采用第二课堂作为课堂教学的补充与提高，通过第二课堂丰富的教育形式，鼓励学生在课余时间参加第二课堂实践，从而充分挖掘其育人潜能，将专业变成育人。统筹第一课堂和第二课堂的育人课程、育人资源，共同构成高校的课程思政教育体系，将有助于形成多元化的教育载体，提高立德树人的质量。长期以来，高校思政教育主要由思想政治理论课承担。第一课堂以外的课程资源没有被挖掘、开发，这在一定程度上造成了思政课教师的"单兵作战、单点突破"和思政教育的"孤岛、环岛"困局，难以走出"小思政"的圈圈。解题课堂内外"两张皮"，关键是要构建育人共同体，推动形成一体化的"大思政"格局。

（二）用好课程显隐资源

坚持正面教育、显性教育是我国教育特色，价值观教育应该坚持显性与隐性相结合。落实立德树人根本任务需要加强显性课程与隐性课程建设。其中显性思政资源指高校思政理论课、通识教育课程、公共基础课程和专业教育课程等各类课程资源。隐性思政资源指校园文化、城市公共空间、重大庆典等具有育人意涵的资源。"充分利用重要传统节日、重大节庆日纪念日，发挥礼仪制度的教化作用，丰富道德实践活动，推动形成适应新时代要求的思想观念、精神面貌、文明风尚、行为规范。"① 既要牢牢把握思政理论课的育人地位，又充分发挥其他课程资源的育人价值，构建显隐资源一体、协同的课程思政的教育课程体系，突出显性和隐性相融通，努力在显、隐之间实现价值引领与知识传授。专业课承担"画龙"，思政课用于"点睛"。在引人入胜中春风化雨、潜移默化，于无声处开窍明理、恍然大悟。显性资源和隐性资源在立德树人过程中相互补充，紧密相连、辩证统一。科学处理好"显""隐"关系，是践行课程思政理念的重要要求。

---

① 《中共中央、国务院印发〈关于新时代加强和改进思想政治工作的意见〉》，2021 年 7 月 12 日，见 https://www.gov.cn/zhengce/2021-07/12/content_5624392.htm。

七、育人共同体：课程思政的体系构建

2021 年 11 月，时任教育部高等教育司司长吴岩在高校教师课程思政教学能力培训会上指出，与高校课程思政场域相关存在四个 80%，高校教师 80% 是专业教师、高校课程的 80% 是专业课程、学生学习时间的 80% 以上是用于专业学习、80% 的大学生认为对自己影响最深的是专业课和专业课教师。因此，围绕专业课课程建设，调动专业课教师积极性，构建课程思政体系尤为必要。专业课的课程思政具有专业深度、价值力度，专业的创新性、趣味性易激发学生与专业教师参与度，共建育人共同体。

（一）构建育人共同体要明确几对关系

首先，明晰思政课程与其他课程的内在关系。从课程体系视角看，思政理论课与其他专业课程均为高校整体课程体系的一部分，都承担着育人职能，在立德树人功能方面具有内在同向性，二者是互相融通、同向同行同频的逻辑关系；从思政功能看，思政理论课处于核心地位，是主干课程，必须发挥育人的主渠道与引领性，其他专业课程处于辅助地位。课程思政不能也不应弱化思政理论课的作用与地位，不能取代与被取代，也不能一刀切把其他专业课程上成思政理论课，二者应相辅相成、协调发展。其次，把握教师与学生的教育主体关系。课程思政的实施主要在具体的课程教学实践之中，教师是核心因素，负责具体教学实践的组织。注重调动专业教师的育人积极性，努力增强其育人意识和育人能力，切实发挥教师的主导作用。学生是评价主体，由其体验来衡量改革效果。"学习者有自己已经形成的思想认识、价值取向、情感体验以及知识应用的伦理道德信念等方面的主体性因素，它们会影响学习者对新知识接收的方式、态度、取舍等，会影响接受这些外在的知识后融合创新的主体化知识的生成。"[①] 尊重大学生主体地位、遵循大

① 陈理宣、董玉梅、李学丽：《课程思政的内生机制、实现路径与教学方法》，《国家教育行政学院学报》2021 年第 8 期。

学生成长成才规律，结合当代大学生的群体特征和个性发展需求有针对性地开展课程教学。

（二）构建育人共同体需要一体化思维

课程思政建设需要导向到课程体系改革。构建育人共同体应将立德树人作为顶层设计的价值导向，全方位、一体化考虑育人在不同课程、不同学段的具体要求，形成系统完整的课程目标、课程结构、课程内容、课程实施路径及课程评价体系。一是加强纵向贯通。加强大中小学思想教育的贯通；依托各学段德育特征，坚持纵向贯通连接、层层相扣衔接，一体化推进育人工作路径，重点在贯通与衔接上做好实践文章；避免课程思政重复累赘造成学生接受信息的疲劳。二是加强横向联通。要打通第一、二、三课堂之间的物理区隔，不断加强第一课堂的引领作用，充分发挥第二课堂的化育作用，努力挖掘第三课堂的网络育人新视域，融通三个课堂的内在联系；三个课堂相互确证、相互补充、相互促进，避免课程思政的单兵作战、单点突破。同时，需要统筹各学科专业课程思政建设的总体设计，做好顶层规划，理顺各专业课程之间的内在知识关系与价值勾连，分类推动不同学科的课程目标与内容的重构，避免不同学科专业课程思政建设的同义反复与循环论证，警惕用力过度而被反噬。

（三）构建"五位一体"的课程体系

一是加强顶层设计。高校党委要强化政治责任和领导责任，始终把课程思政建设纳入学校建设议程，全校"一盘棋"统筹谋划。二是做好制度安排。课程思政要与目前高校深化综合改革的实际相结合，形成合乎实际的制度性安排，并在课时、学分、奖惩等方面作出具体的操作性安排。三是提升课程开发水平。组织思政课教师积极参与各门课程思政的课程设计和课程开发，融入育人理念，共同发掘课程中的育人资源。专任课教师要与思政课教师保持良性互动，形成育人共同体。课程思政建设的重点在"思政"，落脚在"课程"。没有好的思政教育课程，课程教学就会"失魂""缺德"，导致课程教学中专业化的知识传授与价值引领之间的抵牾与割裂。四是把握课程思政体系建设规律。课程思政体系建设要遵循教学规律、育人规律与学生成长规律。在教学方式、教学手段、教学设计、教学资源统筹等方面把握课程思政体系建设的内在要求。五是完善课程体系评价反馈。课程体系评价反馈是构建课程体系的重要一环，是保障课程思政闭环反馈的重要步骤，应评价推动课程思政的教育教学实践改革。

第二节 学生课堂行为的价值追寻

学生是课堂的行为主体之一，既是课程思政的参与者、建构者，也是课程思政的检验者、获益者，学生身上富有各类"思政"意涵，课程思政建设需要充分考虑学生的价值诉求。

一、课程活动的育人逻辑是课程思政的生成基础

课程思政是一种育人理念，课程活动是承载育人逻辑的载体，是对专业知识教育的拓展和强化，是教书育人逻辑的必然要求。课程思政改革让学科教学找回"育人"的底层逻辑，要求思想政治教育的一元性与学科知识教育的多元性相统一。高校所有课程都承担着育人功能，所有教师都肩负着立德树人责任，专业化的知识传授与价值观教育必须有学生的参与、实践，只有充分考虑到学生的价值诉求，才能真正做到学生个体利益与社会价值的同向同行。

（一）主流价值的一元化与学生利益诉求的多元性相整合

课程思政建设需要从根本上回答"为谁培养人"的问题，重点是

"用谁的文化去教育孩子"① 的大问题。主流意识形态建设要求一元主导，思政教育体系建设是贯彻国家意志的重要抓手。立德树人作为教育的根本任务，是党之大计、国之大计，要求以社会主义核心价值观来教育引导学生。思政教育提供了一元化思想价值要求，回应个人需求、时代要求、社会期待。其他学科课程活动提供了多元化的教育选择，提升了教育的多彩度，满足了教育的个性化需求。学科化教学的发展，必然在育人逻辑的推动下与思想政治教育不断融合，在无缝衔接、协同育人视域下凝聚各方育人力量，打造育人共同体。在课程思政这一特殊场域，涉及学科专任教师、学校、学生等各种参与力量，学生的课堂诉求是无法回避的重要力量。习近平总书记指出，"办好教育事业，家庭、学校、政府、社会都有责任"②。宏观层面，课程思政体现了为党育人、为国育才的责任与坚守，确保为中国特色社会主义伟大事业培养接班人，让共产主义事业后继有人。中观层面，课程思政体现了高校为实现立德树人根本任务的新理念新方法新举措。微观层面，课程思政体现了教育是实现个体自由而全面发展的价值旨归。

课程思政需要针对不同利益主体的诉求采取有针对性的治理策略，将各方共识纽结在育人旗帜之下探寻学科化教育与思想政治教育整合发展的合理路径。落实立德树人的重要契合点是将显性的专业教育课程活动与隐性的德育教育课程活动相融合。专业教育易将人看作工具人，将人符号化、知识化。课程思政要求回归育人本身，追求学生内在的德性。学科化教育场域下的立德树人缺失，不利于形成德育闭环，甚至一定程度上在消解思想政治教育的立德树人价值。学生诉求的观照，是对单一价值维度的扬弃，始终坚持以育人为本，有利于更好地实现立德树人这个根本任务。

---

① ［美］M. 阿普尔、L. 克丽斯蒂安-史密斯：《教科书政治学》，侯定凯译，华东师范大学出版社 2005 年版，第 1—2 页。

② 《习近平关于注重家庭家教家风建设论述摘编》，中央文献出版社 2021 年版，第 69 页。

（二）思政基因与专业知识相融合

课程思政不是教师的一人独唱，需要的是师生大合唱，才能完成课程思政所规定的教学活动。"学习是学习者把前人的知识、课程编制者的要求以及教师的指导转化为自己的能力、智慧以及思想、价值、情感体验等主体性知识的活动过程。"[①] 对于学生的各类课程学习而言，需要将思政基因与专业知识相融合，寓思想教育于知识教育之中，打破传统教育中德育与智育相脱节的情况。从师者而言，应该转换原有身份的思维定式和认知逻辑，既要学为人师，又要行为世范，在知识的教授中求真求实、触情通理实现价值引导，以教师自己的言教与身教来影响身边的学生，进而实现德育与智育的统一。从学生而言，要求德技并举、德艺双馨，既能学得一技之长、增加学识，成为自己安身立命之本，又能修身养性、形塑三观。《高等学校课程思政建设指导纲要》强调，"全面推进课程思政建设，就是要寓价值观引导于知识传授和能力培养之中"，实质是对"德才兼备"这一育人目标的价值回归，帮助学生成长成才成人。

二、专业伦理的渗透与规训是课程思政的价值入口

"课程思政是一种崇高的使命与责任，一种深度的知识诠释与理解，一种看不见的思维与判断，一种恰当的融入与言说，一种合理的穿插与引导，一种无声的示范与带动。"[②] 课程思政具有无声言说与精神渗透等隐性特征，呼唤教师的育人自觉和学科的专业自觉，整合课程的工具性与价值性。专业伦理教育是弥合专业教育与思想政治教育的有效切入口，可以以无声渗透的

---

① 陈理宣、董玉梅、李学丽：《课程思政的内生机制、实现路径与教学方法》，《国家教育行政学院学报》2021 年第 8 期。

② 洪早清、袁声莉：《基于课程思政建设的高校课程改革取向与教学质量提升》，《高校教育管理》2022 年第 1 期。

方式进行隐性言说。

（一）自律与他律相联合

教师的言传身教是最重要的课程思政表达，教师的亲身示范是最好的实践教学。教师行为直接影响到学生的价值选择，直接影响课程思政效果。专业课教师的学科化教育教学在很长时间内是自发的，在思想政治教育体系外进行自我发展，与思想政治教育体系有一定的距离感。立德树人根本任务的提出，从底层逻辑规制着学科化教育的价值导向，立德树人不应有课堂之别。一方面，需要全体教师规范职业行为、承担育人责任，做到自律自省自查。教师要以弘扬立德树人为宗旨，主动矫正游离在教师职业伦理边缘的"自由"行为，澄明批判精神与抹黑国家的边界，提升教师自身的职业素养、职业伦理。另一方面，要完善教育法规政策、健全教育评估体系，加强对课堂的意识形态管理，形成他律的环境与机制。将立德树人的德育指标作为核心观测点纳入课程思政评估体系中，以此为抓手督促专业伦理建设、做到自律与他律相联合，凝聚教育共识，聚合各方育人合力。

（二）人文关怀与专业伦理相结合

为扭转专业课程课堂上重知识教育轻道德教育，以专业知识为载体涵蕴德育内容，让课堂育人功能得以发挥。例如，在医学院校，教师可以引导学生对捐献的遗体通过课前鞠躬、课后献花表达感谢，让"冷冰冰"的人体解剖课渗透着温暖的人文关怀与对生命的尊重，让学生在收获专业知识的同时也得到心灵的净化与人格的升华。课程思政不仅要在校内课堂，也可以延伸到校外课堂。例如，农学专业可以在祖国大地上将"三农"情怀深深植入学生的内心，农学专业学生不仅要掌握现代农业科技，也要将劳动教育深入到专业发展之中，以吃苦耐劳的农学本色来规训现代社会仍存在的好逸恶劳等不良现象，以"粒粒皆辛苦"的人文关怀渗透专业育人目标。艺术设计专业可以将传统文化艺术通过现代艺术设计手法予以呈现，尤其近些年流行的国潮风，处处透露着优秀传统文化与现代技术相结合的魅力，彰显了浓浓的中华人文之风，有效地回怼了网络上曾经弥漫的历史虚无主义，有助于从"根"与"魂"的底层逻辑规训专业伦理。

在专业伦理的规训和渗透过程中，找准专业伦理的切入点、结合点尤为重要。"专业课的思政育人内涵主要是指在专业课理论知识讲授基础上，充分结合专业课自身的专业特色和学科优势，凝练、总结其蕴含的文化底蕴和育人资源，通过具体、生动、有效的课堂教育载体，将专业知识传授与价值引领结合起来，在知识传授中实现价值引领，在价值引领中牢固知识技能，从而达到培养学生运用马克思主义基本原理分析具体社会问题的能力，教育学生如何做人、如何做事、如何成才的目的。"[1] 专业课、思政课应紧密结合，努力传递价值，目的在于向学生传授课程知识的同时树立正确的价值观。

三、科学与人文精神的培育是课程思政的着力关键

习近平总书记曾深刻阐明，我们的教育要培养德智体美劳全面发展的社会主义建设者和接班人。在课程思政视域下任何课程都蕴含了丰富的育人资源，强调挖掘和提炼每一门课程所蕴含的育人元素。"德智体美劳全面发展"的定位要求学生必须具备现代科学与人文素养来担当民族复兴大任，也就是要求每一门课程都挖掘、培育科学与人文精神，成为与思想政治教育相结合的重要切入点和课程思政着力关键。科学与人文，一个追求理性，一个侧重感性；一个是物质力量，一个是思想力量。高校的学科即使粗略地分为自然科学类与人文社科类，但也统一在学生的成长成才的各阶段。

人文精神的培育可以滋润人的心灵。在众多人文类课程中可以融入优秀

---

[1]　陈华栋等：《课程思政：从理念到实践》，上海交通大学出版社 2020 年版，第 148 页。

传统文化元素，将传统历史文化创造性转化，开发相关课程，增强民族认同感、归属感和自豪感。人文精神可以涵养具有高雅审美情趣与健康向上的审美观念，绽放人性的光辉，把以文化人贯穿渗透到课程教学中，帮助学生树立起文化自觉、文化自信和人文情怀。自然科学类课程需要在学生科学思维、科学精神、科学意识等方面予以着力培育，这也是课程思政目标的应有之义。养成探索、求知的价值理念与科学追求，对科学的尊崇内化于心、外化于行，成为学生成长成才的营养剂与助推剂。课程思政与科学人文精神的相遇，实现了育人元素与知识元素的耦合。课程思政与精神培育都注重"潜移默化"与"润物无声"，在学生接受科学与文化的熏陶中，实现精神的升华，避免成为"技术人""工具人"。

四、服务人民、报效祖国是课程思政的价值旨归

价值的本质是现实的人同满足其某种需要的客体的属性之间的一种关系。教育价值是指教育作为一个具体事物的存在对于他物的义，是教育作为客体对教育主体需要的满足关系。习近平总书记在全国教育大会上明确要求，教育要培养社会主义建设者和接班人。"社会主义"属性从底层逻辑上规训着我们的教育必须服务人民、报效祖国。课程思政的价值旨归要服从"培养什么人、怎样培养人、为谁培养人"这一根本性的育人追问。坚持立德树人，牢记为党育人、为国育才使命，充分发挥教育评价的指挥棒作用，引导确立科学的育人目标，确保教育正确发展方向。将社会主义的价值导向与科学文化知识传授相融合，在科学文化知识传授与实践能力培养中，弘扬社会主义核心价值观，传播爱党、爱国与爱社会主义相统一，避免三者的脱节，培养理性爱国精神。

思政理论课的教学内容设计重在阐释新时代爱国主义精神的核心要义，把握爱国主义的历史意义与时代价值，尤其引导学生辨析历史虚无主义等错误思潮。从道理、事理、学理等层面讲清楚为何要"听党话、跟党走"，教

育引导学生热爱和拥护共产党，立志服务人民、报效祖国。其他专业课程的教学内容设计要以所在学科为依托，以专业之"小用"切入为国为民之"大用"。例如，结合中美贸易摩擦、科技竞争引发的危机与挑战，激发学生科技报国热情；从中外抗疫成效对比中，讲述人民至上的理念，认识到集中力量办大事的体制优势，实现爱国精神的生成。通过课程思政隐性式浸润育人，唤醒学生的潜在意识，将爱国情怀和不负人民精神浸润学生心田，将民族复兴的时代担当根植于学生的思想意识之中，切实提升立德树人成效。

课程思政建设要注重教学的目标指引，将思想教育价值贯穿于学校教学规划、教师教学计划、课程标准、课程设计、课程内容与教学评价等环节，以社会主义核心价值观为价值指向，以政治认同、政党认同、国家认同、文化自信为重点的内容体系，并根据大学生成长特点，开展课程思政总体化设计。课程思政要"有机融入社会主义核心价值观、中国优秀传统文化教育以及理想信念教育、爱国主义教育、道德品质教育，特别是对中国特色社会主义的'道路自信、理论自信、制度自信、文化自信'的教育内容"[1]。在课程思政教学实践中，要求教师遵循思政教育规律、教书育人规律，重视情感态度与价值观的形成，坚持情与理的结合，知与行的统一，让学生在潜意识中产生对科学理论、价值观念的认同。

第三节 课程教学的思政展开

增强课程思政的实效，需要以立德树人要求来审视人才培养的各环节。从课程目标设定、培养方案修订、教学手段改进、工作机制创新、课程资源开掘等方面充分挖掘思政价值，以期实现课程教学的顺利展开。

---

① 陈华栋等：《课程思政：从理念到实践》，上海交通大学出版社 2020 年版，第 148 页。

一、实践缘起：立德树人、协同塑人、三全育人

理论来源于实践并指导实践。课程思政实践源于立德树人的价值召唤与理论创新，要求协同塑人以放大育人合力、三全育人以强化育人责任，最终增强课程思政的实践力。

（一）根本任务：立德树人

教育根本任务指引着课程思政教学落实的方向与价值。中国共产党历来重视立德树人工作。1987 年，《中共中央关于改进和加强高等学校思想政治工作的决定》明确要求，"把思想政治教育与业务教学工作结合起来"，课程思政理念已有萌生。1995 年，国家教委颁布的《中国普通高等学校德育大纲（试行）》要求，"发挥各科教学中的德育功能，结合教学相关内容和各个环节有机地对学生实施德育"，课程思政的理念进一步具体。2014 年，《教育部关于全面深化课程改革落实立德树人根本任务的意见》要求，要实现"全科育人、全程育人、全员育人"，课程思政的实践活动开始制度化发展。2019 年，《教育部关于深化本科教育教学改革全面提高人才培养质量的意见》指出，"把课程思政建设作为落实立德树人根本任务的关键环节。充分发掘各类课程和教学方式中蕴含的思想政治教育资源，建成一批课程思政示范高校，推出一批课程思政示范课程，选树一批课程思政优秀教师，建设一批课程思政教学研究示范中心，引领带动全员全过程全方位育人"，课程思政走向全方位落实阶段。国家的各类文件给予立德树人以全方位的重视，其中提出的各类德育资源或育人元素是指专业课教学中解决学生思想理论问题的学科性知识，要求教师传授专业知识来涵化立德树人的事理与道理，使学生更易接受。

陶行知曾说，先生不应该专教书，他的责任是教人做人；学生不应该专读书，他的责任是学习人生之道。教书育人工作具有鲜明的价值指向和道德

指引。立德树人作为一种价值理念需要一定的实践活动内化为教育者与被教育者的自省自觉行为，贯穿在教育的各阶段、全领域，做到不留死角、全覆盖。

进入社会主义市场经济改革以后，高等教育在一定程度上呈现加速规模化、产业化、市场化特征。"力图超越自己界限的一种无限制的和无止境的欲望"① 是资本寻求无限增殖的最佳注解。教育虽以教育之名立世，教育产业化的发展，教育已成为资本的重要投资领域，遵循着资本逻辑演绎的一般规律，追求无限制的增殖。市场驱动逻辑形塑其行动底色，决定了其"盈利性"的冲动。资本逻辑之下，迫使部分教师向金钱看齐，异化教育的育人逻辑，不断加大对学生肉体生活与精神生活的规制和支配。在资本的钳制与异化之下，教师有可能成为资本增殖的工具和帮凶，加剧资本对立德树人的侵蚀与异化。

在课程实践中，资本的增殖欲望是遮蔽育人逻辑的根源所在，教育的市场化、资本化面临"教育所负载的公共使命和伦理意涵则完全被掩盖"② 的困境。资本逻辑在教育场域之中表现为资本力量对育人话语的宰制，资本逻辑主导下的立德树人任务终将被悬置。习近平总书记指出："教师的工作是塑造灵魂、塑造生命、塑造人的工作。"③ 没有灵魂的教师，是教不出有灵魂的学生的。

市场导向之下，教师流动性大，教师是为了赚取上课收入，对教师职业的认同感低、归属感弱之困局愈加凸显。在高校，导师常被称呼为"老板"，学生被"老板"视为打工仔。同时，高校"青椒"们还要面临"非升即走"的考核指挥棒，面临着物质和精神的双重压力。教育市场化之下，教育的工具性被放大，教育的育人性被忽视，难以实现国家和社会的

---

① 《马克思恩格斯全集》第 30 卷，人民出版社 1995 年版，第 297 页。

② 王文智、胡珊珊：《校外辅导机构广告的批评性话语分析》，《教育发展研究》2020 年第 18 期。

③ 习近平：《做党和人民满意的好老师——同北京师范大学师生代表座谈时的讲话》，人民出版社 2014 年版，第 4 页。

育人追求。

资本逻辑之下，教师队伍的粗陋化趋向已成为完成立德树人根本任务的隐忧。需要主动出击，钳制资本对教育的侵蚀，为立德树人守护一方净土。2020年5月，教育部印发的《高等学校课程思政建设指导纲要》明确指出：全面推进课程思政建设是落实立德树人根本任务的战略举措。这既是对资本对教育场域侵蚀的公开回怼，也是落实党的教育方针的时代回应。在具体教育实践中，要求教师自觉地将思政教育内容与理念融入各类知识化课程教学之中；加强思想教育和价值引领作用，发挥人文社会科学富含的育人价值，充分开掘各学科蕴含的思政资源，建设一批蕴含育人元素、充盈德育功能的通识教育课程和相关专业课程。

（二）行动理念：协同塑人

理念引导行动。在立德树人根本任务指引下，高校应以课程思政为抓手，加强课程建设和教学改革，激发教师及二级教学单位自觉把课程思政纳入课程建设和教学改革。依据立德树人任务要求，进行课程思政的任务分解，做好目标定位，重视任务的阶段性、渐进性与完整性，以深化对课程思政理念的认同和助推教学改革。不管校内、校外、网上、网下，还是学校或社会，只要有育人资源，就可以被利用、吸收，用以丰富立德树人的资源，用以实现协同塑人。因此，要深度挖掘各学科门类专业课程蕴含的思想政治教育资源，解决好各类课程与思想政治课相互配合的问题，发挥所有课程育人功能，构建全面覆盖、类型丰富、层次递进、相互支撑的课程体系，使各类课程与思政课同向同行，形成协同效应。

以课程思政为目标的课堂教学改革应发挥所有课程的育人功能，将德育元素融入课程思政各环节，实现德育与学科教育的协同统一。以课程思政为抓手，积极探索"知识传授与价值引领"结合点。推进课程思政改革核心是价值观培育和塑造，通过"基因式变革"来融入所有课程之中，贯穿于教育教学全领域、全过程，让所有课程都渗入"思政味"，都突出育人首位度，让立德树人"溶盐入汤"。对课程性质与定位的认知模糊，易背离立德树人的初心。课程思政是一种新型的德育理念与育人行动，高校可以开展课程思政示范课程建设、示范课堂和课程思政授课比赛等系列活动，促使学校全体教师、各项教学活动与教书育人同向同行同频，提升立德树人质量。

（三）行动方式：三全育人

所谓三全育人，不只是一种教育需秉持的价值理念，更多的是一个全面而又系统的立德树人指导思想和实施原则，是开掘思政价值的重要方式育人，也是课程思政育人的重要方面。"全员"要求每一位与育人环节相关的参与者都应树立起育人责任感，实现德育队伍全员化。"不仅自身在本职工作中要注意育人功能发挥，同时也要促进相互间的交流和沟通，在措施、理念上争取一致，在工作上相互配合，以形成有效的统整的育人合力。"① "全过程"要求关注个体成长的各环节，相互联系、相互制约，构建育人全链条，整体性把握立德树人。注重大中小学贯通与衔接，有针对、有层次地开展德育。"全方位育人"要求立德树人在开放的教育空间内延展，不能局限在课堂内，要将第二课堂、第三课堂等显性或隐性思政资源充分挖掘与使用，包含德智体美劳等各方面，促进立德树人的有效渗透与内化。

三全育人的核心意蕴在于"责任到人，纵向到位，横向到边"，不留育人死角。"三全育人德育模式是一个有机整合系统，全员育人、全过程育人、全方位育人是支撑这个系统的三个支柱，它们之间既相互联系，相互依存，缺一不可，又有着各自的侧重点，有所区别。"② 三全育人是为了实现更好发掘思政价值，实现育人的闭环管理，需要调动一切育人资源来完成立德树人任务，把显性教育与隐性教育、解决思想问题与解决实际问题、广泛

---

① 张益等：《大中小学德育一体化探析》，上海书店出版社 2016 年版，第 225 页。
② 张益等：《大中小学德育一体化探析》，上海书店出版社 2016 年版，第 226 页。

覆盖与分类指导结合起来，因地、因人、因事、因时制宜开展工作，将课程思政作为三全育人大格局一体化建设，增强课程思政的行动力。

二、现实障碍：思想理念、体制区隔、课程资源

课程思政是培养时代新人背景下育人理念、育人方式的一场深刻的教育教学变革，必然与传统的育人理念、教育方式产生龃龉，要求在思想理念、学科化教育体制、课程资源发掘等方面努力突破现实障碍。

（一）思想理念的固化

专业教育及学科化教学，以应试、升学为导向，对考试结果尤为关注，教育评价以"分数至上"，摒弃一切与考试无关的内容学习，将应试正义化、极端化、焦虑化。在应试的重压与规训之下，导致各类课程向考试看齐，教师与学生被格式化为考试机器。应试教育中教师既是应试教育的产儿，又是不自觉地充当了应试模式下知识传授的工具人，既是应试教育的既得利益者也是应试教育的坚定捍卫者。通过大肆宣传清华、北大等名校制造噱头，最后在家长、学生、教师等多方"共谋"之下，专业教育场域内也充斥各种应试技巧、考试宝典等应试性内容，应试逻辑取代育人逻辑。尤其在高校评价评优、考研升学、英语四六级考试等方面应试逻辑在强化，高校数学、英语等考研科目有高中化的倾向。同时，"它还是对教学内容本身的异化，即只针对某学科的考试内容而教，而非基于本学科的知识体系，打破了学科知识的整体性、系统性"[1]。

育人作为教育的本体功能，在应试、升学导向之下，现有专业教育的课堂教学目标仍聚焦于"形而下"的知识学习与考试技能层面，对"形而上"

---

① 周常稳、周霖：《"影子教育"：一个不可忽视的教育问题》，《广西社会科学》2018年第 1 期。

的人格、审美、道德教育等高阶目标选择性忽视与虚化。任何虚化、异化育人功能的教育，既不符教书育人本质意义，也不符立德树人的内在逻辑，终将背离真正意义的教书育人活动。

从具体的教育内容来看，以实用主义为导向，强调技能学习、专业能力的提升，抽离与立德树人等价值理念不相干的德育目标。一项"为人"的事业，被"人为"地虚化和忽视，以育人为核心的高阶目标被漠视、阉割。纯粹专业化教学、学科化教育阻遏了德育的生发理路，扼杀了立德树人生发的主体性与内源性。在此过程中，教师、学生及家长的喜怒哀乐都维系在分数、未来就业之上，德育含量稀薄，难以实现德育转向，加之立德树人难以量化与测评，充满了不确定性与疏离感。工具理性压倒价值理性，成为课程思政的宰制力量，长久以往将身陷学科教学与应试文化的围剿之中，进而对学校立德树人教育任务的实现产生功能替代和价值干扰。学科化教学无心也无力挖掘立德树人的意义与资源，是对育人精神的隐匿与消解，是对立德树人这个教育根本任务的抽离与解构。唯有正确的价值引领，各类专业课程才能够有灵魂和方向，也才能够更好地将知识传授、能力培养与价值引领有机融合。

（二）体制区隔的破解

学校教育的相对独立性带来了学校教育场域内课程思政资源供给困境，使其无法与其他场域的课程思政资源之间相互融合，难以整合其他场合场域的课程思政资源，难以很好发挥育人作用。"由于学校教育场域内自身符号资本、文化资本交互下产生的惯习脱离了社会实际，导致课程内容本身与社会实际需求不吻合，不能真正回归学生生活场域本身。"[1] 随着社会资源流动的加快，部分校外课程思政资源正逐步渗透入学校课程思政资源，成为具

---

[1] 展伟：《城市公共空间在思想政治教育中的教化作用》，《河海大学学报（哲学社会科学版）》2016 年第 2 期。

有准公共产品性质的教育服务资源。这意味着我们要改变对校外教育资源的认识，关注校外教育资源的开拓，并主动架起校内校外两种课程思政资源的资源互渗机制。校外课程资源，诸如爱国主义教育基地、科技馆、美术馆、音乐厅、自然人文景观、动物园、博物馆以及仪式礼仪、国家公祭日等均能很好地激发学生科学兴趣、思维视野、人文素养等问题意识，而不是将大学生局限在大学课堂之内。

目前，思政课程的显性育人功能比较单一化，而专门化的学科设置又加剧了课程教学中思政意涵的缺失，如何转化学科化育人资源，构建起高校思想政治教育立体化育人的新机制，课程思政新理念提供了新视角。课程思政需要高校从整体上把握各类课程建设目标和要求，精心加强课程思政的顶层设计。以顶层设计来破解体制区隔，做到宏观上全面规划、微观上细心具体，统筹校内外各类资源，积极协调各方力量认真配合，形成"育人共同体"。专业课程应结合时代精神，续承知识传授的优势，突出价值引领的内涵架构，寓思政于隐性传播中。思想政治教育融入专业课程体系应在内容维度、技术维度、关系维度、空间维度和时间维度上强调课程融合的主动性，提升课程融合的科学性，注重课程融合的灵活性，捋顺各类课程协同建设课程思政的机制不畅问题。

（三）课程资源的发掘

不同的学科门类蕴含着不同的课程资源，需要有针对性地提高课程资源发掘的精准性。文史哲类课程重点发掘中华文明史、中华优秀传统文化、社会主义核心价值观等内容资源，将马克思主义与中华五千年文明史相结合、与中华优秀传统文化相结合，激发学生的文化自信。经管法类课程重点发掘经世济民、诚实守信、德法兼修等内容资源，坚定学生经世济民、依法治国的思维意识。教育类课程重点发掘有教无类、成人成君子、学为人师、行为世范、规范从教、以德立身、以德立学、以德施教、新时代四有好老师等教育内容资源。体育类课程重点发掘爱国主义、顽强拼搏、奋斗有我、女排精神等内容资源。理工类课程重点发掘"两弹一星"的科技报国、一丝不苟的科学精神、人与自然和谐相处的科技伦理、精益求精的大国工匠精神等内容资源。农学类课程重点发掘大国的神农氏"三农"情怀、乡村振兴有我、论文写在祖国大地上的理想信念等内容资源。医学类课程重点发掘抗疫精神、珍爱生命、仁心仁术等内容资源。艺术类课程重点发掘审美观念、国潮时尚、人文素养、文化自信、中华优秀传统文化等内容资源。

三、逻辑层次：国家层面、学校层面、教师层面

课程思政是教育教学改革的重要抓手，是落实立德树人根本任务的重要举措。在教育市场化背景之下，部分教师或学校选择性遗忘德育目标是导致教育失德失魂的重要原因。我们需要正确锚定课程思政的深刻意涵，把课程思政放到立德树人的根本任务下去思考与贯彻，深入推进课程思政的全面落实，强化总体性思维导向，推动不同力量的衔接互通，以政府、学校、家庭、教师来合力构建课程思政的教学行动。

（一）国家层面

党的十八大以来，以习近平同志为核心的党中央高度重视立德树人根本任务的落实，在思政课建设、高校思政工作创新、课程思政等方面出台了大量政策予以支持，见下表。

年份	内容要求
2012	党的十八大报告首次明确"把立德树人作为教育的根本任务，培养德智体美全面发展的社会主义建设者和接班人"
2013	《关于培育和践行社会主义核心价值观的意见》把社会主义核心价值观纳入国民教育总体规划
2014	《教育部关于全面深化课程改革落实立德树人根本任务的意见》要求全面深化课程改革

续表

年份	内容要求
2016	全国高校思想政治工作会议要求"用好课堂教学这个主渠道……使各类课程与思想政治理论课同向同行"
2017	中共中央办公厅、国务院办公厅印发《关于深化教育体制机制改革的意见》，要求健全全员育人、全过程育人、全方位育人的体制机制，充分发掘各门课程中的德育内涵，加强德育课程、思政课程，注重学科德育，课程思政。中共教育部党组印发《高校思想政治工作质量提升工程实施纲要》，基本任务中提出要构建"十大"育人体系，第一大任务体系就是课程育人质量提升体系。大力推动以"课程思政"为目标的课堂教学改革，优化课程设置，修订专业教材，完善教学设计，加强教学管理，梳理各门专业课程所蕴含的思想政治教育元素和所承载的思想政治教育功能，融入课堂教学各环节，实现思想政治教育与知识体系教育的有机统一。《关于深化教育体制机制改革的意见》《高校思想政治工作质量提升工程实施纲要》等要求提升高校思政课教学质量
2018	全国高等学校本科教育工作会议；《教育部关于加快建设高水平本科教育全面提高人才培养能力的意见》，强化课程思政和专业思政。强化每一位教师的立德树人意识，在每一门课程中有机融入思想政治教育元素，推出一批育人效果显著的精品专业课程，打造一批课程思政示范课堂，选树一批课程思政优秀教师，形成专业课教学与思想政治理论课教学紧密结合、同向同行的育人格局
2019	中共中央办公厅、国务院办公厅印发的《关于深化新时代学校思想政治理论课改革创新的若干意见》，深度挖掘高校各学科门类专业课程蕴含的思想政治教育资源，解决好各类课程与思政课相互配合的问题，发挥所有课程育人功能，构建全面覆盖、类型丰富、层次递进、相互支撑的课程体系，使各类课程与思政课同向同行，形成协同效应。教育部印发的《关于深化本科教育教学改革全面提高人才培养质量的意见》要求：把课程思政建设作为落实立德树人根本任务的关键环节，坚持知识传授与价值引领相统一、显性教育与隐性教育相统一，充分发掘各类课程和教学方式中蕴含的思想政治教育资源，建成一批课程思政示范高校，推出一批课程思政示范课程，选树一批课程思政优秀教师，建设一批课程思政教学研究示范中心，引领带动全员全过程全方位育人
2020	教育部等八部门联合印发的《加快构建高校思想政治工作体系的意见》和教育部印发的《高等学校课程思政建设指导纲要》要求：建设高水平人才培养体系，必须将思想政治工作体系贯通其中，必须抓好课程思政建设，解决好专业教育和思政教育"两张皮"问题。要牢固确立人才培养的中心地位，围绕构建高水平人才培养体系，不断完善课程思政工作体系、教学体系和内容体系
2021	中共中央、国务院印发《关于新时代加强和改进思想政治工作的意见》，要求加强学校思想政治工作，加快构建学校思想政治工作体系，实施时代新人培育工程，完善青少年理想信念教育齐抓共管机制，培养德智体美劳全面发展的社会主义建设者和接班人

"政策工具选择与使用取决于工具的特征、所面对问题的性质、政府过去在处理相同或类似问题上的经验。"① 在相关政策演变的过程中，政策目标的确定主要有规范和引导两个核心，国家在借鉴各种政策工具的基础上，构建系统的课程思政政策工具及其实施路径。国家层面规划好顶层设计，将学校宏观人才培养目标、专业中观人才培养目标、课程课堂的微观教学目标等统一起来。顶层设计可以避免人才培养目标及思政育人目标不统一，高校课程思政建设要服从和服务于学科发展与立德树人要求。

（二）学校层面

学校课程思政任务的成败应该用立德树人的标准去检视与检验其成效，探寻立德树人视域下课程思政的可能缺位。学校在立德树人教育层级中占有重要的生态位，不能失位、失语，否则将在一定程度上影响到学生的成长发展和党的教育方针的落实。立德树人的价值导向要在课程思政场域中真正落地实施，需要学校制定一定的机制作为依托和保障。加强课程思政视域下立德树人的补位需要创新新机制。

学校教育偏离立德树人的轨道便失去了"灵魂"，难免会陷入价值冲突与被反噬。课程思政视域下立德树人的落实涉及学校各多元主体，其机制的建立实质是围绕学生的成长成才的需求规制各参与主体的权利、资源等重新分配。目的是通过合理的机制设计与实施，构建立德树人中的多元主体之间有序互动的场域，最大化地发挥正向能量。学校处在落实立德树人任务的枢纽位置，是践行课程思政的中坚力量，发挥、调动学校层面各部门的多样性、个性化优势，探索课程思政创新的可能路径。对课程思政创新要因势利导，构建学校课程思政良好生态，既要保护其教育生态多样性的一面，又要统合教育市场化下"资本逻辑"与立德树人背景下的"育人逻辑"，引导其

---

① 范晓东、韩庆：《新中国成立以来爱国主义教育政策的历史演进及基本规律》，《思想理论教育导刊》2020 年第 7 期。

回归育人初心，促成学校教育场域的多维良性互动，以推动课程思政生态的可持续发展。

学校要充分考虑不同学科的差异性与特色，对不同学科的课程思政建设进行分类指导，深度开掘不同专业知识体系中含蕴的思想价值，增强课程的人文性与引领性。学校要站在顶层设计的角度科学设计课程思政教学体系，将课程思政建设固化于制，引导各专业学院须尊重学生个性化发展的特点，精心设计教学模式，不断提高每一节课的教学质量。高校要建立集中研讨、集中备课、集中培训的机制，以确保课程思政教学效果达到预期，切实为教师适应课程思政教学改革赋能。

在具体课程实践过程中，还存在重"课"轻"程"的问题。课程建设许多时候还停留在从文件到文件的阶段，文件有了，课程规划也有了，但缺少行动上的实操和过程性管理。诸如分类指导课程体系构建、教师课程思政能力培训、课程教学大纲修订、课程评价完善、课堂教学分析、课内与课外课程资源挖掘贯通、学生学习体验评估等，这些过程性管理是落实课程思政的有力保障。

（三）教师层面

教师水平决定了挖掘课程所蕴含的思政元素的广度与深度，以及将其融通课堂教学的效度。课程思政建设的关键在教师，课程思政发展状况与教师自身的思想水平、业务能力、育人理念等紧密相关。一段时间以来，教育界有部分人将"以人为本"误读为"以学生为本"，放弃了教师应有的教育主导地位。在"以学生为本"话语之下，学生便是"上帝""顾客"，教师与学生是服务与被服务的关系，教师要"为顾客服务""围着学生转"。在育人逻辑之下，"既不是'为顾客服务'，也不是'为人民服务'。他们与学生的关系不是服务与被服务的关系，而是培养与被培养、塑造与被塑造的关系。这里所说的培养和塑造，还应同时包含某种改造和纠错纠偏的教育意蕴"①。在"以学生为本"的话语异化之下，披着"因材施教"教育理念的外衣强调量身定制式辅导、个性化点餐式教学，教师逐渐弱化了育人主导地位。"教育的公共性被遮蔽，教化的意义被抛弃，'以学生为中心'被掺入了'以顾客为上帝'的味道。"② 有的教师，为了获取良好的教学评价，不惜献媚型的"以学生为本"迎合学生的不合理需求，对一些厌学或有不当行为的学生不能理直气壮地提出严格要求，甚至在课堂上卖弄各种"花言巧语"来讨好学生，放弃了教师应有的育人主体地位。任何教育都"应当具有'育人'的意义向度，所谓'围着学生转'的目的只在于主导和建构'以育人为中心'的教育情境，并不是要放弃作为教育者的主导责任和功能而让学生放任自流"③。在"以人为本"的话语误读之下，人为颠倒了教育手段与教育根本任务之间的逻辑关系，故意放弃对教育对象提出育人目标的规制，将"'工作对象'与'工作中心'混为一谈，引发将'以育人为中心'置换为'以学生为中心'的认知偏差和价值观错位"④。可见，教师要端正在课程思政中正确的育人观，牢牢掌握育人主动权。

立德树人的育人逻辑在教育市场化被扭曲，教师育人主体地位的逐渐丧失，是资本异化教育的典型表现。"市场逻辑和资本逻辑没有得到规训，就无法从根本上消除人的异化问题。"⑤ 育人价值的窄化、异化，将导致教育的育人生态环境的恶化。教师从育人者变成纯粹的工具人，这种育人主体的客体化难以完成育人目标。课程思政教育之下需要澄明"以学生为本"与"以育人为本"的根本区别，以纠正可能存在的育人歧途，防止立德树人根

---

① 钱广荣：《"以学生为本"还是"以育人为本"——澄明新时代高校思想政治教育的学理基础》，《思想理论教育导刊》2019 年第 2 期。

② 王文智、胡珊珊，《校外辅导机构广告的批评性话语分析》，《教育发展研究》2020 年第 40 期。

③ 钱广荣：《"以学生为本"还是"以育人为本"——澄明新时代高校思想政治教育的学理基础》，《思想理论教育导刊》2019 年第 2 期。

④ 钱广荣：《"以学生为本"还是"以育人为本"——澄明新时代高校思想政治教育的学理基础》，《思想理论教育导刊》2019 年第 2 期。

⑤ 潘希武：《教育首要问题和根本任务的新时代内涵》，《教育学术月刊》2019 年第 6 期。

本任务在课程思政中的"自我放飞"。

教育者要先受教育。强化所有课程教师，特别是专业课、通识课教师的马克思主义理论学习，将党的最新理论成果运用到实际教学中。通过持续的理论学习，拓宽专业课教师的思维宽度、增加专业课教师的理论厚度、提高专业课教师运用马克思主义世界观与方法论分析和解决教学问题的能力，为专业课教师明晰课堂讲授的规范性、自觉性提供理论边界，才能在课程思政建设中发挥科学精神的价值引领。

四、根本举措：制度供给、师资保障、资源开发

课程思政建设的深远意义，不仅仅局限在教师所讲授的专业课程，而在于高校所有课程要一起承担育人责任，体现着高校育人的价值旨归。课程思政成效要用立德树人的标准检视与检验，需要一定的机制作为依托和保障。

（一）制度供给

一是建立领导推进机制。加强顶层设计，在全校层面建立推进课程思政工作的领导机构、组织落实机构，纵向上下联动、横向协同推进。以立德树人为根本遵循，统合教书与育人，回归育人逻辑为重点，形成德智体美劳全面发展和人的自由全面发展的育人格局。

二是建立工作合作机制。统筹校内校外两种场域，聚合各方力量，激发各类教育主体的优势，以转变学校育人理念、育人功能为重点，形成分工而又紧密协作的课程思政工作合作机制。

三是建立资源共享机制。以促进资源共享为抓手，以促进不同学科资源融合融通为重点，形成不同学科间、专业学科与思政互助共赢的协同联动的制度体系。

四是建立考评约束机制。课程思政要想取得预期效果，必须以考评约束

为抓手形成工作闭环。构建相对客观的考核标准和评价体系，以课程思政的教育评价为指挥棒指引课程思政工作，避免课程思政工作陷入缺乏系统性，呈现出碎片化、随意化的情形。

在整个育人体系中来说，核心就是要遵循"育人为本"，谨防育人异化，牢固树立立德树人的根本任务，把培育和践行社会主义核心价值观有机融入整个育人体系之中，全面渗入立德树人全过程，充分体现在学校日常教育教学管理之中，在落小、落细、落实上下功夫。从专人开展思政教育转变为人人参与育人工作，从包含育人意涵的人才培养方案的规划设计到每一节课的具体实施均贯穿立德树人主线，努力让每门课程都融入育人理念、每位教师都承担育人职责，让专业课上出"育人味、思政味"，合力打造课程思政与思政课程同向同行同频课堂教育体系。

在学校层面成立课程思政工作领导小组，由学校党委书记或校长任组长，相关分管校领导任副组长，宣传部、教务处、校教研中心等部门牵头，各二级学院教学院长为重要成员，课程思政工作领导小组办公室设在宣传部，教务处、人事处、校教研中心分工负责落实。负责课程思政工作的策划与领导、宣传与发动，制定符合校情实际的工作方案。

1. 加强组织领导

成立由校党委书记或校长任组长，分管思政工作和分管教学工作校领导及有关部门负责人为成员的课程思政工作领导小组，健全工作机构，全面统筹推进全校课程思政教学改革工作。

2. 加强协同联动

加强教务处、宣传部、人事处、学生处、团委等相关部门和各教学单位工作联动，明确职责，协同合作，确保课程思政教学改革落到实处。

3. 强化工作考核

建立科学有效的课程思政评价体系，定期对课程思政工作的实施情况进行考核评价。将各门课程思政的资源融入课程设计全流程、全要素，可查可督，及时宣传表彰、督促整改。把教师参与课程思政教学改革情况和课程思政效果作为教师考核评价、岗位聘用、评优奖励、选拔培训的重要依据；改革学生课程学习评价方式，把价值引领、知识传授、能力培养的教学目标纳入学生的课程学习评价；将各教学单位推进课程思政教育教学改革成效纳入单位绩效考核评价。

4. 提供经费支持

学校设立专项经费保障课程思政教学改革稳步推进。通过项目形式对课程思政工作提供帮助，并根据年度考核结果实施动态管理；对于组织开展课程思政工作成效突出的教学单位给予相应奖励。

5. 成果激励支持

学校可以通过代表性科研成果认定等激励方式，组织和鼓励教师编写更多包含课程思政、体现价值引领等案例、素材、教材等。并将相关课程思政成果直接应用于评奖评优、进修深造、职称晋升等过程中。

（二）师资保障

马克思指出："如果你想感化别人，那你就必须是一个实际上能鼓舞和推动别人前进的人。"[1] 传统教育范式之下，师生是线性交往模式，教师一心为"教"，学生一心为"学"，交流有余，交往不足，彼此之间缺乏丰富的交往环节，这种凸显功利色彩的单向性"教""学"行为难以在师生间达成共识，欠缺平等，难以实现"理解"和"一致"。优秀的、热爱教学的教师是落实课程思政的重要保证。一要加强师资队伍培养培训。授人以鱼不如授人以渔，提升教师参与课程思政工作能力是重要保障。转变教师重知识传授、学科教学，轻价值引领、育人为先的观念，通过多种工作机制，引导、激励广大教师树立课程思政的全域育人理念，以思想引领和价值观塑造为导引，推动教师"经师"与"人师"之间把握平衡。二要形成以课程思政为重要观测点的考核评价和激励机制。加大对课程思政的资源投入，在职称评

---

[1] 《马克思恩格斯文集》第42卷，人民出版社2009年版，第247版。

定、工资绩效奖励等方面对参与课程思政活动的教师予以倾斜。

教师是立教之本、兴教之源。必须从战略高度认识加强教师队伍建设的重大意义,把师德师风作为评价教师队伍素质的第一标准。在课程思政视域下,要求以德立教、教书育人,以德立学、学术精湛,以德立身、身心修养。雅斯贝尔斯认为,教育是一种"人与人精神相契合"的过程,思想教育更是如此,这就要求师生在教育教学活动中进行情感、心理上的交流,借助于师生间的平等"对话",达到情感共鸣、心理共情,使师生"视界"融合,进而促使师生产生积极的心理情绪体验,激发学生的探索热情与学习主动性,提升教师的教学积极性和育人创造性。

(三)资源开发

课程思政资源的开发属于"二次开发""动态开发",课程资源的发掘要具有开放视野、多维视角。教师要充分用好第一课堂这个主渠道、积极拓展第二课堂,挖掘利用第三课堂,提升立德树人的针对性和有效性,满足学生成长个性化发展需求和期待。事实上,在全面推进课程思政建设的具体实践中,容易忽略除专业课程以外第二、第三课堂思政元素融入问题,也未完全激活校外其他各类隐性课程教育资源,如社区、城市公共空间、网络、家庭等各渠道的协同作用尚未充分挖掘。比如,城市是众多大学的物理根脉与精神根据地,也是其教育服务半径,社区乃至城市等公共空间构成了大学课程资源发掘的重要供给地。"社区不仅仅是区域生活的共同群体还是孩子的第二课堂和实践基地。"[1] 社区、城市资源是育人的公共空间,高校要重视与社区及城市之间的良性互动,丰富立德树人的维度。"从认知规律角度看,城市公共空间蕴含着思想政治教育的'涌迫力量',是思想政治一种新的教育'言语'形式,是'在场'的言说和'不在场'的教化。"[2] 城市里

---

[1] 朱永新:《家校同成长"孤岛"变"环岛"》,《中国教育报》2017年6月1日。

[2] 展伟:《城市公共空间在思想政治教育中的教化作用》,《河海大学学报(哲学社会科学版)》,2016年第2期。

的纪念馆、雕塑、围墙宣传画、核心价值观标语、志愿服务岗亭等都是"在场"的言说和"不在场"的教化。课程思想需要将育人活动物化、活化，敞开的空间形态和价值表征让立德树人得以渗入、涵化，纾解学校教育场域内的课程思政资源困境。社区及城市的公共空间是一种观念的物质形态化，能够将枯燥的课程思政内容解码为艺术形式，编码为独特的空间符号，形成人们易于认知、乐于接纳的教化力量。借助开发利用"在场"的物质实体，每个身居其中的学生会被空间场馆内的教育内容和特殊氛围所影响、所感染，从而形成统一认识和共同规约，在特定的"场所"立德树人才容易"被捕获"而内化。

课程思政资源的开发要基于课程特色、学校特色甚至所在城市的特色，开发具有自身特色的思想教育资源。目前，高校内部的思想政治教育公共空间存在开发不足，空间育人吸引力不足、学生参与度不高、空间的育人主体功能发挥的有效度不够等问题，充分挖掘公共空间的育人资源，有利于扩大课程思政的资源覆盖面。"现代信息技术的发展以及日常生活的多元多样性，决定了现代大学课堂的开拓延展性。第一课堂、第二课堂甚至虚拟课堂的相互关联和互动，为做好课程思政建设提供了更多的全新选择和承载空间。"[1] 因此，要重视挖掘课程资源的潜在教育功能，充分发挥各类课程的各自作用。

五、保障机制：示范引领、分类指导、动态评估

作为一种全新的课程观，课程思政的实践展开需要从示范引领、分类指导、动态评估等方面进行保障，逐步推动课程思政落地落实，提高课程思政的针对性和有效性，促进其在教育场域内生根发芽。

---

① 石岩、王学俭：《新时代课程思政建设的核心问题及实现路径》，《教学与研究》2021年第9期。

（一）示范引领

课程思政是新生事物，存在一定的未知性，教师须积极开拓思路，广泛吸取各方意见，加强对未知领域的研究探索。政府、学校设立专项资金鼓励教师申报课程思政示范引领项目，为教师的研究探索提供项目支撑、资源支持，努力推动教师在"0"到"1"方向上实现原始突破，进而为后续的"1"到"N"的突破提供示范，寓思政教育于专业课程教学过程之中。通过建设一批课程思政示范课程，以点带线、以线引面、以面构体，逐步形成课程思政示范课程体系，进而在此基础上形成课程思政示范课程专业和示范团队，放大示范效果。以此撬动、促进所有课程参加育人、参与思政，所有课程都上出"育人味、思政味"，所有任课教师承担起立德树人职责。

不同学科的差异性决定了课程思政示范课程的多样性。任何多样的示范课程都必须坚持育人为本，关键是通过提高课程思政示范引领能力来统合多样性，须积极开展"以育人为本"之"根本问题"的科学研究。一要研究围绕"为谁培养人"的根本问题，研究思想政治教育的根本宗旨，阐明新时代思想政治教育根本宗旨的时代特征和特殊要求。二要围绕"培养什么样的人"的根本问题，研究课程思政在人才培养规格中的特殊要求。三要围绕"如何培养人"的根本问题，研究课程思政的特殊规律和方法。

专业课教师作为课程思政的实施者与组织者，承担着教书与育人的双重任务与职责。示范引领还必须从教师自身做起，严格遵循师德规范。"人师"具有直观性、模范性，言传身教影响学生，是学生最鲜活的身边榜样。尤其是一线课堂教学过程中，教师在讲台上表现出来的精神气质、言谈举止、渊博学识，会让学生对教师产生信任之感、信赖之情，进而统合"亲其师"与"信其道"的内在逻辑。因此，教师必须严于律己，树立高度的敬业精神和职业追求，"做学生学习知识的引路人，做学生创新思维的引路人，做学生奉献祖国的引路人"①，真正做到传播与践行社会主义核心价值观。

（二）分类指导

课程思政建设要坚持具体问题具体分析、分类指导实施，统筹好思政理论课程、通识课程、素质拓展课程和专业课程等各类课程的育人作用。由于不同专业之间的差异性，也须明确各类课程思政教学改革思路、内容和方法，有针对性进行培养方案的修订，分类分步有序推进工作，提升课程思政的学习体验效果，避免"两张皮"现象。

（三）动态评估

以立德树人总目标为统领，统筹规划、评估课程教育体系与思想政治理论课教育体系，打通二者的藩篱，构建二者相互促进发展的立交桥。落实立德树人根本任务，学生、学校、政府、社会等各方都参与到课程思政教育场域。要以有效评估为工具手段来规制课程思政的发展，以全员、全过程、全方位教育理念重构课程思政的教育生态闭环。在这一个特殊场域，政府要充分扮演好"监督员"角色，用好监督利剑促进立德树人任务通过课程思政这一方式予以实现。学校要充当好"管理员"的角色，界定好课程思政教育与思政理论课教育体系各自的施展空间，发挥好各自优长。合理调控二者的竞争、融合的边界，丰富对课程思政的内涵定义。

评估导向应以立德树人为价值判断与导向，学校应制定多元化的评估标准和参照指标，设置好不同专业课程的"规矩"与"任务"，对不同学科类型的课程思政采取不同且具有针对性的治理政策。多维度设立课程思政评估指标，包括教学业绩、科研业绩、社会服务业绩等方面，充分发挥评估的导向作用，有效提升课程思政实施主体的积极性。对课程思政分类管理、分类

---

① 《习近平关于社会主义社会建设论述摘编》，中央文献出版社2017年版，第57页。

设置标准进行评估与管理，满足不同学生的多样化、异质性需求。课程思政要考虑国家、社会、学生与家长、教师以及学校自身等不同利益群体发展变化及需要，需要不断地动态评估。

第四节 课程评价的思政导向

课程思政评价是教育科学研究的重要领域，在整个教育评价中具有不可或缺的地位。"课程评价是实现相应的教育理想的基本途径。合理的课程评价应与所追求的课程价值观有着内在的一致性。通过对课程价值观的不断反思，恰当处理工具价值与内在价值、物质价值与精神价值、共同价值与多元价值之间的关系，最大限度地实现相应的教育理想，这就是课程评价的基本使命。"[1] "教育评价具有反映教育状态，检查教育方针、政策的实现程度，评定学生质量、教师教学质量和学校办学水平等多种用途，对于改进教育教学活动，提高教育管理与决策的质量具有至关重要的意义。"[2] 课程思政评价是教育评价的一个侧面，也是课程评价的一个维度，是对教学效果的评定和判断，是一项长远的教育实践活动。《高等学校课程思政建设指导纲要》明确要求，"建立健全课程思政建设质量评价体系"，指出课程思政是"落实立德树人根本任务的战略举措，是全面提高人才培养质量的重要任务"。因此，课程思政评价是在立德树人根本任务指引下利用教育评价手段，收集、分析、处理有关课程思政教学数据，展现课程思政的实然状态，为教育的价值判断、有效决策提供可靠、客观依据的过程。课程思政是一项系统工程，具有复杂性，要充分发挥课程评价的导向作用。

① 李雁冰：《课程评价论》，上海教育出版社 2002 年版，第 46 页。
② 赵必华等：《课程改革与教育评价》，安徽教育出版社 2007 年版，第 1 页。

一、课程思政评价的意涵

评价是一种特殊的建构价值的认知活动。评价包含事实判断与价值判断，是认识世界的基本方式和改造世界的逻辑起点。"价值判断所反映的是主体与客体需要之间的一种价值关系，事实判断所反映的是客体各要素之间与客体之间的关系。"① 价值判断强调主体的需要，具有主体共识性的要求。事实判断的逻辑起点是个体差异性。课程思政的价值在于课程思政对象的教育教学活动与课程思政主体需要之间的特定关系，这种需要越强烈价值越大，反之亦然。课程思政评价作为一种价值判断，不是简单的"是非好坏"的单一维度评价，而是多维度、整体性的评判。课程思政评价作为一种事实判断，不是一种结论式、结果性的评价，而是重视过程性、连续性的动态评判。对于课程思政评价来说，"其内涵及外延是什么""本质特征是什么""课程思政评价涉及哪些基本问题"等都需要一一澄明。课程思政评价是实现相应课程思政目标的抓手与途径。合理有效的评价是价值理性与工具理性的统一。课程思政活动既具有个体属性，又具有社会属性。既要满足个体的成长成才需要，又要满足社会立德树人的育人目标，二者对立统一、合二而一，不可分割。课程思政评价要揭示存在于课程思政教育活动与个体、社会需要之间的特定关系，促使立德树人目标的最终实现。

课程思政评价充当着工具价值角色，为课程思政活动对象提供参照系与"路标"，指引课程思政活动按照预设的育人目标前行。课程思政评价是课程思政改革"施工图"与"指挥棒"，是对课程思政活动进行价值判断的过程，对构建同向同行同频的育人格局具有重要的指引作用。在构建全员、全方位、全过程的大育人格局的新时代，需要深刻认识课程思政的内涵与指引功能，着力推进课程思政评价导向、课程思政评价标准及课程思政评价管理

① 赵必华等：《课程改革与教育评价》，安徽教育出版社 2007 年版，第 2 页。

等方面落实与完善，聚焦于立德树人这个教育根本宗旨，以课程思政评价助推育人水平提升。同时，在课程思政评价过程中，要找寻课程思政评价的底层逻辑和内在价值，规避课程思政评价中的可能的扭曲与异化，力图使"三全育人"理念不至于悬置，使其回归育人本位。

"课堂教学要从学科知识的传授，转向促进学生全面成长，这是需要通过学生对学科知识的学习和掌握来实现的。为了达到这个目的，一方面需要强化学科教师的跨学科意识，在学科教学中既要关注本学科的专业性，也要看到本学科因为'专攻一业'而导致在育人上的不足，从而为其他学科的学习提供时间与空间。学科育人的有效性与有限性是相生相伴的，只有寻找到了本学科育人的边界所在，才可能在边界内寻找到有效的教学方法。"① 课程思政评价要充分考虑到不同学科之间、不同参与者之间的差异性与共性。"教育场域也是一个关系性范畴，是一个由教育者、受教育者及其他教育参与者相互交织形成的'关系网络'。"② 课程思政场域与其他学科场域是一种"共生"关系。场域间性是不同学科间进行立德树人教育活动的空间范畴，课程思政中的育人活动是场域间性立德树人共识的彰显。课程思政评价是评与导的相勾连，是知与行的相纽结，必须将教书与育人相结合、德育与智育相结合、继承与发展相结合，树立人的全面发展理念，以立德树人的价值导向来推进课程思政评价的构建，促进育人水平提升。

"育人当是课堂教学的本体功能。任何淡化、丢弃或虚化、放弃育人功能的课堂教学，既不符教学本质意义，也有悖教学的内在逻辑，终不是真正意义的教育活动。"③ 推进课程思政评价工作，必须处理好专业课程与思政课程、教书与育人之间的矛盾，恰切好立德树人总目标与课程思政量化指标之间的矛盾，调适好育人的长远目标与专业教育的短期目标之间的矛盾。以

---

① 周彬：《论回归立德树人的课堂教学建构》，《中国教育学刊》2020年第4期。
② 刘晓玲：《场域间性：学校道德教育困境的空间突围》，《当代教育科学》2017年第8期。
③ 李铁安：《让课堂彰显育人的本体功能》，《教育研究》2018年第10期。

主要矛盾为牵引，不断解决课程思政评价中的有效评价问题，为立德树人总目标的实现构建良好的反馈机制。通过构建科学的评价机制来回应立德树人的现实之问与价值之问，增强实效性与可用性。

二、课程思政评价的原则

"坚持立德树人，牢记为党育人、为国育才使命，充分发挥教育评价的指挥棒作用，引导确立科学的育人目标，确保教育正确发展方向。"① 加强课程思政体系建设，亟待完善课程思政评价体系来促进育人目标实现。建立一整套与教育评价体系平行的课程思政评价体系，有助于提升课程思政的针对性与可操作性，为课程思政提供可靠认证与科学评价，让社会尊重、认可、认同课程思政这一新的评价方式，激励教师在课程思政过程中自我要求、自我提升，激发育人使命感。教师不仅是自我谋生者，更是帮助学生成长的引路人。政策制定者要立足多元主体的价值选择，调适好工具理性与价值理性的张力。将社会主义核心价值观等德育指标嵌入课程思政评价体系，以评价体系为抓手，规范教师课程思政的教学行为与育人行为。将立德树人作为总要求引领课程思政的评估体系中，明确教学监管标准，并向全社会公示，方便学生、学校等全社会力量进行监督。只有制定符合立德树人要求的评价体系，才能使教师课程思政行为规范化、专业化，才能为实现立德树人提供便利的工具。

为更好地实现课程思政任务，研制课程思政评估体系，须坚持以下几项原则。

一是教书与育人统一性原则。立德树人是教育的根本宗旨，但学科教学被诟病的最大问题将教书与育人相分离。"一方面，教书必然育人是教育活

---

① 《中共中央 国务院印发〈深化新时代教育评价改革总体方案〉》，2020 年 1 月 13 日，见 http://www.moe.gov.cn/jyb_xxgk/moe_1777/moe_1778/202010/t20201013_494381.html。

动的客观规律。不管教师本人是否认可或意识到，教书都在起着育人的作用。另一方面，教书与育人有机结合是由教育本质和培养目标决定的。"①立德树人，不仅要求个体的智力、能力的发展，还要求道德、价值观的成长与成熟。要发挥学科教学在道德养成、审美情趣、爱国主义等方面的特殊优势。学科教学应主动接受立德树人这个高阶目标的指引与规训。目前，针对学科教学的评价，缺少在德育方面的融合路径探索。学科教学作为育人体系的重要组成部分，应该发挥思政理论课与专业教育各自的特长与优势，营造共同育人的育人生态，防止学科教学的育人缺位。正确运用好教书与育人有机结合规律，按照人才培养目标来确立教书育人的价值与方向。处理好教书与育人的关系，要防止出现以下两种倾向：一种是单纯传授科学文化知识、忽视德育的偏向；另一种是脱离知识的传授而进行思想政治教育，割裂二者之间的内在联系。

二是主体性原则。教师是课程思政的主体，决定了课程思政的价值走向及水平质量，课程思政的评价体系研制需要将教师置于立德树人的中心位置。"教学实践证明，教师一旦与学生发生教与学的关系，就自然而然地会在与学生的接触中，用自己的思想与观点、言论与行动、态度与作风，潜移默化地影响学生，教师对学生这种影响，具有客观必然性。"② 课程思政评价需要关注教师的主体性地位，尤其要关注教师对课程思政的认知能力与行动能力，增强教师的立德树人意识，提升教师的育人能力。

三是全程性原则。课程思政是新的育人理念，不是新的工作负担，课程思政评价是新时代深化教育评价改革重要表现。课程思政的全程性体现在"从教学目标设定、教学方法选择、教学过程实施、教学效果评价和教学后的反思都应体现课程思政的要求"③。课程思政评价是重要的理念创新、路

---

① 韩振峰、陈臣：《多维视角下教书育人规律初探》，《思想教育研究》2018 年第 6 期。
② 韩振峰、陈臣：《多维视角下教书育人规律初探》，《思想教育研究》2018 年第 6 期。
③ 谭红岩、郭源源、王娟娟：《高校课程思政评估指标体系的构建与改进》，《教师教育研究》2020 年第 5 期。

径创新，推动立德树人活动从重结果向重过程的转变，评价指标从静态到动态的转变，评价维度从单一向综合的转变，评价标准从主观到客观的转变。

四是协同性原则。课程思政评价要与深化新时代教育评价改革相契合、相错位，突出育人重点，强化学科协同。思想政治教育学科与其他专业学科，相互联系、相互配合，构成有机统一的育人共同体，形成课程思政评价新理念与新方法，整体性构建起科学的、符合学校发展、符合人才成长、符合时代要求的课程思政评价准则。

三、课程思政评价的主体

课程思政评价的主体关涉教育主管部门（管理主体）、学校（实施主体）、专业课教师（落实主体）。课程思政评价的主体要以育人为根本，以促进人的自由全面发展为旨归。课程思政评价要基于多元综合评价。学校和教师的压力和注意力会从思想政治教育这单一学科维度向综合发展的多学科维度伸展，舒缓育人压力。

教师是课程思政的实施主体，须澄明教师在课程思政评价中的定位与要求。教师要聚焦育人意识，主动加强师德师风建设。始终把师德师风作为第一标准，坚决克服重科研轻教学、重教书轻育人、重理论轻实践等现象，将师德师风纳入课程思政评价首要要求，强化教师思想政治素质考察，落实新时代高校教师职业行为准则，引导广大教师教书育人和自我修养相结合，做到以德立身、以德立学、以德施教，更好担当起学生健康成长指导者和引路人的责任。聚焦能力培养，提高教师课程思政教学能力。加强对专业课教师的思想政治理论教育，引导教师提升政治理论修养和思政教学能力，拓展对党的最新理论创新成果、优秀传统文化和学校校史校情的认知。将课程思政纳入教师岗前培训、在岗培训和教学能力提升等工作。在青年教师教学技能比赛、课堂教学创新大赛、微课比赛等教师竞赛中强化课程思政导向，以赛促建、以赛促教。分批次开展课程思政专项微课教学竞赛、青年教师教学技能竞赛、教学创新大赛等。以课程思政评价为导向促进教师成长。

学校在课程思政评价过程中，要以实绩为导向，建立课程思政示范课程建设激励机制，把教师参与课程思政建设情况和教学效果作为教师考核评价、评优评先的重要内容。在一流专业、一流课程、规划教材等项目的遴选立项、评比和验收中设置"价值引领"或者"育德功能"指标。在教学成果奖、教材奖、教学名师等各类成果的表彰奖励工作中，突出课程思政要求，加大对课程思政建设优秀成果的支持力度。学校要转变传统的教育观念，坚持以德为先，充分利用课程思政具有形式多样、内容丰富、实践参与等灵活性特点，着重提升学生的综合素质，促进学生的个性发展、德性完善，丰富学生生活世界，回归育人价值。

教育管理部门建立健全多维度的课程思政建设成效考核评价体系和监督检查机制，在各类考核评估评价工作和深化教育教学改革中落细落实。把人才培养效果作为课程思政建设评价的首要标准，在课程教学质量评价体系中突出价值引领，引导高校和教师将其融入每门课程目标和教学过程中，将学生的认知、情感、价值观等内容作为课程教学效果的重要考量因素。通过学生评教、督导评课、同行评价和党政领导听课等方式，将客观量化评价与主观效度检验结合起来，综合考量课程教学的融入度和对学生的影响度，以科学评价提升课程思政育人效果。

四、课程思政评价的对象

课程思政评价的对象关涉学生、专业和课程。课程思政评价需要评价对象的融入参与，否则难以达到预期之目的。尤其"课程思政中对专业的评价是评价体系中的重点内容，因为课程思政建设工作要以专业为基础来进行建设和实施"①。课程思政视域下对专业课的认知不能停留在学科化教学，

---

① 王岳喜：《论高校课程思政评价体系的构建》，《思想理论教育导刊》2020 第 10 期。

需要加强思想价值的引领，坚定理想信念和"四个自信"。不同于思想政治教育直接对学生进行价值引领、思想教化，课程思政在专业中的渗透是一种隐性的思想政治教育。

衡量和评价各类课程思政活动的标准，都必须落到立德树人上，都要看学生在塑造良好思想品德上的实际效果。如果偏离了这个轨道，课程思政评价的功能就会失灵，就不能充分发挥其正面作用，甚至走向反面。站在人的自由全面发展的角度，将学生视为一个个有血有肉、有思维有情感的生命主体。未来世界的竞争是学生综合素质的竞争，需要智商、情商、爱商、逆商等综合素质的培养，不能取一漏万。知识拜物教是对人的自由全面发展的戕害，过分推崇最终也将被工具化。"知识如果缺少了道德的约束，其工具价值就会过度膨胀，造成对受教育者人性的扭曲。如果只注重提高学生的科学文化素质，忽视了思想道德素质的提升，他们就不能很好地承担社会主义现代化建设事业的重任。"① 对此，各类课程应主动接受课程思政评价理念，使学生脱离升学的指挥棒控制，充分发挥课程思政评价在学生发展层面的价值判断及导向功用。通过学生对课程思政教学效果的反馈，能够及时发现课程思政建设中的不足之处，优化和推进课程的内容设计、教学方法、师生互动等，有效增强学生学习的主动性。

课程思政评价可依据不同学科属性的类别，根据不同的课程思政评价对象，制定完善的课程思政评估体系，明确各项评估标准，提高课程思政评价的可操作性和公信度。根据不同学科专业的课程建设要求，分类推进。进一步梳理各学科专业的价值引领元素，深度挖掘各类课程的育人元素，研究制定各类课程的课程思政教学规范及评价标准，科学设计课程思政的具体实施路径，通过潜移默化、春风化雨的方式，实现知识传授、能力培养和价值引领有机融合。

---

① 韩振峰、陈臣：《多维视角下教书育人规律初探》，《思想教育研究》2018 年第 6 期。

五、课程思政评价的指标

在课程思政不断推进深入的过程中，人们越发认识到课程思政评价已成为课程思政创新的"瓶颈"。因课程思政具有交叉性、综合性、实践性等特性，建立适应课程思政理念的课程思政评价体系日益紧迫。"课程思政评价的指标是课程思政评价客体的具体化，就是把评价的客体演化为可以评价的具体指标。课程思政评价体系的核心内容是评价指标体系的构建。"① 评价指标体系立足对课程思政的全面、综合、准确评价。根据课程思政评价的原则，结合相关研究我们编制了课程思政评价指标，包括 4 个一级指标、10个二级指标及若干观测点，具体参见下表。评价指标的研制力图以实操性方便教师、学院、学校的使用，对每个指标维度进行了观测点的内涵解读。

一级指标	二级指标	观测点
1. 教学目标	育人目标	将学科知识讲授、专业能力培养与立德树人价值引领相结合，坚定"四个自信"。课程思政建设清晰明确，对理想信念、道德品质、综合素养等培育
	教学设计	根据立德树人总任务，将德育元素贯穿到课程思政教学全过程，与专业课堂教学融合自然，具有可操作性、恰切性，能支持育人目标达成
2. 课程教学	教学资源	教材选用规范严谨。人文社科类专业选用马工程重点教材；其他专业类课程教材的选用必须政治方向正确，符合社会主义核心价值观要求。思政资源挖掘充分，能较好地利用校内校外、线上线下等各类教学资源支撑课程教学
	教学内容	能灵活运用思政理论课教育的学科思维组织课程思政的教学内容，融入社会主义核心价值观等思政元素，课程思政与教学内容融入合理、恰切，教育引导学生形成正确的"三观"。选取思政元素有机融入课程教学比例在三分之一以上
	教学过程	知识传授、素质提升与思想政治教育结合紧密，课堂教学效果好，师生课堂互动性强，教师讲授条理清晰、生动活泼，富有育人感染力、教育性和德育实效性，能充分发挥课程的思政功能

① 王岳喜：《论高校课程思政评价体系的构建》，《思想理论教育导刊》2020 第 10 期。

一级指标	二级指标	观测点
2. 课程教学	教学方法	根据学科专业特点和教学内容，因材施教，灵活运用多种教学方法，能主动激发学生学习的自主性，引导学生用科学正确的方法认识和解决问题。注重运用信息化手段，合理运用各种教学媒体，创新教学模式，有机融入思政内容，积极回应学生反馈，适时调整教学策略，教学过程结构自然流畅，组织合理板书或课件设计重点突出，使用效果好
	教学考核	创新考核评价方式，结合案例分析、情境设计、论述问答、期末考核等多种方式，对课程的思想政治教育目标进行科学有效的考核。教师课程思政意识强，能将思想政治教育元素融入课程考核知识点，落实到课堂讨论、课后作业、实验实训中
3. 课程评价	评价评教	有效实现课程思政教学目标，成效显著。教学督导专家同行等评价优秀。教师有主动反思的意识，善于教学总结。学生对课程接受程度高、喜闻乐见，学生评价优秀
4. 课程教师	素质能力	坚持正确的政治方向，具有良好师德师风，牢固树立"四个意识"，坚持"四个相统一"，争做"四有"教师。熟悉思想政治工作规律、教书育人规律、学生成长规律，注重对课程思政教育教学改革的研究与实践，改进教学举措深度。有校级以上的相关教研项目成果，发表有高质量的相关教研论文
	主体责任	形成以专业课教师负责，思想政治理论课教师或辅导员等思想政治教育工作者集体备课、共同参与的课程育人团队

六、课程思政评价的方法

课程思政评价的方法就是如何运用指标体系对课程思政进行评价的问题。如果是管理主体对一门课程思政建设情况进行评价，可以依据上述设置的教学目标、课程教学、课程评价和课程教师 4 个一级指标、10 个二级指标及若干观测点，再辅之以查阅资料、听课、访谈、调研（包括填写调查问卷）等形式进行。

课程思政评价事关课程思政的未来发展方向，评价体系的导向性决定了未来办学的方向性。课程思政评价的方法在课程思政评价体系中具有实操性的地位。其是课程思政管理主体综合运用课程思政评价指标体系对课程思政进行评价的手段。既可对一所学校进行整体的课程思政评价，又可对某门课程进行微观层面的课程思政评价。在课程评价指标体系之外，可以通过访谈、调研、随堂听课、问卷调查等多种形式开展，包括过程性评价与结果性评价相结合。

鉴于课程思政是动态的、持续的、隐性的思想政治教育过程，学生在课程思政中所受到的价值观念洗礼等不甚清晰，需要通过可操作性的手段来认知课程思政效果。测量是对事物在质、量等多维度进行量化描述和质性表达。课程思政评价需要以测量为介质和工具。课程思政测量是指运用测量手段对课程思政活动所进行的量化描述和质性表达。它涉及的维度及标准很多，包含需要并能够测量的与课程思政有关的教育教学活动均在测量范围之内，如课程思政的投入、专业课程参与课程思政达标率等。量化评价对学生的"道德"水平进行"量化评价"是基于科学的统计方法，而不是简单化的算术性描述。质性评价作为一种被实践反复证明且实用的评价技术，需要注意其必需的技术性环节。课程思政测量是课程思政评价的基础，是对课程思政量的测定。课程思政测量的结果是对课程思政评价的主要信息来源，是对课程思政的状态和价值进行客观判断的基础。没有课程思政测量，课程思政评价往往也难以有效展开。

课程思政评价偏离立德树人的轨道便会失去"灵魂"，难免会陷入价值冲突与被反噬。课程思政视域下立德树人的落实涉及政府、学校、专业、教师等多元主体，其机制的建立实质是围绕学生的成长成才的需求规制各主体的权利、资源等再分配。目的是通过合理的机制设计与实施，构建多元主体之间有序互动的立德树人场域，最大化发挥正向能量。课程思政已成为教育体系的重要组成部分，要发挥其育人多样性、个性化发展优势，丰富评价内容，注重多角度评价，探索课程思政对立德树人创新的可能路径，构建育人闭环。对课程思政评价要因势利导，构建课程思政的良好生态，保护其育人生态多样性的一面，坚定"育人逻辑"，引导其回归育人初心，促成课程思政与学校教育、社区教育等多维良性互动，以推动育人生态的可持续发展。

七、课程思政评价的运用

《高等学校课程思政建设指导纲要》指出，人才培养效果是课程思政建设评价的首要标准，为课程思政评价的运用提供了价值遵循和行动指南。课程思政评价的价值与意义在于运用，其重心在于解决实际问题，以实现立德树人的育人目标。课程思政是具有全局意义的综合性的教育教学改革，课程思政评价的根本目的是将立德树人嵌入课程的各方面、教学的各环节，实现持续改进的教育教学的质量闭环，提升人才培养的实效。

课程思政评价一定是在课程评价的范畴之下谈思政，课程思政评价的运用应遵循课程评价的一般规范。同时，课程思政评价运用还应统合教学环境的多样性和教育规律的一般性，将思政育人贯穿教育教学全过程，推动课程思政建设遵循"顶层设计—主体实施—科学评价—持续改进"路径螺旋上升，力图在教学改革、课程优化、学生成才、教师发展等方面有所突破，提升课程思政对学生的思想教育和政治引领的作用，促进学生思想意识和政治素养的发展。

课程思政评价运用的重点在于：一是推动课程思政的目标设置恰切、具体。课程思政目标是合理设计课程思政教学的先导与逻辑起点。目标指引方向、凝聚力量。基于立德树人的总体性目标，推动以立德树人为导向的教育教学改革，充分发挥教师主体作用，促进复合型、研究型教师队伍建设。二是推动各类课程思政资源充分挖掘。挖掘什么样的课程思政资源是课程思政教学的内容保障与逻辑支点。各门课程都蕴含着丰富的育人资源。这些资源需要教师科学审视资源的恰切性、价值性和科学性，并将其蕴含的育人资源进行加工提炼与耦合融入，精准把握课程思政资源与专业课教学之间的匹配度，保证对课程思政资源开发深入，确保对课程思政资源使用，助力课程思政内容的生产与优化，避免思政育人的"窄化"与"泛化"。三是推动思政育人与专业育人的有机融合。思政元素与专业元素的耦合、融合是课程思政教学理念归属与逻辑着力点，二者的融合程度决定着课程思政的成效。课程思政评价促使教师对思政元素、专业元素进行重新认识，对教学大纲进行重构和优化。四是推动课程思政的针对性、有效性提升。课程思政设计的针对性与有效性是课程思政教学的效果追求与逻辑落点。以此为重要抓手，合理运用课程评价结果，进而实现以评促建、以评促改、以评促管、评建结合、重在建设的逻辑理路，形成通过评价推动教育教学质量的螺旋式上升的教学创新路径。

课程思政评价的运用应遵循正确的政治方向和鲜明的育人导向相结合、过程性和结果性相结合、理论与实践相结合。课程思政评价结果运用，要防止"非左即右"现象的出现，从一个极端走向另一个极端。避免出现专业课程"思政化"与思政课程"形式化"。课程思政评价结果的运用就是要矫正课程思政教学过程中可能出现的机械融合，引导走向有机融合的"化学反应"，防止出现另类形式的"两张皮"。

| 第五章 |

课程思政的基本规律与遵循

任何事物的发展，都有规律可循。规律有稳定性、普遍性、重复性、必然性的特征。规律是事物运行过程中存在的事实，它具有客观性，不以人的意志和认识而转移，以自身存在的方式而存在着，并且其生存、变化、发展都有特定的方向与路径。课程思政也有必须遵循的规律，即思想政治工作规律、教书育人规律、学生成长规律，三者构成课程思政育人的内在机制。

第一节　以思想政治工作规律为基础

思想政治工作是党的建设的重要内容，是党的事业的一项重要工作。思想政治工作规律揭示了思想政治工作所包含的内在的本质的必然的联系，以这一规律为基础，既关注了高校思想政治工作的政治导向性，也兼顾了个体思想行为变化的客观规律性。课程思政是依托课程为载体，充分挖掘各类课程固有的德育因素和资源，体现了思想政治工作格局的拓宽和工作规律认识的深化，是探索思想政治工作新模式、升华思想政治工作新理念、追求思想政治工作新成效的有效做法。遵循思想政治工作规律，课程思政为实现学生德智体美劳全面发展提供了更多的科学指导，也是贯彻立德树人教育根本任务的客观必然。

一、坚持政治性的课程思政建设导向

高校作为人才培养的前沿阵地，培育出的大学生在思想观念、思维方式、价值意识上应具有鲜明的政治和意识形态属性，政治性作为课程思政有别于其他课程的特有属性，就是始终以培养社会主义事业发展人才为政治使命。坚持政治性的根本立场是高校课程思政的首要问题，坚持学理性是高校课程思政的理论逻辑。做到政治性与学理性的统一，是课程思政建设行稳致远的关键环节。

（一）科学地突显教学内容的政治性

政治性以当代中国马克思主义为思想指引和行动遵循，具体包括马克思主义指导地位，贯彻习近平新时代中国特色社会主义思想理论体系，坚持社会主义办学方向以及为中国共产党治国理政服务、为巩固和发展中国特色社会主义制度服务、为改革开放和社会主义现代化建设服务等有强烈社会主义性质的属性。

坚持政治性，要从政治功能、政治方向、政治要求等方面加强课程思政的主题建设。政治功能维度，要把我国的政治立场、政治制度、政治任务"注入"课程思政能多方位的支撑和巩固主流意识形态引导。政治引导是高校落实课程思政的主题和核心功能，在课程思政的目标体系和内容体系设置中，对大学生进行政治引导居于核心地位，它不仅决定和支配着学科课程的其他目标和内容，而且决定着各科课程的性质和方向。阐释和巩固马克思主义的指导地位，做好课程思政的阐释和坚持中国共产党带领全国人民探索出来的中国特色社会主义道路、理论、制度和文化体系，是思政课的内在要求、重要任务、核心功能的落地，不仅是高校思想政治工作及其理论专门化、系统化、规范化、科学化的体现，也是开好课程思政的重点领域、主要渠道、有效方式和优良传统。在政治方向维度，邓小平指出："毫无疑问，学校应该永远把坚定正确的政治方向放在第一位。"① 坚定正确的政治方向永远是高校课程教学的根本前提和重要优势。中国共产党历来重视高校课程的设置，坚定教育教学的政治方向，夯实办学治校的基本功。

（二）严格要求教师的政治性

政治教育要求选好"政治要强"的教师。"讲政治"必须有技巧，如果只是一味地照本宣科，用文件去解读文件，用政策去重复政策，用结论去诠释结论，那么这样的课程思政效果则味同嚼蜡，让学生毫无"食欲"可言。"作为确定的人，现实的人，你就有规定，就有使命，就有任务。"② 教师要自觉增强政治意识、强化政治担当、遵守政治规矩、提高政治鉴别力，运用所掌握的学术知识不断丰富和提升学科课程教学的理论内涵和思想含量，做到政治逻辑与学术逻辑相贯通，政治内容与学术内容相融合，提升教学内容的"思想含量"，让学生在教学过程中真正感受到思想和真理的魅力，使学生喜爱任何学科的教师，成为中国共产党执政的坚定支持者、先进思想文化的传播者并终身受益。教师在课程教学中要坚持以培养社会主义建设者和接班人的目标导向，让课程起到坚定学生理想信念、厚植学生爱国主义情怀、加强学生品德修养、增长学生知识见识、培养学生综合素质的主渠道作用，为培养一代又一代拥护中国共产党领导、坚定为中国特色社会主义事业奋斗终身的时代新人打下坚实基础。

（三）更加注重教学主题目标的政治性

课程主题目标应从不同的角度与高校培养社会主义事业建设者和接班人的整体目标相结合。课程思政教学过程中，可以将课程主题分类。例如，一

---

① 《邓小平文选》第二卷，人民出版社1994年版，第104页。
② 罗国杰：《伦理学》第3卷，人民出版社1989年版，第328页。

些课程植根中国文化认同，弘扬中华优秀传统文化、革命文化、社会主义先进文化，增强文化自信、厚植家国情怀；一些课程着眼科技前沿领域背后的伦理问题，注重强化学生科学工程伦理教育，培养学生精益求精的大国工匠精神，激发学生科技报国的家国情怀和使命担当；一些课程围绕社会生活关切，引导学生深入社会实践、关注现实问题，培养学生经世济民、德学兼修的职业素养。还可以根据各门课程的专业背景有机融入地建立主题，如针对每一个学生建立相联系的主题，充分开展课程思政的学科空间，但必须在政治方向严格把关，明确否决在育人方向立场上不清晰、与中国社会现实脱离较远的选题。对于一些可能会让大学生出现认知混淆的选题，从严引导并对教师提出明确的要求，最终达到"在潜移默化中坚定学生理想信念、厚植爱国主义情怀、加强品德修养、增长知识见识、培养奋斗精神，提升学生综合素质"① 的目标。

二、坚持学理性的课程思政建设思路

学科的学理性体现为逻辑自洽的观念体系，由概念、知识、逻辑等组成。遵循学理性是课程思政的根基，着重体现在教学活动、教学内容和教学任务，课程思政与思政课程相结合，才能将马克思主义指导思想凸显于各类课程中的发展需要和实践指向，以透彻的学理分析回应学生，以彻底的思想理论说服学生，用真理的强大力量引导学生。

（一）以透彻的学理分析回应学生

学理性是对事物的本质和规律的揭示，是对事物演进过程的基础属性，其中包含了认识事物的科学方法。首先，要筑牢学理性的导向基石。课程思

---

① 《教育部关于印发〈高等学校课程思政建设指导纲要〉的通知》，2020 年 6 月 1 日，见 http://www.moe.gov.cn/srcsite/A08/s7056/202006/t20200603_462437.html。

政要立足问题导向，聚焦教学内容与教学方式中存在的政治问题，扎实推进习近平新时代中国特色社会主义思想"进教材、进课堂、进头脑"，加强学理阐释、解读和引导，实现以学术讲政治、以学理支撑政治。基于政治研判能力和鉴别能力的提升，通过学理支撑政治、学理服务政治、学理阐释政治，强化学理研究的政治导向性功能，增强学术话语与政治话语之间的有效融合。其次，要筑牢学理性的规律基石，推陈出新，总结经验，研究、遵循和把握课程思政的教学规律，遵循不同知识体系的构建与融合，厘清学理性的目标设置，构建具有科学性和时代性的课程理论体系，激发课程思政的政治功能①。教学任务上课程思政是一项长期的系统工程，需要坚持整体思维、系统思维、协同推进，重点要把马克思主义经典著作，党的文献和习近平总书记系列重要讲话融入学科课程，才能培养学生的共产主义远大理想和中国特色社会主义共同理想，增强"四个意识"，坚定"四个自信"，做到"两个维护"，成为担当民族复兴大任的时代新人。

（二）以彻底的思想理论说服学生

课程思政的学理性就是要讲清楚马克思主义中国化和当代中国马克思主义这一科学理论体系的内在逻辑及其与实践的关系。马克思指出："理论只要说服人，就能掌握群众；而理论只要彻底，就能说服人。所谓彻底，就是抓住事物的根本。"② 高校课程涉及不同学科，一个学科的学理性体现为逻辑自洽的观念体系，由概念、知识、逻辑等组成，还体现为其具有科学性，能够解释问题或解决问题。在学科课程教学中，高校教师应当首先学透理论和运用理论，学通弄懂马克思主义的立场、观点、方法，提升自身理论素养，夯实理论功底，把不断发展的马克思主义讲深刻、讲透彻，而不是浮于表面、空洞说教，努力使思政课富有深邃的理论魅力和持久的精神伟力，进

---

① 吴月齐：《试论高校推进"课程思政"的三个着力点》，《学校党建与思想教育》2018年第1期。

② 《马克思恩格斯选集》第1卷，人民出版社2012年版，第9页。

而使思政课有高度、有深度、有广度、有温度、有力度。教师不能仅仅讲理论，更不能脱离学生的特点讲理论，而是应该联系学生的思想、学习、生活实际，把握不同学生的认知规律和接受特点，贴近广大学生的思维方式、行为方式和话语方式，关注学生的思想困惑、个性差异和成长需求。对待思政内容不是空洞的说教，而是有力的学理说理，摒弃"简单灌输"，注重"以理服人"，使学生深入学习掌握马克思主义理论，提升学生分析和解决问题的能力及素养。

（三）以真理的强大力量引导学生

高校思政课肩负着坚定学生学习和信仰真理的使命。170多年来，马克思主义在发展变化着的实践中不断丰富和发展。"无论时代如何变迁、科学如何进步，马克思主义依然显示出科学思想的伟力，依然占据着真理和道义的制高点。"[①] 课程思政是学生系统学习和深入理解马克思主义的重要渠道，因而务必讲清楚马克思主义的丰富内涵、理论品质、深刻启示，引导学生求真理、悟道理、明事理，提高学生运用马克思主义立场、观点、方法发现问题、分析问题、解决问题的能力。习近平新时代中国特色社会主义思想是当代中国马克思主义、21世纪马克思主义，扎实做好这一马克思主义中国化时代化最新成果进教材、进课堂、进学生头脑，是课程思政当前的头等大事和必须长期持续推进的政治任务。习近平总书记指出，"实践证明，马克思主义的命运早已同中国共产党的命运、中国人民的命运、中华民族的命运紧紧连在一起"[②]。课程思政过程中要用马克思主义铸魂育人，要坚持不懈抓好马克思主义理论教育，并将它们应用于课程教学，使课程理论充分反映新时代中国特色社会主义建设的成就，充分反映人类社会历史和社会主义发展规律，引导广大学生真学真懂真信真用马克思主义，使其坚决反对各种歪

---

① 《习近平谈治国理政》第二卷，外文出版社2017年版，第329页。
② 习近平：《在纪念马克思诞辰200周年大会上的讲话》，人民出版社2018年版，第14页。

曲、篡改、否定马克思主义的错误观点，为党和人民事业贡献新力量。

三、坚持隐性教育的课程思政建设功能

隐性教育隐含于学校的环境、管理、制度及校园文化建设、校风、班风、教育者及教育管理者自身的形象及人格魅力，还包括大学生参加的实践教学和各项社会实践活动。隐性教育是教育目的的内隐性和无意识性，通过间接、暗示、隐蔽的方式，从教育对象思想不设防的层面入手，让教育对象在日常的、自然放松的状态下，参与教育者预先创设的活动和载体中，无意识地获得环境和活动中蕴含的复杂知识，不知不觉地受到潜移默化的教育和影响，并且深入到思想和内心层面，达到影响他们的人生观、价值观等精神世界的目的。

（一）彰显课程思政的协同育人效应

思想政治工作要像盐溶于水一样，渗透进高校育人的各个要素之中，要无形无色却又无处不在。这就要求高校课程思政要注重教育方法，做到显性教育与隐性教育并存，达到润物细无声的效果。思政课堂作为显性教育的"主阵地"，是"知、情、意、行"的统一。而隐性教育强调在思政课堂之外，在其他课程学习或大学生生活、成长的环境中融入思想政治教育元素，达到育人于无形。课程思政是指思政课程以外的各类课程与思想政治理论课同向同行，形成协同效应，教学对象是学习某一专业的特定学生，学科支撑是某一专业学科。课程思政的本质是隐性的思想政治教育，在教学过程中潜移默化地融入理想信念教育、爱国主义教育、大国工匠精神教育、新时代道德规范教育等，春风化雨润物无声地对大学生进行价值引领。尤为强调的是，隐性教育是通过教育者自身的内化、潜意识接受中潜移默化地渗透到受教育者的内心深处进行教育影响。在隐性教育中，教育对象的接受、认可和领悟、内化都具有重要作用，易于教育对象形成稳定的思想、政治、道德、

价值观念等。因此，课程思政既不能把思政课程的内容简单照搬，也不能"思政化"或者"去专业化"，而是教育者在立足传授专业知识这份本职工作的同时，积极培育学生的道德情操和价值观念。只有这样，才能切实整合课程体系"一盘棋"，有效诠释课程思政与思政课程协同育人的内涵。

（二）发掘课程思政的隐性育人资源

隐性教育的特征主要为教育目的的内隐性和无意识性，通过间接、暗示、隐蔽的方式，从学生思想不设防的层面入手，让学生在日常的、自然放松的状态下，参与教师预先创设的活动和载体中，无意识地获得环境和活动中蕴含的复杂知识，不知不觉地受到潜移默化的教育和影响，并且深入到思想和内心层面，达到影响他们的人生观、价值观等精神世界教育的目的。要深入挖掘专业课程中的隐性资源。从表征上看，专业课程主要是知识传授，但从教育的本质来说，专业课程除了知识传授外还具有思想教育的功能，而且这种教育具有隐蔽性，更易被学生接受。重视专业课程的隐性思想政治教育，是课程思政的基本要求。各门专业课程要根据自身的特点，将思想政治教育渗透到教学之中，使学生在获得知识的同时，人格也得到滋养。挖掘各类课程和教学方式中蕴含的思想政治教育资源，实现全员全程全方位育人。积极挖掘各类课程和教学方式中蕴含的思想政治教育资源，是从更为积极主动角度进行隐性教育的构建，既包括如雷贯耳的显性教育，也包括润物细无声的隐性教育；既包括思政课程的主导性显性教育，也包括课程思政的主体性隐性教育；既包括思政课教师的主导性教育者，也包括学校学工干部、党政干部、辅助人员等群体的教育者；既包括课程育人这一显性教育，也包括科研育人、实践育人、文化育人、网络育人、心理育人、管理育人、服务育人、资助育人、组织育人等隐性教育。与显性教育的单向直接说教相比，隐性教育的实际教育效果相对显性教育要稳定，持续时间相比更长。各门专业课程中都包含有思想政治教育的隐性资源，关键是教师要善于挖掘并巧妙应用，让学生在潜移默化中接受德育的熏陶，从而促进学生的知识与品德的同步发展。

（三）发挥教师的隐性教育主动性作用

教师是隐性教育的实施者，拥有坚定的理想信念，是育人的重要基础，"正确理想信念是教书育人、播种未来的指路明灯"①，一名好老师，应该把"传道"之"道"蕴含在"授业""解惑"的过程之中。首先，教师要发挥自身主动性和创造力，把握学生的思想动态和关注焦点，结合自身在教学过程中遇到的问题和经验，提高专业课堂的吸引力和影响力。他们不仅要传道授业解惑，还需教会学生做人，发挥好榜样示范的师德师风、"四有"好老师作用，增强思想政治教育的意识，将所授课程的育人功能内化为教师自觉，实现课堂教学主渠道的育人功能最大化。其次，要挖掘本学科的思想政治教育资源，主动将价值引领融入课堂教学的各个环节，自觉将"教书"和"育人"统一起来，自觉担当起学生健康成长指导者和引路人的责任。再次，要创新显性教育和隐性教育的话语方式，加强传播手段和话语方式创新，使得马克思主义理论教育、社会主义核心价值观教育和中国梦等话语方式创新和话语表达具有亲和力和彻底性，讲好中国话语、时代话语，让党的创新理论"飞入寻常百姓家"、体现在课程思政教学中，让学生主动、愉悦地接受和认同隐含在课程中思政元素的内容表达。最后，要创新教学方法和改善教学环境。要建立党委统一领导、党政齐抓共管，有关部门各负其责、全社会协同配合的工作格局，要解决好各类课程和思政课相互配合的问题，鼓励教学名师到思政课堂上讲课。高校要明确隐性教育与显性教育统筹联动的目标是将"全程"育人理念融入所有课程，结合各门理论课具体的教学目标和任务，积极探索统一的方法，如讲故事、实物举例、案例教学等实践方式情景地引导学生聆听先贤事迹、经典名句等，无形中接受道德熏陶，潜移默化地增强自身道德判断和道德选择的能力和水平，使学生获得人文知识

---

① 习近平：《做党和人民满意的好老师——同北京师范大学师生代表座谈时的讲话》，人民出版社 2014 年版，第 5 页。

和德育思想"双丰收"。"思想政治教育本质上就是一种人文关怀,体现着深刻的人文关怀。"① 思想政治工作,"从根本上说就是做人的工作,做群众的工作,涉及人们的思想、观念、意识等领域,也就是人们的精神生活"②。课程思政必须以问题为导向,在坚持显性教育为主的前提下,不断强化隐性教育的功能,做到与思想政治理论课同向同行,发挥显性教育和隐性教育各自独特的育人优势和相辅相成的协同作用,不断加强课程思政隐性教育的意识培养,充分挖掘出课程体系的思政元素。

第二节 以教书育人规律为主导

教书育人是教师的根本指向。"师也者,教之以事而喻诸德也""师者,所以传道受业解惑也",是"经师"与"人师"的统一。赫尔巴特指出:"我想不到有任何'无教学的教育'正如相反方面,我不承认有任何'无教育的教学'。"③ 教书育人规律是指在以"书"育人的教学实践中,某些相对稳定的"因素及其相互关系"在"重复作用"反复影响教学活动和育人活动。对教书育人规律研究,就是重视知识教育与价值引导的统一,从而在实践中反复认识,达到知行合一的过程。课程思政的教书育人规律则是为了教师能把握好教书育人过程中本质的、必然的、稳定的联系,进而赢得教学实践中的主动权,更为有效地开展课堂教学。

一、教育主客体要素:主导性和主体性

主导性和主体性相结合是针对课程思政主客体要素而言的。教书育人忌

---

① 王东莉:《思想政治教育人文关怀的内容体系建构》,《教学与研究》2005 年第 2 期。
② 《江泽民文选》第三卷,人民出版社 2006 年版,第 76 页。
③ [德]赫尔巴特:《普通教育学·教育学讲授纲要》,李其龙译,浙江教育出版社 2002年版,第 13 页。

讳"只注意去解释那些现成的，人们已熟悉的知识的意义和发展的逻辑""而不去观察在知识背后产生知识的主体"，① 教师和学生作为积极主动的个体，两者的交流是双向互动式，其中教师是组织者、施教者，在课程思政过程中居于主导地位，学生是学习者、接受者，在课程思政过程中居于主体地位。将主导性和主体性相统一，厘清教育主客体之间的关系，提升课程思政教书育人的成效。

课程思政离不开教师的主导行为，同时要加大对学生的认知规律和接受特点的研究，发挥学生主体性作用。要确立教师主导和学生主体相结合的原则。强调学生的主体性，就是要逐步改变传统以课本为中心、以教师为中心的课堂氛围，改变教师自我独白、无人参与的授课局面。实现课堂从单一权威到主体平等的转变，实现以学生为中心的转变，注重发挥学生的主体性作用，提升学生的参与度。这里的参与，既包括形式和身体的参与，如师生问答、学生互动等，更应包括学生内容和思想的参与，将各类课程作为学生展现自我真实思想、实现思想交锋与纠偏的场所，通过课程思政发现学生的思想问题，让课堂教学更有针对性和实效性。

一是主导性和主体性相结合，坚持教师主导性和学生主体性。主导，在哲学上指的是主要矛盾中起主要方面的一方。从现代教学论上来讲，指的是积极主动的启发引导。关于教育主体的主导性提法最早可追溯到凯洛夫的《教育学》。凯洛夫在赫尔巴特的教学论基础上采用马克思主义的观点来阐述社会主义教育学理论，他强调教师在课堂教学这一组织形式中的主导作用，对 20 世纪 50 年代中国的学校教育产生了深远影响。教师自身的马克思主义理论素养，以及对教学目标、教学过程的把控能力等，都深刻影响着课程思政的效果。所以，教师的主导作用也必然体现在多方面。首先，教师要筑牢理想信念。课程思政教师"要把培养担当民族复兴大任的时代新人作为重要职责。重中之重是要以坚定的理想信念筑牢精神之基，坚定对马克思

---

① 任平：《广义认识论原理》，江苏人民出版社 1992 年版，第 2 页。

主义的信仰，对社会主义和共产主义的信念，对中国特色社会主义道路、理论、制度、文化的自信"①。其次，教师要强化德育意识。课程思政教师分布在不同学科领域，应着重对其队伍进行社会公德、职业道德、家庭美德和个人品德的教育，才能提高大学生的道德品质和道德自觉，增强对历史虚无主义、实用主义、消费主义等不良思潮的应对力。再次，教师要提升理论思维。专业课程教师在教书育人过程中传达的思政元素对于培养大学生的创新思维、系统思维、批判思维起到潜移默化的作用，进而提高学生分析问题和解决问题的能力。最后，教师要注重启发思考。知识传授是课程思政的任务所在。教师需要根据所授的课程内容和特点，充分挖掘思政元素。例如，人文社科专业课教师可对国内外有关学术思想和观点作理性梳理，用中国话语阐释中国现实，用课程传播中国精神，完成主流价值引领，切实体现社会主义教育的育人功效。所以，教师的主导作用为通过设计具有争议性的社会热点问题，激发学生从不同角度去思考、去争辩，对学生不同的观点进行归纳和评判，引导学生得出正确的结论。

突出学生的主体性。"所谓主体性，指的就是主体的本质属性。"② 马克思主义认为，主体性即从主体对客体的对象性活动来理解的，"现实中的人"无非是跟自然界、思维本身和人类社会打交道，人的主体性是个体在与外界客观物质、自身内部和他人的交互过程中表现出来的能动性和创造性。结合马克思主义对主体性所作的解释，可以认为大学生的主体性包括以下两个方面：第一，突出主体能动性，是人区别于物的一个本质特点。在课程思政的教书育人情境中，大学生不是消极地、无目的地被动接受知识。相反，他们能够在专业等课程上汲取思政知识。在认识活动中，根据自己已有的知识经验、认知结构主动同化思政课教师和社会的教育要求，能动地将思政教育进行合乎自我的吸收并纳入自己的认知结构，通过主动参与社会实践

---

① 《习近平谈治国理政》第三卷，外文出版社 2020 年版，第 313 页。

② 中共中央党校马克思主义哲学教研室、中共湖北省委党校哲学教研室：《主体与客体》，中共中央党校出版社 1990 年版，第 13 页。

活动，自觉践行教育要求，自觉树立中国特色社会主义理想信念。第二，突出主体创造性，不仅超越外在事物，而且创造人自身。创造不同于单纯地接受或简单地重复，而是对于既成状态的超越，是人的本质力量的最高表现和最高层次。在课程思政中，大学生通过知识传授过程打破现实规定性的束缚，寻求新的知识和方法，形成新的活动方式或理解方式，反过来丰富和发展了自身。除此而外，发现并不限于寻求人类尚未知晓的事物，确切地说，它包括用自己的头脑亲自获得知识的一切方法，最终在对知识认识的过程中，大学生主体不满足于教师对理论的阐释和解读，而是力图通过自己在认识上的价值塑造，大胆陈述自己的观点，并针对他人的观点发表自己的意见，在思想的相互碰撞、对冲交锋中提升自己的认识水平和思想境界，通过课程思政而达到真正把所学知识内化于心，外化于行。

二是主导性和主体性的辩证关系，主体性的体现必须以主导性的发挥为前提。教师在课堂教学中具有主导作用，教师是课程思政建设的主力军。课程思政是将有思政元素的教学内容"注入"专业课程，更好地完成立德树人的根本任务，坚定教学内容的意识形态方向，教师的主导性尤为突出。教师是人类灵魂的工程师，是我国社会主义事业建设者和接班人的培养者，要主动对处于"拔节孕穗期"的大学生进行政治和思想等全方位的引导，帮助学生甄别不同的社会思潮和文化影响。要加强教师课程思政意识培养，提高教师将思政教育融入各类课程教学能力，充分发挥教师在课程教学中的主体作用，最大限度激发教师课程教学改革热情，保障教师有效开展课程思政建设工作。在教书育人过程中，学生主体性的发挥，离不开教师对学生主体的尊重，需要教师制定课程教学目标，筛选课程教学内容，把控课程教学进程，引导学生完善自我教育、管理和服务，提高其主流意识和道德认知的形成。

主导性的发挥必须以主体性为归宿。大学生是处于一定历史条件下的人，不同的教育背景、人生经历塑造着有差异性的个体，不同的学生主体对共同的教学内容进行不同程度的认知、认同、内化、外化。但"人是超越的意向和姿态，人是生命超越本身的祈祷，人是一个不断开放、不断生成的人"①，不同的主体性并不否定共有的价值追求，即不断超越自身，实现自我蜕变。这意味着高校课程思政中要实现教书育人的目标，必须打破传统教育的"工具论"，把学生看成"真正意义上的人"，肯定学生的主体地位，以学生的主体发展为旨归。一方面，教师的主导性只是外因，必须通过学生主体的内因才接受和外化政治理念、道德要求、思想目标和行动指南。另一方面，学生主体性认识大多停留在感性层面，尚待完善发展，教师主导为学生主体性发展指明方向，把准航向之舵。

二、教学内容要素：理论渊源和思想基础

课程思政教学内容是有理论渊源和思想基础的，需要在精心设计课程、认真组织教学时有教学深度，才能深入挖掘各类课程和教学方式中蕴含的思想政治教育资源。要以马克思主义经典作家对规律的概念、认识的过程及规律实践的观点、教育教学思想的相关论述为主线，紧紧围绕坚定学生理想信念，以爱党、爱国、爱社会主义、爱人民、爱集体为主线，围绕政治认同、家国情怀、科学素养、文化熏陶、宪法法治意识、道德修养、生态文明、社会主义核心价值体系等重点优化课程思政内容供给，才能系统进行中国特色社会主义教育、社会主义核心价值观教育、法治教育、劳动教育、心理健康教育、中华优秀传统文化教育等。

（一）知识教育和价值教育相结合

知识教育是教学的基础，价值教育则为教学根本。知识教育是指学生的理论学习、认识规律、内化知识、形成认同。我国的知识教育根本是坚持以马克思主义为指导，加强马克思主义理论教育，要以唯物辩证法为根本，以

---

① 冯建军：《教育的人学视野》，安徽教育出版社 2008 年版，第 163 页。

马克思主义认识论、实践论、方法论和历史唯物主义观的教育教学思想作为课程思政的教学内容挖掘的主线，推进习近平新时代中国特色社会主义思想进课堂、进教材、进头脑，增强学生对党的创新理论的政治认同、思想认同、情感认同和行动自觉，始终做到坚定中国特色社会主义道路自信、理论自信、制度自信、文化自信。要增进宪法法治教育。教育学生牢固树立法治观念，坚定走中国特色社会主义法治道路的自觉自信，深化对法治理念、法治原则、重要法律概念的认知，提高运用法治思维和法治方式维护自身权利、参与社会公共事务、化解矛盾纠纷的意识和能力。要借鉴中华优秀传统文化教育，大力弘扬以爱国主义为核心的民族精神和以改革创新为核心的时代精神，教育引导学生深刻理解中华优秀传统文化中讲仁爱、重民本、守诚信、崇正义、尚和合、求大同的思想精华和时代价值，完善大学生的道德品质，培育理想人格，展现中华文化的博大精深和时代意蕴。

价值教育是通过课程帮助学生形成正确的观念，实际是社会主义核心价值观教育。要教育学生深刻理解社会主义核心价值观的丰富内涵，准确把握其精神实质，引导学生把事业理想和道德追求融入党和国家事业的发展，将社会主义核心价值观内化为精神追求，外化为自觉行动。要提升职业理想和职业道德教育，帮助学生了解相关专业和行业领域的发展态势，了解国家发展战略和行业需求，增强职业责任感，教育引导学生准确理解并自觉践行职业精神和职业规范。还要强化科学素养教育，课程教学中把马克思主义立场观点方法的教育与科学精神的培养相结合，提高学生正确认识问题、分析问题和解决问题的能力；注重科学思维方法的训练和科学伦理的教育，培养学生探索未知、追求真理、勇攀科学高峰的责任感和使命感；注重强化学生工程伦理教育，培养学生精益求精的大国工匠精神，激发学生科技报国的家国情怀和开拓创新精神的使命担当。

（二）思政要求和专业课程相结合

实践育人是专业课程教学"落地"的体现，应结合家国情怀、科学精神、公民意识或健全人格等课程思政内涵，根据专业类别进行课程思政建设，才能彰显实践育人。实践育人是在专业课程的教育中"润物细无声"的产生。农学类专业课程。在课程教学中加强生态文明教育，引导学生树立和践行绿水青山就是金山银山的理念；要注重培养学生的"三农"情怀，引导学生以强农兴农为己任，"懂农业、爱农村、爱农民"，树立把论文写在祖国大地上的意识和信念，增强学生服务农业农村现代化、服务乡村全面振兴的使命感和责任感，培养知农爱农创新人才。理学类专业课程，要注重科学思维方法的训练和科学伦理的教育，培养学生探索未知、追求真理、勇攀科学高峰的责任感和使命感。工学类专业课程，要注重强化学生工程伦理教育，培养学生精益求精的大国工匠精神，激发学生科技报国的家国情怀和使命担当。经济学、管理学、法学类专业课程，课程教学中坚持以马克思主义为指导，加快构建中国特色哲学社会科学学科体系、学术体系、话语体系；帮助学生了解相关专业和行业领域的国家战略、法律法规和相关政策，引导学生深入社会实践、关注现实问题，培育学生经世济民、诚信服务、德法兼修的职业素养。文学、历史学、哲学类专业课程，课程教学中帮助学生掌握马克思主义世界观和方法论，从历史与现实、理论与实践等维度深刻理解习近平新时代中国特色社会主义思想；结合专业知识教育引导学生深刻理解社会主义核心价值观，自觉弘扬中华优秀传统文化、革命文化、社会主义先进文化。教育学类专业课程，课程教学中注重加强师德师风教育，突出课堂育德、典型树德、规则立德，引导学生树立学为人师、行为世范的职业理想，培育爱国守法、规范从教的职业操守，培养学生传道情怀、授业底蕴、解惑能力，把对国家的爱、对教育的爱、对学生的爱融为一体，自觉以德立身、以德立学、以德施教，争做有理想信念、有道德情操、有扎实学识、有仁爱之心的"四有"好老师，坚定不移走中国特色社会主义教育发展道路。体育类课程，要树立健康第一的教育理念，注重爱国主义教育和传统文化教育，培养学生顽强拼搏、奋斗有我的信念，激发学生提升全民族身体素质的责任感。艺术学类专业课程，课程教学中教育引导学生立足时代、扎根人民、深入生活，树立正确的艺术观和创作观；坚持以美育人、以美化人，积极弘扬中华美育精神，引导学生自觉传承和弘扬中华优秀传统文化，全面提高学生的审美和人文素养，增强文化自信。①

（三）坚持言传与身教相结合

言传与身教相结合是教书育人必要的环节，教师通过亲身经历以讲故事的方式在课堂上传授马克思主义理论知识，结合内聚思政背景的具体内容，教师自然地用自己的思想、观点、态度、情感和信念来影响学生，从而真学、真懂、真信马克思主义，努力成为先进思想文化的传播者、党执政的坚定支持者，把正确的世界观、人生观、价值观融入课堂教学之中，更好地担负起学生健康成长指导者和引路人的责任。言传是教学中较为普遍的手段，也是学生直接获取知识基础的受教方式，教师在课程讲解中传授知识，加深其对专业和课程的学习认识程度。在身教上，教师则通过自身的作风、行为、习惯，对学生形成示范作用，潜移默化地影响学生。身教从更广泛的角度来说，不仅指教师的行为，也包括教师的理论，如教师的思想、观点、态度、情感、信仰等，这些都会影响学生的思想，间接地影响他们的行为。教师是学生效仿的直观对象和生动榜样，通过身教有助于促进学生对思想政治理论课学理知识、价值、精神的践行。

课程思政建设应关注言传与身教相结合。随着经济社会的不断发展，青年学生群体交往方式发生显著变化，教师与学生之间的关系已不再仅仅是单向度的"知识输出—知识接收"关系。因为，涉及主体间性的相关研究已充分表明，良性的师生交往应是一种双向互动的关系。教师的课堂讲授和自身行为对学生尤为关键，学生反馈又会促进教师的发展。因此，在课程思政建设中，教师角色所承担的任务不仅涉及课堂教学所需的专业言传，还包括

---

① 《教育部关于印发〈高等学校课程思政建设指导纲要〉的通知》，2020 年 5 月 28 日，见 http://www.gov.cn/zhengce/zhengceku/2020-06/06/content_5517606.html。

以自身素养辐射学生，引导学生树立为社会主义建设奋斗终身的志向。要区分言传和身教在课程思政中的教育地位和作用。言传主要是专业知识和思想理论层面的"点对点"教育，身教则是"点对多"示范塑造道德品行的好榜样，二者在不同的教育境况下各自发挥育人的功能，从而提升课程思政的有效性。

三、教学目标要求：理论性和创新性

课程思政的教学目标，应围绕立德树人的根本任务，因为思政教育所包含的政治认同、家国情怀、科学素养、文化素养、法治意识等是核心素养的重要部分，课程思政围绕育人实施专业教育，赋予专业课更多的人文内涵，将会提升学生的学习兴趣、提高教学效果。要明确育人目标、原则和方法，运用符合时代发展的新手段、新机制和新方法，不断与时俱进更新教书育人理念，把握教学规律，开拓课程思政建设的新局面。

（一）紧扣立德树人根本任务的教学育人旨归

高校立身之本在于立德树人，通过思想道德建设促进人才培养，塑造适应时代需要、全面发展的社会人。教育以"使人成其为人"作为它的内在指向，但"人的完成"其实体现为多重维度，它关乎人的各种知识、技能、素养等多个层面，其中"德"居于根基性的地位，教育的核心就是道德教育。高校的核心问题在于为谁培养人、培养什么样的人、怎样培养人。课程思政作为高校育人的一种重要载体，必须贯穿教育教学全过程才能贯彻到位，这就必然需要借助课程体系这一重要抓手。因此，课程实质上是国家重要意识形态和主流价值观的"观念载体"，是体现国家教育目的和培养目标的重要途径，必须彰显其鲜明的价值性。高校课程思政是整个教育体系的重要组成部分，是一个循序渐进、如微风细雨般润物无声的育人过程，必然需要以人的成长和发展需要为指向。首先，要以习近平新时代中国特色社会主义思想为理论指引，围绕中华民族复兴的时代主题，突出高校课程思政的目标主旨。引导大学生树立正确的理想信念，要使大学生的志向与祖国和人民联系在一起，坚定马克思主义立场，做时代新人的传承红色基因，让个人奋斗烙上红色底印。其次，要将社会主义核心价值观融入课程思政体系之中，并融入各类专业课程之中，深入挖掘中华优秀传统文化中蕴含的人文精神、思想观念和道德规范，并在培育中强化教育引导和实践养成，形成知行合一的育人实效。最后，要以专业课程为融合点，将"德智体美劳"的育人目标集聚起来，并分散至各类专业课程中。每一门课程围绕为党育人、为国育才的教学目标，根据其自身特点、内容呈现方式，进行合理的分工和配置，彼此协同、相互配合，发挥课程思政建设的系统合力，促使学生积极主动地学习，让其对所学知识的学习目的、学习态度以及积极性等思想品德要素得到提高，最终形成方向明确、行动快速、效果显著的高校课程思政教学体系。

（二）构建思想政治理论课与专业课教学协同育人机制

实现各类课程与思想政治理论课同向同行，形成协同效应，要将思政课程融入整个学校课程的系统体系之中，改变思政课"独树一帜"的传统局面，科学设计两者间的教学关联，形成各类课程与思想政治理论课的"群策群力"，提升思政课程与课程思政的协同效应，打造各方联动、协同配合的育人生态大格局。首先，厘清同向同行两者的关系，同向指的是要坚持马克思主义指导地位，坚持社会主义办学方向。传统观点认为思政课程就是将马克思主义作为指导思想，向学生系统地传授马克思主义理论，但新时代的思想政治工作不仅要求强化"培养什么人"的这一职责，更加注重"为谁培养人"，这就要求各类课程要有思政元素的注入并坚持正确的政治方向，将马克思主义渗透到各科教学中，将马克思主义立场、观点、方法贯穿于专业知识的讲授中。同行指的是各类课程要与思想政治理论课共同致力于高校思想政治工作。高校的各类课程是为学生传授专业知识和技能的重要渠道，每一门课都有自己独特的专业特点，与思想政治理论课同行，要求各类课程要将思想政治教育所包含的政治观点、价值内涵渗透到专业课的教学中，对学生进行正确的思想意识熏陶。同时各类课程都有其发展历史，都包含着一定的文化内容，各类课程要深入挖掘其深厚的文化内涵和价值理念，在传授专业知识的同时将本专业所蕴含的思政元素贯穿其中，以显隐结合的教育方法实现对学生的育人。

各类专业课程与思想政治理论课目标一致的同向同行，形成协同效应，离不开学校顶层设计和各科教师的共同努力。首先，学校要加强课程思政理念的统一领导，做到党政齐抓共管、有关部门各负其责、全社会协同配合的工作格局，积极搭建各类课程与思政课程协同配合的机制平台，完善顶层设计的科学性和合理性。其次，要加大对课程思政建设的投入力度，支持课程思政建设工作，为各类课程与思想政治理论课同向同行制定科学的评价和保障机制，制定一套完整的制度来保障加强相互间的学习、交流和沟通，争取实现相互之间组织资源、人力资源、信息资源、课程资源的优化配置与整合共享，统筹各类资源，持续深入抓典型、树标杆、推经验，形成规模、形成范式、形成体系。最后，把每一门课程的育人功能内化为教师的自觉，各科教师需不断提高自己的思想政治理论水平，参加马克思主义政治经济学、马克思主义新闻观、中国特色社会主义法治理论、法律职业伦理、工程伦理、医学人文教育等专题培训，从内心深处认同并践行马克思主义，使教师"在马言马"，用马克思主义信仰讲信仰，努力挖掘本专业的思想政治教育内涵，自觉将专业知识教育与思想政治教育相互渗透、有机结合。

（三）探索稳定性和创新性相统一的教学育人方法

教学方法的稳定性是指因社会主流价值观和国家意志的客观存在，灌输因素存于思想政治理论课的教学方法中而长期发挥作用。课程思政本质上是意识形态教育，分析其存在和传播的内外因素，必须通过教育者由外向内成体系地展开，但适应新形势、新问题又是回应时代关切，应对当今社会各种思潮的任务。因此，做到稳定与创新相统一的教学育人方法能处理好"灌输"和"创新"的关系。高校课程思政要探寻科学高效的育人方法，课程思政中教学方法的选用，既不能故步自封，单一固守传统"灌输"知识传授法，也不能一味追求多样，失去应有的本质。为实现教育主客体之间的协调互动，需要创新和丰富教学方法，使专业课程中的思想政治教育要素，更好地融入育人"场所"中。时代在进步，课堂教学方法和形式也在创新，丰富教学方法应继续保持稳定性和创新性相统一。

好的教学方法可以有效提升教学效果，传统的教学方法有理论灌输法、实践锻炼法、自我教育法、榜样示范法，其中理论灌输法是最基本的本课程教学方法。注重创新教育教学方法，在思政教学中要充分调动和发挥学生的积极性和主动性。

首先，课程思政的教学目标是全方位育人，突显社会主义属性，教师应在授课方法上创新。例如，教师要改变过去"重知识，轻育人"的倾向，逐渐发展"师生互动"的双向教学方法，提高教师与学生之间的互动性，使之产生情感共鸣，达到知、情、意、行逐步上升、逐步整合，提升课堂的授课质量，实现教育中思政理念的互动，增加专业课程的育人活力，增强课程思政的育人效力。其次，坚持课堂讲授与多种教学形式互融。课堂讲授与多种教学方式互融是课程思政育人的重要手段。在专业知识体系快速更新和学生日益增长的条件下，课堂讲授的单一方式远远不能快速更新课程内容以满足学生多样增长实际需要和教书育人发展的内涵。应根据教学内容和学生发展的需要，顺应互联网的发展趋势，依托新技术、新媒介、新载体为创新形式，充分利用智慧教学一体化平台，建设课程思政的慕课在线开放课程，实现学生随时随地随手"云学习"。运用"讨论式教法""辩论式教法""多媒体混合教法""实践教法"等多种教学方式，增强在课堂上的润物细无声教学功能，使学生不仅对专业知识产生学习兴趣，而且能领悟思想理论内容。最后，要构建第一课堂与第二课堂相互支撑的课程思政"双向互动的教学方法"，坚持双向互动的教学方式，助力思政育人。专任教师在第一课堂上可根据不同学科专业的特色和优势，深入研究不同专业的育人目标，通过课题研究、专业实践，增加课程的知识性、人文性，提升课程教学的引领性、时代性和开放性，进一步激发学生刻苦钻研、服务国家和人民的热情，增强使命感和责任感，真正实现专业知识与价值观念的同步提升。在第二课堂的教学过程中，学生是活动的直接主体。教师注重学思结合、知行统一，增强学生勇于探索的创新精神、善于解决问题的实践能力，帮助其能拥有直接的感受，以自我发现、自我理解、自我思考的体验过程，形成、修正、完善自己价值判断，使理论成为自身的思想和行为。例如，在社会实践类的第二课堂上，课程要注重教育和引导学生弘扬中国精神，将"读万卷书"与"行万里路"相结合，在实践中增长智慧才干。在创新创业类教育课程，注重让学生"敢闯会创"，在亲身参与中增强创新精神、创造意识和创业能力。通过多样形式的第二课堂实践教学，学生可以清晰认知国情、民情和社情，进一步内化课堂理论与社会实践，促进大学生理论深化、心灵触动、意识增强的实践目的。第二课堂育人教学以实践教学为手段，具有一定的自发性，因此，课程思政在教学过程中将第一课堂的统一性教学和第二课堂的多样性教学结合起来，最终合力实现学生综合素养水平全面提高。

第三节　以学生成长规律为中心

马克思认为，真正地理解人、把握人的发展成长规律，首先必须把人看作是"处在现实的、可以通过经验观察到的、在一定条件下进行的发展过程中的人"①。学生成长规律是指学生的生理、心理、人格等要素之间的本质联系及其矛盾运动的必然趋势，是贯穿于课程思政始终的基本规律，存在于学生成长的一切教育中。要围绕学生、关照学生、服务学生，才能主动回

① 《马克思恩格斯选集》第 1 卷，人民出版社 2012 年版，第 153 页。

应青年大学生的关切，主动满足青年大学生的发展需求和期待，才是对课程思政本质属性的反映。

一、坚持连续性与阶段性相结合

学生的成长与发展，具有连续性和阶段性的特征，要充分了解学生在思想、心理与行为的成长变化轨迹，针对其历经不同阶段的身心发展，生活由半独立到独立、思想由半成熟到成熟、知行由被动到主动等，学生在同一阶段又要同时面对多方面问题，如学习、生活、交往、就业等。此外，学生的健康是基础与前提，教育要抓住学生健康的基础，适时以多元融合的方法进行矫正，适时融入人文关怀与心理疏导，实现学生身体的"硬实力"与心理的"软实力"协同并进。正如在人身心发展上持续不断变化的过程，是一个由低级到高级、简单到复杂、由量变到质变的过程，具有连续性，学生处于"早上八九点钟的太阳"，无论是在生理层面，还是心理层面，都正处于成长发育时期，也就是说虽然在生理上接近人生顶峰，但在心理上依然处于快速走向成熟而又未真正成熟。思维发展也处于从具体动作思维到形象思维，再从形象思维到抽象逻辑思维的水平，课程思政的实施要根据教育知识的学习递进式增长方式，注重知识体系的搭建，按照发展的序列进行，切忌"拔苗助长""陵节而施"等有违身心发展连续性的施教。呈现的阶段性是指学生在不同的年龄阶段表现出身心发展不同的总体特征及主要矛盾，面临着不同的发展任务，进行课程思政实际上是对学生的价值观塑造过程，不同的价值追求对人生道路的选择、对个人的成长成才、对个人的价值实现尤为重要。[①] 课程思政在融入进程中，要坚持用习近平新时代中国特色社会主义思想铸魂育人，以政治认同、家国情怀、道德修养、法治意识、文化素养为

---

① 张建：《遵循学生成长规律加强高校思想政治工作的若干思考》，《思想理论教育导刊》2018 年第 5 期。

重点，分阶段在不同教育层次开展。通过精准识别，摸准学生的思想发展脉搏，精准注入马克思主义指导思想的教育内容，满足其具有中国人文素养的提升渴求。要在课程思政中做到在教材中及时融入马克思主义中国化时代化最新成果、坚持和发展中国特色社会主义最新经验、马克思主义理论学科最新研究进展，服务大学生成长发展，让其全面感悟课程思政的意义，在人生的不同发展阶段为中华民族伟大复兴不断奉献智慧和力量。

二、坚持供给性和需求性相结合

习近平总书记指出，"做好高校思想政治工作，要因事而化、因时而进、因势而新。要遵循思想政治工作规律，遵循教书育人规律，遵循学生成长规律"①。学生身心发展的特点和规律决定了课程思政的任重道远，脱离学生生活实际的、纯理论式说教的课程教学必然没有亲和力和针对性，势必导致思政教育教学的效果缺失。因此，在不同的学校，要根据不同的地域特点、不同的时代背景、不同的受教育者群体，因地制宜、因时制宜、因材施教地进行多样化教学，做到在课程教学过程中坚持供给性和需求性相结合，才能增强课程思政的亲和力和针对性，满足青年学生成长发展的需求和期待，确保高校人才培养质量，把好学生成长的"专业关"和"政治关"。

供给与需求本质上是平衡关系，但针对不同对象也有区分。把握学生的个性化需求，精准把脉学生整体发展需求，实现"教"与"学"精准对接。精挑的"知识"注入学生成长不同时期，精选的"配方"结合学生个体差异，不断调试课程思政供给的要素配置、优化结构、改善方式、形塑合力，进而在精准把控各要素、各环节的基础上实现精准育人的提质增效。此外，要精准定位课程思政的育人功能和育人责任。要通过精细的制度安排激励各类课程教师立德树人的积极性、主动性和创造性，挖掘各类课程和教学方式

① 《习近平谈治国理政》第二卷，外文出版社 2017 年版，第 378 页。

中蕴含的思想政治教育资源和思想政治教育元素，着力将专业知识传授与进行思政育人活动有机融合，达到供给和需求的良性循环发展。具体而言，坚持供给性主要体现在普遍教育上，即课程思政要融入课堂教学建设，作为课程设置、教学大纲核准和教案评价的重要内容，落实到课程目标设计、教学大纲修订、教材编审选用、教案课件编写各方面，贯穿于课堂授课、教学研讨、实验实训、作业论文各环节。要讲好、用好马工程重点教材，推进教材内容进人才培养方案、进教案课件、进考试。要创新课堂教学模式，推进现代信息技术在课程思政教学中的应用，激发学生学习兴趣，引导学生深入思考。要健全高校课堂教学管理体系，改进课堂教学过程管理，提高课程思政内涵融入课堂教学的水平。要综合运用第一课堂和第二课堂，组织开展社会实践、志愿服务、实习实训活动，不断拓展课程思政建设方法和途径。另外，充分发挥课程思政教学研究中心、马克思主义学院和相关学科专业教学组织的作用，构建多层次课程思政建设研究体系，以学理学术支撑加强课程思政建设。

马克思认为，需要是人类心理结构中最根本的东西，是人类个体和整个人类发展的原动力。坚持需求性就是要将学生作为学习主体，激发学生积极性、主动性和创造性以精准把握当代大学生的群体特质和精神需求。遵循人的价值需求逻辑，满足学生的合理精神需求。精神需求在纵向维度上可以大概分为表层的感性情感需求、内层的知识思想需求及深层的行为实践需求等不同层次，横向层次上精神需求可以分为生命体验需求、娱乐交往需求、知识获取需求、价值认知需求等不同形式。课程思政必须在精准把脉学生需求的基础上，将国家社会发展需要与学生成才成长需要相结合精准制定教学方案，实现教与学在整体上、结构上的精准对接。要摒弃传统的"大水漫灌"思维，精准立足学生的思想特点、认知特点和接受规律，争取为学生提供个性化、层次化和结构化的教学供给。同时，我们还要系统把握供需之间的辩证关系，课程中既要做到以需求供、又要做到以供引需，在实现教与学供需平衡和良性循环的基础上切实提升课程思政的针对性和实效性。

三、坚持灌输性和启发性相结合

恩格斯 1844 年阐述"灌输"性的概念时，就以德国画家许布纳一幅画的展览无形中给不少人灌输了社会主义思想的实例来解释，可见灌输性最初就不是指强制硬灌，而是以体验来帮助教育内容的输入。马克思在《〈政治经济学批判〉序言》中指出："人们在自己生活的社会生产中发生一定的、必然的、不以他们的意志为转移的关系，即同他们的物质生产力的一定发展阶段相适合的生产关系。这些生产关系的总和构成社会的经济结构，即有法律的和政治的上层建筑竖立其上并有一定的社会意识形式与之相适应的现实基础。"① 课程思政是强调从思想品德上培养人、教育人的社会实践活动，直接或间接地反映着社会统治阶级的利益要求和观念意志，具有鲜明的意识形态性。② 但课程思政注入活力并不是教师一个人的自说自话，而是师生的共同探讨。只有通过师生互动，才能促进学生思考，进而提高学生道德判断能力和道德选择能力。教师通过课程思政的方式把马克思主义理论和社会主义意识形态的相关思想、伦理品德等有目的、有计划、有意识地输送给学生，使学生掌握并以此作为行为的规范和依据。列宁在《怎么办》中提出了"灌输论"，认为工人阶级和群众自身不可能自发地产生科学社会主义的思想，必须从外部灌输进去。课程思政要善于联系时代特征属性，抓住网络机遇、运用网络，在灌输中采取柔性的方法，维持本身课程的应有阈限，为课程思政保持必要的教育张力。另外，坚持灌输性就是旗帜鲜明、理直气壮开展课程思政教学的重要保障，特别是学生在知识结构、思维能力、社会阅历的有限性，使其认知与评价极易受到错误思潮的影响，自然很难在认知中自发地生成科学理论，也无法通过自我理解把理论内化于心，这就需要专业

---

① 《马克思恩格斯选集》第 2 卷，人民出版社 2012 年版，第 2 页。
② 张阳：《思想政治理论课"灌输性与启发性相统一"的教育之路》，《思想理论教育导刊》2020 年第 2 期。

教师来"灌输"科学理论，帮助学生树立正确价值标准，这能促使学生无意识、直接被动地自觉生成学习。[①]

启发性指教育者在遵循受教育者认知规律和认知需求的基础上，引导激发受教育者的学习兴趣，实现受教育者的自我教育。课程思政则是主动进行探究来获取马克思主义理论知识和解决问题的能力的一种方式。注重在课堂的启发性教育，晓之以理、动之以情，引导学生发现问题、分析问题、思考问题，在不断启发中让学生水到渠成得出结论，回应学生困惑。课程思政既是对知识释疑解惑的传授过程，也是对思想、价值释疑解惑的过程，需要为学生解答人生应该在哪些方面用力、如何用心做事、做什么样的人等问题，及时回应学生在学习生活、社会实践乃至社会热点问题讨论中所遇到的困惑。面对百年未有之大变局，国内问题与国际问题交织，不同社会群体看待同一问题存在"视觉差异"，学生思想活跃，接受新鲜事物快，面对复杂多变的现实问题有思考、有想法，但由于知识结构、思维方式还处于逐渐完善和成熟的阶段，社会阅历、实践经验不够丰富。这就要求课程思政要直面现实矛盾和问题，贴近青年学生实际，抓住学生"三观"形成的关键期，帮助青年学生厘清模糊认识、解开思想疙瘩，引导他们扣好人生第一粒扣子、踩实人生第一级台阶，启发他们对个人担当、社会责任、国家发展之间同向的思考。课程思政应从学生的思想实际入手，积极探索、勇于创新，将思政的内容以鲜活的形式打动人，启发式教学方法显得很重要。通过线上线下的模式传导生动鲜活的事例，运用信息化、数字化手段活跃教学气氛，最大限度地激发学生发展的潜能，让学生在专业知识学习中获取思想启迪，坚定对马克思主义的信仰、对中国特色社会主义的认同、对实现中华民族伟大复兴中国梦的信念。

课程思政的三个规律遵循为高校育人工作提供了启示，作为高校落实立

_____

① 代钰、彭韵竹：《思政课灌输性与启发性内在统一的新价值意蕴》，《辽宁教育行政学院学报》2020 年第 6 期。

德树人的重要途径，科学化、系统化推进课程思政建设从而提升育人效果，既要统一思想，强化教师育人职责使命，又要有统一的组织领导体系与适当的组织模式来支撑；既要区分不同学科专业课程思政元素融入特点，又要注重结合不同院校优势特色形成品牌。在把握规律的前提下，以课程群建设为主线，坚持思政元素有机融入、相似课程间共享共用，发挥课程思政与思政课程协同育人功能，才能达到良好育人效果，培养出更多具有社会责任感、实践能力、创新精神和国际视野的社会主义建设者和接班人。①

① 张启鸿、李大伟：《以协同育人理念推进思政教育》，《前线》2020 年第 7 期。

| 第六章 |

课程思政与思政课程协同发展

　　课程思政理念是贯彻落实全国高校思想政治工作会议精神，实现思想政治理论课与各类课程同向同行的实践探索。习近平总书记指出："要用好课堂教学这个主渠道，……使各类课程与思想政治理论课同向同行，形成协同效应。"① 思政课程与课程思政协同发展，需要明确思政课程与课程思政的关系，剖析协同发展的现实依据和理论逻辑，才能全面把握思政课程与课程思政协同发展的关系。

第一节　课程思政与思政课程的关系

　　从思政课程到课程思政的演变不只是简单转换文字顺序，其中隐含深刻意蕴。长期以来，思想政治理论课在坚定理想信念、灌输社会主义意识形态、弘扬和传播社会主义核心价值观、培育时代新人方面发挥了重要作用。然而，随着高等教育环境、教育对象的改变，高校思想政治教育存在"孤岛"现象，不少专业教师认为对学生进行思想教育是思政课教师的职责，

---

① 《习近平谈治国理政》第二卷，外文出版社 2017 年版，第 378 页。

与专业课无关，导致思政教育与专业教育存在"两张皮"现象。近年来，马克思主义在学科中"失语"、教材中"失踪"、论坛上"失声"现象屡见不鲜，思想政治理论课唱"独角戏"难以形成育人的整体效应。从思政课程到课程思政，是针对当前各门课程协同育人局面尚未形成，探索各门课程合力育人的积极尝试。课程思政意味着将高校思政教育的"主渠道"从思想政治理论课延伸扩展为全部课程。厘清课程思政与思政课程的关系，有助于我们更好地贯彻落实新时代对高校提出的新要求，实现立德树人目标。

一、课程思政与思政课程的本质联系

课程思政与思政课程作为育人的重要载体，两者具有紧密联系，主要体现在"任务和目标上的共同性、方向和功能上的一致性、内容和要求上的契合性"①，正确把握两者的关系，有利于更好地贯彻落实全国高校思想政治工作会议精神，形成育人协同效应，提升高校人才培养水平。

（一）任务和目标上的共同性

教育是"国之大计，党之大计"。"培养什么人、怎样培养人、为谁培养人"，这是教育的首要问题。社会主义性质的高校决定了其根本任务在于培养社会主义合格建设者和可靠接班人。习近平总书记指出："我国有独特的历史、独特的文化、独特的国情，决定了我国必须走自己的高等教育发展道路，扎实办好中国特色社会主义高校。"② 社会主义性质的高校必须坚持党的领导，坚持立德人根本任务。思想政治理论课作为思想政治教育的主渠道，"是落实立德树人根本任务的关键课程"，通过对学生进行系统的马克思主义理论教育，帮助学生坚定理想信念，树立正确的世界观、人生观、价

---

① 石书臣：《正确把握"课程思政"与思政课程的关系》，《思想理论教育》2018 年第 11 期。

② 《习近平谈治国理政》第二卷，外文出版社 2017 年版，第 376 页。

值观，坚定"四个自信"，自觉听党话跟党走，树立远大理想，自觉把个人
理想追求融入坚持和发展中国特色社会主义事业、建设社会主义现代化国
家、实现中华民族伟大复兴的实践中，做一名合格的社会主义建设者和接班
人。课程承载思政，承载一定社会的价值观念与文化追求。习近平总书记指
出，要把思想政治工作贯穿教育教学全过程。可见，除思想政治理论课以
外，高校其他课程也具有思想政治教育功能。课程思政正是落实思政教育贯
穿教学全过程的有力举措。课程思政在专业课教学中有机融入思政元素，挖
掘各门课程隐藏的思政教育资源，巧妙实现专业教师教书与育人、知识教育
与价值引领、智育与德育相统一。立德树人的"德"指社会主义共产主义
道德，"人"指社会主义合格建设者和可靠接班人。高校仅靠思想政治理论
课无法完成立德树人任务，需要调动其他课程参与育人实践，因而如何
"立德"、如何"树人"涉及高校全体教师、所有课程。学生良好"德行"
的养成、"树人"目标的实现是一项系统复杂的工程，需要高校全体教育工
作者孜孜不倦、努力奋斗。由此可见，无论是思政课程还是课程思政，都必
须坚持党的领导，坚持立德树人，把学生培养成社会主义建设者和接班人作
为共同目标。

（二）方向和功能上的一致性

思政课程与课程思政两者在方向和功能上具有一致性，这是两者能够同
向同行的前提和基础。同向同行意指各类课程与思想政治理论课一道，坚持
正确的政治方向，发挥思政教育铸魂育人作用。两者同向同行要求高校各类
课程承担立德树人根本任务，以培养社会主义事业的建设者和接班人。第
一，两者均坚持正确的政治方向。方向决定道路，道路决定命运。方向是旗
帜，是先导。思政课程与课程思政同向主要是坚持马克思主义、社会主义方
向。我国独特的历史、独特的国情决定我们必须走中国特色社会主义办学之
路，坚持高等教育的"四个服务"。当前，坚持正确的政治方向，就是坚持
四项基本原则，即坚持社会主义道路、坚持人民民主专政、坚持中国共产党

的领导、坚持马克思列宁主义毛泽东思想。四项基本原则是我们的立国之本，必须毫不动摇。坚持正确的政治方向，才能保证育人沿着正确道路前进。高校教师要增强政治意识，坚守底线思维，决不能在课堂教学中发表"反对马克思主义""反对共产党领导""反对社会主义""歪曲社会主义历史"的错误言论，要坚持"学术研究无禁区、课堂讲授有纪律"原则，以自身良好言行为学生树立榜样，扮演好学生成长道路上的指导者与引路人角色。第二，高校所有课程均有育人育德功能。思政课程和课程思政在育人功能上具有一致性。教书育人是教师的职责与使命，课程是教师教书育人的载体。《中共中央 国务院关于进一步加强和改进大学生思想政治教育的意见》指出，高等学校各门课程都具有育人功能，所有教师都负有育人职责。要深入挖掘各类课程的思想政治教育资源，在传授专业知识过程中加强思想政治教育，使学生在学习科学文化知识过程中，自觉加强思想道德修养，提高政治觉悟。高校各门课程具有不同特点和优势，发挥不同的育人功能，共同培养学生成为德智体美劳全面发展的人才。思想政治理论课在传播主流价值观念、培育学生的思想政治素质的同时，要注重挖掘其知识和文化资源；哲学社会科学类课程在涵养学生人文素养时，要坚持正确政治方向，坚守马克思主义立场不动摇；其他各类课程在培养学生综合素养、提升学生技能的同时，要注重结合我国改革开放伟大实践，挖掘其蕴含的思想政治教育资源，提升学生思想道德水平。总之，各类课程要与思想政治理论课实现在育人方向上一致、育人功能上契合、育人效果上互补的目标，实现知识教育、价值教育、科学文化素质培养和思想政治素养培育有机结合，实现德智体美劳全面发展。

（三）内容和要求上的契合性

课程思政与思政课程在内容和要求上存在契合性。无论是课程思政挖掘的思政元素，还是思政课程的教学内容，都是大学生思想政治教育的重要组成部分，二者在内容上具有契合性。课程思政要求各类专业课、通识课等和思想政治理论课程共同承担思想政治教育职责，承担大学生思想政治教育的任务，发挥主导性作用。高校所有课程好比一大片"田"，"守好一段渠，种好责任田"的要求是各门课程"守好渠""种好田"，只有各门课程教师精心浇灌与栽培，作为"幼苗"的学生才能在"良田"基础上苗壮成长，德智体美劳才能得到全面发展。无论是思政课程还是课程思政，作为其中的"一段渠""一块田"，在育人"同行"的过程中教学内容具有内在一致性，共同为学生成长成才保驾护航。一方面，发挥思政课程的价值引领作用，帮助学生树立"四个意识"，坚定"四个自信"。课程思政内容涉及多学科，某些课程意识形态性弱，思政课程可以发挥价值引领作用，保障各类课程的思政方向。课程思政的多学科属性可以为思政课程提供丰富资源，汲取充足营养，从而改变课程内容政治性强、枯燥乏味、教学方法单一、教学效果不佳的现状。思政课程与课程思政两者的结合，可以全方位提升思想政治教育的实效性。另一方面，思政课程与课程思政协同发展有助于实现德育与智育的有机统一。思想政治理论课更多侧重学生价值观层面塑造，教学中注重学生情感态度和价值观的养成，培育和塑造学生良好德行，较少关注学生实践技能提升；而课程思政理念的提出，恰好可以充分挖掘各门课程蕴含的思想政治教育资源，在传授专业知识、提升技能过程中融入思政内容，于价值引领中传授专业知识，实现高校所有课程德育和智育、知识传授和价值引领、技能提升目标。因此，在课程思政实施过程中，要注重把思政元素与专业特点相结合，探索思政与专业融入的切入点，采用与学生所学专业内容相关的案例开展教学，以充分调动学生参与课堂教学的积极性，增强思想政治教育效果。同样，在进行大学生思想政治理论课教学过程中，要结合课程思政开展效果，进一步引导学生提升思想境界，强化思想教育引导，提升大学生思想道德水平。

二、课程思政与思政课程的不同侧重

思政课程与课程思政尽管在较多方面具有一致性，但二者之间又存在差别，需要加以区分，防止出现专业课"思政化"和思政课程"通俗化"两个极端。课程思政不是把思政课的内容简单照搬到专业课教学中，不是专业课的"思政化"，思政课和专业课各有不同体系。厘清二者的区别有助于最大限度挖掘各门课程的育人资源，发挥育人功能，形成各门课程的育人合力，实现立德树人目标。

（一）思政内容的不同

思想政治理论课程的思政内容侧重于对大学生进行系统的马克思主义理论教育，是大学生思想政治教育的主渠道，目的在于帮助学生形成正确的世界观、人生观和价值观，培养符合社会需求的思想品德。我国对思想政治理论课程教材内容、课时要求、学分设计、考核评价方式等有明确要求。在遵循学生成长规律和认知规律的基础上，思想政治理论课程教学根据不同成长阶段的学生设计不同教学内容，如研究生阶段主要是探究性学习，本专科阶段主要是理论性学习，高中阶段是常识性学习，而初中和小学则更多是体验性和启蒙性学习。思想政治理论课程教学内容具有普遍性，即使教育对象来自不同类型大学、不同学科专业背景，思想政治理论课的内容是固定、普遍、统一的，这是社会主义大学坚持"四个服务"的必然要求，是由我国高校的特殊性质和思想政治教育的特殊使命决定的。而课程思政要求的思政内容更多侧重于思想价值引领，通过挖掘潜在的思想政治教育资源，增强学生的思想政治素养，提升学生的思想品德。每门课程的思政内容具有不同特点，具有学科专业的特殊性。教育部等八部门联合印发的《关于加快构建高校思想政治工作体系的意见》提出，要全面推进所有学科课程思政建设。该意见对哲学社会科学、理学、工学类专业、农学类专业、医学类专业和艺术学类专业课程思政提出了具体要求，如经管类专业的职业素养教育、教育学类的师德师风教育、理学和工学的大国工匠精神培育、农学类专业的"三农"情怀培育、医学类专业的医者仁心教育、艺术类专业的美育精神培育等内容。课程思政的内容体现的是各类专业对所培养人才核心素养的共性要求，即规定性，这一要求是统一的、一致的。课程思政学科专业的特殊性能兼顾不同专业、学生特点，充分做到因材施教，具有贴近学生实际、提供鲜活案例的优势，教师在具体教学实践中巧妙地融入思政教育内容，像空气一样让学生于不知不觉中接受教育，不仅提升了学生的专业素养，同时增强了学生思想素养和人文素养。正确区分课程思政和思政课程两者不同的思政内容，目的在于避免走向专业课"思政化"和思想政治理论课"通识化"两个极端。前者的错误在于在专业课教学中过度强调思想政治教育内容，忽视专业课本身的特点和规律；而后者的错误在于扩大思想政治教育内容的通识性，降低政治性和意识形态性，导致思想政治理论课效果淡化甚至缺失。在正确区分两者思政内容的基础上，通过思政课程的普遍性内容和课程思政的特殊性内容相结合，可以对大学生思想政治教育进行全方位渗透，既有理论性强的思想政治教育，又有生动活泼喜闻乐见的专业课思政教育，这将大大增强高校育人合力，形成全方位育人格局。

（二）课程地位的不同

思政课程和课程思政两者课程具有不同地位。思政课程是大学生思想政治教育的主渠道，这是从课程角度而言；课堂教学是育人主渠道，这是从育人环节而言。课程处于中共教育部党组发布的《高校思想政治工作质量提升工程实施纲要》提出的"十大"育人体系，即课程、科研、实践、文化、网络、心理、管理、服务、资助、组织等之首，可见课程育人的重要性。两个"主渠道"具有不同的内涵。思政课程是一门具体的课程，它包括原理课、概论课、纲要课、思修课、形势与政策课。思政课作用不可替代，它肩负着培养社会主义建设者和接班人重任，它是社会主义国家对大学生进行思想政治教育的主渠道。课程思政作为一种教育理念，它贯穿于高校专业课、通识课、综合素养课等课程，要求所有课程承担起育人职责，并根据课程特点，因课制宜开展课程思政教学设计，做到"课程承载思政""思政寓于课程"，形成"课程门门有思政，教师人人讲育人"的浓厚氛围。课程思政是新时代教师素养的组成部分之一，是教师对课程内容、方法的重新发掘、梳理和认识，它和"因材施教""有教无类"一样都是教育理念，广泛存在于各门学科教学中，各位教师应当在实践中贯彻落实。教师挖掘课程所蕴含的思政元素的广度、深度以及融入课堂教学的效度，与教师自身的思想水平、业务能力密切相关。此外，课程思政不存在单独体系，无须和其他课程的课程思政相衔接。而思政课程是有完整体系的，高校 4+1 课程之间有一定的逻辑关系，大中小学思政课程教授内容侧重点不同，存在如何一体化建设、如何有效衔接问题。因此，作为一种教学理念，课程思政教师独立性、自主性较强，可以根据专业课程内容自由设计思政内容；思政课教师则需在规定的教材内容范围内开展思政教学活动，可自由发挥空间较小。此外，思政课程与课程思政在同向同行过程中定位也不同。思政课程在同向同行过程中发挥主导和引领作用，在整个课程思政建设过程中发挥总揽全局作用，保障课程思政建设朝着正确方向前进；而课程思政在同向同行过程中则处于协同配合地位，发挥思想价值引领作用，树立全课程育人理念，发挥各门课程的思想政治教育独特作用，形成思想政治教育共同体，共同推动大学生思想政治教育取得新突破。尽管课程思政和思政课程各自地位不同，发挥不同作用，但两者协调联动、同向同行，有助于形成"专人"思政教育走向"人人"思政教育的良好态势。

（三）课程特点和思想政治教育优势的不同

思政课程通过系统的马克思主义理论教育，灌输社会主义意识形态，引导学生积极拥护中国共产党领导，帮助学生树立正确的世界观、人生观、价值观。思政课程建设历经几个发展阶段，不同时期称谓不同、课程内容不同，课程作用也不同。从革命战争年代的"马列课""政治课"到现在的思想政治理论课，其经历了四个发展阶段，即"78 方案""85 方案""98 方案""05 方案"。"05 方案"规定了思政课课程设置、课程内容、课程实施要求和时间安排、教材编写、教学研究、教师培训、学科建设和工作领导等多方面内容，为高校思政课建设提供了具体遵循。"05方案"实施以来，本科高校已基本形成4门必修课+形势与政策课，专科学校2门必修课+形势与政策课格局。高校思政课课程体系、教材体系、师资队伍建设等逐步完善，课程教学效果凸显。思政课程属于显性课程，是高校学生必修课，它覆盖所有专业，面向所有学生，是大学生思想政治教育的主渠道，在立德树人过程中具有独特优势，因为它以马克思主义理论学科为支撑，借助马克思主义理论学科汲取丰富营养，获得理论支撑。思政课程在引导学生坚定马克思主义理论信仰，坚持中国特色社会主义道路自信、理论自信、制度自信、文化自信方面发挥积极作用，必须在实践中不断改进和加强，而不能淡化或削弱。课程思政涉及每门课程，它不是要新增几门思想教育类课程，不是在现有课程基础上增加学时、学分；它是对课程内容教学的重新整合与梳理，是对教师的新要求，而不是额外要求。课程思政作为一种教学理念，它坚持以马克思主义理论为指导，围绕立德树人目标，挖掘各门课程蕴含的思想政治教育资源，实现知识传授与价值引领的有机统一。课程思政通过挖掘专业课、通识课等课程隐含的思想政治教育资源，属于隐性德育，不同专业学生覆盖面不同，主要支撑学科是马克思主义理论学科以外的其他学科，思想政治教育优势与马克思主义理论学科不同，其思政教育内容主要是隐含在各专业背后的思政元素和思政资源，需要各专业教师深入挖掘、合理采纳、巧妙融入课堂教学中。因而在具体教学过程中，不同专业课程思政切入点丰富多样，可供选择的教学案例鲜活，具有增强学生积极性和吸引力的强大优势。总之，明确思政课程与课程思政的不同，可以避免课程思政建设走向专业课"思政化"误区，更好地发挥各自作用和优势，构建"育人共同体"，跨越两者间的鸿沟，实现思政课程与课程思政的"无缝对接"。

三、课程思政与思政课程同向同行

课程思政与思政课程同向同行是实现高校合力育人的必然选择。尽管两者在课程内容、课程地位、课程特点等方面存在不同，但并不影响两者结伴同行，形成良好育人局面。正确认识同向同行的内涵，把握两者间的辩证关系，有助于我们更好地把握课程思政要求，探索课程思政方法，从而"守好每一段渠、种好每一块田"，推动高校思想政治教育工作再上新台阶，构建思想政治教育大格局，形成高校思想政治教育浓厚的育人氛围，最终实现立德树人根本目标。

（一）"同向"的内涵

"同向"指坚持共同的政治方向，即以马克思主义为指导，坚持社会主义和共产主义，坚持四项基本原则。思政课程与课程思政同向解决的是两者努力方向问题，主要是在政治方向、育人方向、价值取向三个方面保持一致。第一，政治方向上，坚持马克思主义指导地位。思政课程与课程思政在政治方向上必须坚持以马克思主义为指导，把握正确方向，树立政治意识、大局意识、核心意识、看齐意识，自觉拥护党中央权威和集中统一领导，在大是大非面前始终与党中央保持一致。思政课程与课程思政两者相向而行，必须步调一致、遥相呼应，不能唱反调、相互拆台，而应相互配合、互相补台。坚持正确的政治方向，坚持马克思主义为指导，要引导学生坚定对中国特色社会主义道路、中国特色社会主义理论、中国特色社会主义制度和中国特色社会主义文化自信，增强大学生的国家认同、政治认同，树立为共产主义远大理想和中国特色社会主义共同理想而奋斗的信念和信心，自觉为实现中华民族伟大复兴的中国梦而矢志不渝奋斗。第二，育人方向上，坚持立德树人为根本目标。课程思政与思政课程最终目标在于育人，在育人方向上具有一致性。坚持立德树人，是解决"如何培养人，为谁培养人，怎样培养人"问题。思政课程通过马克思主义理论教育、中国特色社会主义理论教育、习近平新时代中国特色社会主义思想教育，帮助学生坚定政治信仰和政治立场，树立正确的世界观、人生观和价值观，培育良好德行和健康心理。课程思政结合专业实际，引导学生学好专业本领、掌握专业技能，培育学生独立思考能力、动手操作能力、创新创造能力，涵养科学精神与人文精神，培养德智体美劳全面发展的人才。思政课程与课程思政同向实现"立德"与"树人""育人"与"育才"相统一。第三，价值取向上，坚持社会主义核心价值观。课程思政与思政课程同向还包括价值取向，即坚持社会主义核心价值观。习近平总书记指出："人类社会发展的历史表明，对一个民族、一个国家来说，最持久、最深层的力量是全社会共同认可的核心价值观。核心价值观，承载着一个民族、一个国家的精神追求，体现着一个社会评判是非曲直的价值标准。"① 坚持培育和弘扬社会主义核心价值观，是高校所有教育工作者的职责，无论是思政课程教师还是其他通识课、专业课教师，都应把社会主义核心价值观贯穿教学育人全过程，对学生进行价值引领，树立正确的价值目标，养成良好的行为规范，做到以文化人、以德育人，引导学生争做社会主义核心价值观的坚定信仰者、积极传播者和模范践行者。思政课程与课程思政"同向"是"同行"的前提和基础，只有解决了"同向"问题，明确努力的方向，才能更好地并肩同行、步调一致、齐头并进地做好大学生思想政治教育工作。

（二）"同行"的内涵

思政课程与课程思政"同行"，指两者步调一致、结伴而行、实现协同育人。"这个'行'就是进行思想政治教育。各类课程与思想政治理论课同向同行，就是要发挥好各类课程的思想政治教育作用。"② 两者同行的内涵主要体现为教育功能互补、教育方式互促、教育资源共享。第一，教育功能互补。思政课的思想政治教育功能和课程思政的思想政治教育功能是存在区别的，它们属于两套不同的课程体系，具有各自的功能和边界，思政课是大学生思想政治教育的主渠道，而各门课程教学是思想政治教育的主阵地。因

---

① 《习近平谈治国理政》第一卷，外文出版社2018年版，第168页。
② 石书臣：《同向同行：高校思想政治教育协同创新的课程着力点》，《思想理论教育》2017年第7期。

此，在正确区分思政课程体系与课程思政体系的基础上，构建以思政课程体系为核心，课程思政体系为补充的大学生思想政治教育课程体系，防止走向思政课程"通识化"和专业课程"思政化"两种极端。首先要制定思政课程体系，明确课程职责与任务，厘清课程内容与范围；其次，在认真研究思政课程体系基础上，各专业课程结合本专业实际，探索本学科课程思政建设方案，为思政课程进行有益补充、提供丰富营养。第二，教育方式互促。思政课程促进课程思政发展，同样课程思政也促进思政课程的建设。两者在教育方式上是相互促进的。思政课程属于显性教育，具有明确的教育目标与内容，对学生进行系统的马克思主义理论教育，帮助学生形成正确的政治方向、坚定政治立场、提升政治素养，做一名合格的社会主义建设者和接班人；课程思政属于隐性教育，各专业课程未有统一的思政教育内容，主要通过挖掘各门课程隐含的思政元素，融入日常专业课教学，潜移默化地影响学生的思想、情感、心理、行为。思政课程的显性教育方式容易受到抵触，效果不佳，而课程思政的隐性教育方式深受学生喜爱，产生积极效果。因此，两者在教育方式尽管存在差异，但能够互相促进，思政课教学可以从课程思政的多学科视野汲取丰富营养，借鉴其渗透潜隐教育方式，以促进大学生思想政治教育目标的达成。同样，课程思政也可以借鉴思政课程的方法，在某些场合时机旗帜鲜明地进行思政教育。第三，教育资源共享。共享是新发展理念之一，在互联网时代，教育资源共享是普遍态势。倡导思政课程与课程思政教育资源共享，可以打破资源壁垒，消除资源孤岛现象，实现各种资源间的互通有无，提升资源利用率与使用价值。思政课程与课程思政同行过程中共享教育资源，才能为同行助力，从而实现育人目标。两者共享的资源包含学生思想观念资源、课程建设资源、教学方式方法资源等，在共享过程中增强交流与碰撞，通过多样化、多途径利用资源，最大限度发挥资源服务大学生思想政治教育的作用，从而提升思想政治教育效果，实现立德树人目标。

（三）正确处理同向同行的辩证关系

方向错误，前行过程可能走错路、走弯路，甚至走邪路。"同向"是"同行"的基础和前提，只有方向正确，才能保证"同行"沿着正确道路前进。虽然思政课程与课程思政同向而行，但两者的地位是不同的。思政课在同向同行中发挥引领和示范作用。所谓引领，即政治方向的引领，思政课程通过正确把握国内外大势，关注国家最新方针政策，引领课程思政建设沿着正确方向前行，发挥"排头兵""领头雁""总舵手"角色，减少前行中的失误与挫折，保障课程思政建设有序开展。所谓示范作用，即思政课程在教材设计与规划、课程资源的挖掘与利用、具体思政原理的运用与阐释等方面为课程思政提供正确示范，指导并帮助课程思政开发思政资源、合理设计教学内容、巧妙融入思政元素，为提升育人效果提供支持与帮助。思政课程与课程思政坚持同向同行要求，不仅可以保证两者坚持共同的育人方向，而且可以在"同行"过程中相互支持、协同并进。思政课程与课程思政要全面贯彻同向同行的要求，"不能同向不同行，更不能同行不同向。而且，同向同行主要是在办学本质和育人目标上的同向同行，并不是要把各门课程都变成思想政治教育课程"[1]。因此，要正确处理同向同行的关系，在认清方向、明确目标与要求、把握大局的基础上，在实践中付诸行动，落实"同行"要求，做到"同向"指导下的有序"同行"，"同行"基础上检验"同向"正确与否，形成同向同行的联动效应，做到知行合一、以知促行、以行促知，构筑高校思想政治教育新格局。思政课程与其他课程能否同向同行决定立德树人目标的能够实现，若两者步调一致，同向发力，则能达到事半功倍的效果，否则教育的效果大打折扣。因此，各类课程与思政课程协同发力，同向同行才能保证全面落实立德树人根本任务。

---

[1] 石书臣：《同向同行：高校思想政治教育协同创新的课程着力点》，《思想理论教育》2017 年第 7 期。

第二节　课程思政与思政课程协同发展的
现实依据和理论逻辑

高校是党的意识形态工作的前沿阵地，是培养人才的重要基地，高校所有课程都有育人的功能与职责。习近平总书记提出"各类课程与思想政治理论课同向同行"的要求，是全面提升思想政治教育质量、落实立德树人根本任务的有效举措。新时期思政课程与课程思政协同发展具有一定的现实依据，基于全面剖析高校思想政治教育现状而提出，同时以马克思主义教育思想、思想政治教育理论前沿为指导，具有一定的理论逻辑。系统分析思政课程与课程思政协同发展的现实依据和理论逻辑，能更好地实现课程思政要求，转变育人理念，确保全员、全过程、全方位育人，提升高校思想政治工作质量与水平。

一、课程思政与思政课程协同发展的现实依据

课程思政与思政课程协同发展，是对当前我国面临的国际国内环境的有力回应，是顺应新时代发展要求的必然选择，是适应思政教育环境和教育要素改变的现实需要，是契合高校教育理念变革的本质要求，符合高校思想政治教育理论体系及实践方式的变革需求，通过课程思政与思政课程协同发展，最终实现全员、全程、全方位育人目标。

（一）顺应新时代发展要求的必然选择

党的十九大报告指出："经过长期努力，中国特色社会主义进入了新时代，这是我国发展新的历史方位。"① 新时代、新征程、新使命，高等学校

① 《习近平谈治国理政》第三卷，外文出版社 2020 年版，第 8 页。

承担着为党育人、为国育才的重大使命。课程思政理念的提出，思政课程与课程思政协同发展是顺应新时代发展要求的必然选择。第一，是应对百年未有之大变局的需要。通过对世界大势的敏锐洞察和深刻分析，习近平总书记指出当前世界处于百年未有之大变局。世界形势波诡云谲、变幻莫测。我国正处于百年未有之大变局和百年大发展的历史性交汇期，要巧妙抓住机遇、沉着应对挑战，彰显大国的责任与担当，为构建人类命运共同体贡献中国智慧与中国力量。高校贯彻落实课程思政可以帮助学生坚定"四个自信"，做到"四个正确认识"，树立大局意识，胸怀国际视野，争做中国特色社会主义事业的坚定信仰者、积极传播者和忠实践行者。第二，是凝聚全面建设社会主义现代化国家、实现中华民族伟大复兴力量的现实需要。高校肩负培养社会主义建设者和接班人重任，当代青年是国家的希望、民族的未来，实现第二个百年奋斗目标、实现中华民族伟大复兴需要一代代青年接续努力，不断奋斗。思政课程与课程思政协同发展，通过挖掘各门课程的思政元素，有利于激发学生的爱国热情、厚植学生的爱国情怀，帮助学生正确认识自身使命与时代责任，自觉把个人理想追求融入实现中国梦的伟大实践中。第三，是新时代培养复合型人才的迫切需求。随着中国国际地位的不断提升，中国在国际舞台上扮演着越来越重要的角色，发挥着比以往更大的作用，这对人才培养提出了更高要求。因此新时代要提升人才培养的国际化水平，运用新理念、新思路，培养具有国际性眼光、创新思维、战略性思维的复合型人才。高校立德树人，不仅要讲政治、讲信仰，也要讲能力、讲智慧，要求德才兼备。课程思政理念的提出，可以对思政课程形成有益补充，培养学生综合能力，实现高校合力育人、全员育人、全过程育人。

（二）适应思想政治教育环境和教育要素改变的现实需要

纵观中国共产党成立以来的百年光辉历程，党的思想政治教育环境发生了巨大变化。新中国成立以后，尤其是改革开放以来，我国面貌发生了历史性改变，从积贫积弱到如今成为世界第二大经济体，我国政治、经济、文化、社会等各领域发生了根本性改变，综合国力不断增强，实现了从站起来、富起来到强起来的伟大飞跃。然而伴随着社会的快速发展，思想政治教育环境也发生了改变。简单的外部环境有利于思想政治教育灌输，反之，复杂多变、不确定因素多的外部环境则增添了思想政治教育的难度与阻力。革命战争年代社会环境比较单一，国际国内之间的交流、社会内部流动性、交流性较少，人们思想观念比较单纯，简单直接的思想政治教育方式效果较明显。改革开放以来，随着国内外交流增多，各国文化交流、交融、交锋日益频繁，本土文化与外来文化、主流文化与非主流文化之间、同质文化与异质文化之间的碰撞与冲突增多，一定程度上影响了教育对象的思想，增加了思想政治教育的难度。因此，感觉当前高校学生"越来越难教"，仅靠思想政治理论课难以解决大学生思想困惑、价值观错位、意识形态矛盾等问题。思政课程与课程思政协同发展，调动专业课、通识课教师参与育人，实现高校教师队伍合力育人，是适应当前教育环境改变而采取的有力措施。

思想政治教育要素诸如教育者、受教育者、教育实践手段等的改变要求思政课程与课程思政协同发展。21世纪是知识经济时代，伴随科学技术的飞速发展，知识迭代速度加快，不少思政课教师难免感到"知识恐慌"和"本领危机"，而"办好思想政治理论课关键在教师"。思想政治理论课作为思想政治教育的主渠道，在主流文化占据主导地位的年代，思政课教师具有绝对的权威，但是如今教育者的权威受到挑战，靠思政课教师课堂上的单枪匹马作战已经无法满足时代需求。因此现实情况呼吁其他教师参与育人，要求挖掘其他课程的育人元素，共同做好立德树人工作。思政课程与课程思政协同发展，可以从整体和宏观上把握思想政治教育，扩大思想政治教育的辐射范围，实现思想政治教育的全方位、立体化。高校通过发挥思政课程核心引领作用、通识课程的人文精神涵养和专业课程思政元素的挖掘，打造全方位思政育人格局。

受教育者的改变表现为一方面自我意识逐渐觉醒，对传统的思政教育模式容易产生抵触心理，质疑教育内容的科学性与正当性，对教育内容接受度、认可度下降；另一方面由于互联网时代影响，西方敌对势力利用网络向我国高校学生输出错误价值观念、侵蚀大学生精神世界、毒害大学生心灵，给高校思想政治教育带来巨大挑战。因此，实施课程思政是深入挖掘各门课程思政元素，把思政课的显性思政与课程思政的隐性思政相结合，牢牢把握大学生思想政治教育阵地，实现大学生思想政治教育全方位、渗透式覆盖的关键举措。

（三）契合高校教育理念变革的本质要求

近代以来，随着教育科学技术的快速发展，学科分化成为主流，学科与专业分化越来越细。例如，在自然科学领域，从物理学中分化出力学、电磁学、热力学等；化学分化为有机化学、无机化学、生物化学、物理化学、分析化学等分支学科；心理学分化为社会心理学、认知心理学、发展心理学等多个分支学科。学科分化的结果是自然科学和人文科学之间鸿沟变得越来越大，两者间对话变得更加艰难。高校受工具理性思维的影响，对于学科分化存在错误理解，忽视了教育整体目标，长期以来存在错误认知，即认为思想政治教育是思政课教师的职责，与专业课无关。随着人类认识的不断深化，学科之间的交流日益频繁，跨学科对话、交叉学科的兴起逐渐改变了这一错误观念，学科分化逐渐走向学科整合。思政课程与课程思政协同发展是顺应学科整合大势所趋，是充分挖掘各门课程思政教育元素，发挥高校联合育人的有力举措，把思想政治教育融入大学生学习各个环节，实现知识传授、技能学习和价值引领的有机统一。

此外，课程思政与思政课程协同发展也是高校重视隐性教育理念的体现。随着社会的发展，思想政治教育面临的教育环境更加多变，教育对象更加复杂，新情况新问题层出不穷，单靠思政课已经无法适应当前思想政治教育需求，无法完成立德树人目标。育人工作的复杂性和艰巨性决定了仅凭思政课难以完成使命，它应当是高校所有课程共同承担的职责。实现立德树人目标需要高校各门课程、各项学生活动综合培育。思政课程通过系统开展马克思主义理论教育教学，发挥示范引领作用；通识课等综合素养课程则在培育学生综合素养方面发挥渗透作用；专业课程则通过挖掘思政元素，进一步深化和拓展思政教育内容。因此，高校思想政治教育教学不仅要发挥思想政治理论课显性思政的作用，同时要挖掘各门课程的思政元素，发挥隐性思政的价值，达到课程思政"春风化雨，润物无声"的效果，形成思政课程与课程思政、显性教育与隐性教育的有机统一，使社会主义核心价值观"进课程、进课堂、进头脑"。

（四）符合高校思想政治教育理论体系及实践方式的变革需求

一直以来，高校把思想政治理论课作为高校思想政治工作的主战场，对于做好高校思想政治工作发挥了重要作用。但根据马克思主义关于"人的自由全面发展"理论，教育的本质在于培养全面发展的人才。思想政治理论课的"主战场"容易变成唯一战场，容易忽视其他课程的育人作用与价值，导致思想政治理论课与专业课教学"两张皮"现象。思想政治理论课作为大学生思想政治教育的主渠道，通过对学生进行主流意识形态的灌输与教育，形成主流价值观念。课程思政通过激发各类课程的思政元素，以隐性方式渗透主流价值观，将做人做事的道理、社会主义核心价值观以及中华优秀传统文化等以润物细无声方式传授给学生，学生悄无声息接受思想政治教育。因此，通过开展课程思政活动，坚持课程思政与思政课程同向同行、协同发展，可以破解思政课程育人的"孤岛效应"，充分发挥其他课程的作用与价值，构建思想政治理论课、综合素养课和专业课三位一体的高校思想政治教育课程体系，使高校各类课程实现育人协调同步、相得益彰、同频共振。

此外，传统的思政课教学往往重理论轻实践，习惯面向学生讲大道理、宏观叙事，而忽视实践能力的培养。课程目标应是知识传授、技能提升与价值引领的有机统一。因此，贯彻落实课程思政理念可以弥补传统思想政治理论课教学方式的不足，挖掘出课堂教学以外的其他育人元素，发挥其育人功能。除思政课程以外，高校其他各类课程均能挖掘思政元素，进行课程思政建设。正如教育部等八部门联合印发的《关于加快构建高校思想政治工作体系的意见》指出，哲学社会科学类专业要掌握马克思主义世界观和方法论，经济学、管理学、法学类专业要培育学生经世济民、诚信服务等职业素养，还有诸如理学、工学类、农学类、医学类等课程思政元素的挖掘、提取与凝练，要在专业课知识的传授过程中进行理想信念、人文价值、科学精神的培育。因此，倡导课程思政与思政课程协同发展，不仅可以创新思想政治理论课教学实践方式，也能调动其他课程参与育人实践，构筑大学生思想政治教育育人体系，实现立德树人目标。

二、课程思政与思政课程协同发展的理论逻辑

课程思政与思政课程协同发展，不仅是顺应新时代发展要求，构建思政教育大格局的现实需求，同时具有深厚的理论逻辑。马克思主义教育思想和人的全面发展理论、当代教育理论前沿发展方向、显性教育和隐性教育的辩证统一、思想政治教育供给侧结构性改革要求是思政课程与课程思政协同发展的理论遵循。

（一）马克思主义教育思想和人的全面发展理论

经典马克思主义蕴含丰富的教育思想。新时代思政课程与课程思政协同发展遵循了马克思主义教育思想，尤其是马克思主义关于人的自由全面发展的理论。第一，人与环境、教育的关系。马克思在《关于费尔巴哈的提纲》中批判了费尔巴哈环境决定论。马克思指出，环境是由人改变的，最终起决定作用的是实践。"环境是由人来改变的，而教育者本人一定是受教育的"，"环境的改变和人的活动或自我改变的一致，只能被看做是并合理地理解为革命的实践"。① 马克思关于人、环境、教育三者关系的论述为思政课程与

① 《马克思恩格斯选集》第1卷，人民出版社2012年版，第134页。

课程思政协同发展提供遵循。高校实现立德树人目标需要高校全体教育工作者、思想政治理论课、其他课程协同作用，形成全员、全方位、全过程育人思政大格局。第二，人的自由全面发展理论。"实现人的自由全面发展"是马克思主义教育理论的核心要义。马克思最初在《1844 年经济学哲学手稿》分析了劳动与人的全面发展的关系，随后在《德意志意识形态》中进一步阐述了社会分工对人的异化的影响。马克思、恩格斯在《共产党宣言》中把人的全面发展定义为共产主义社会的基本原则，指出："代替那存在着阶级和阶级对立的资产阶级旧社会的，将是这样一个联合体，在那里，每个人的自由发展是一切人的自由发展的条件。"① 人的自由全面发展是人类孜孜不倦的追求，是人类发展的理想境界。我国的教育目的在于培养德智体美劳全面发展的社会主义建设者和接班人，是马克思人的自由全面发展理论的具体体现。思政课程与课程思政协同发展，可以打破专业课教师只教书不育人的局面，实现高校课程知识传授与价值引领的有机统一，实现价值理性与工具理性的统一，促进人的自由全面发展。第三，思政课程与课程思政协同发展体现了习近平总书记对马克思主义教育思想的继承和发展。课程思政是落实习近平总书记"各类课程与思想政治理论课同向同行，形成协同效应"的积极回应。思政课程与课程思政的共同目标均为"立德树人"，这是习近平总书记在新时代继承和发展马克思主义教育思想，遵循马克思主义关于人的自由全面发展思想提出的新论断。"人民对美好生活的向往，就是我们的奋斗目标"。进入新时代，随着人民生活水平的提高，人民追求更优质的教育，憧憬更美好的未来。培养什么人、怎样培养人、为谁培养人这是新时代中国特色社会主义教育事业要明确的首要问题。思政课程与课程思政协同发展是实现立德树人目标的有效途径。高校教育的重点在于培养与提高学生的思想道德素质，帮助学生牢固树立社会主义共同理想和共产主义远大理想，全面提升学生综合素质，创造健康良好的社会氛围，实现个人与社会的

---

① 《马克思恩格斯选集》第 1 卷，人民出版社 2012 年版，第 422 页。

共同发展，个体价值与社会价值的有机统一。

（二）当代教育理论前沿发展方向

首先，从课程本身价值取向角度而言，思政课程与课程思政协同发展体现了课程的思政取向。课程既可以指具体的每一门课程，也可以指学科知识传递的课程系列。因此，课程的价值取向，不仅指每一门课程内在的价值意蕴，而且反映在课程结构化选择的倾向中。"课程"是教育的支撑载体，"思政"是教育的基本要求。课程不仅仅传授知识与技能，也承载着一定的思政功能。"课程思政"是在新时代条件下对课程价值取向的一种新定位。①因此，当前课程在坚持立德树人目标的前提下，将国家主流意识形态、价值导向通过课程思政的方式融入所有课程中，让课程的思政价值取向逐渐清晰化、体系化，以培养社会主义事业的建设者和接班人。其次，从教育目的而言，思政课程与课程思政协同发展符合教育目的辩证统一论，即教育目的确定应当把社会需要与个人发展需要辩证统一起来，既要依据社会需要，又要依据个人身心发展需要，使教育目的既体现社会目的又体现个人目的。因此，通过实施课程思政，可以激发除思政课程之外其他课程的思政育人元素，不仅有助于提升个人素质，同样也能培养社会所需人才和培育社会需要的合格公民。最后，从建构主义学习理论而言，课程思政与思政课程协同发展符合建构主义理论要求。建构主义认为，知识不是通过教师传授获得的，而是学习者通过他人（教师和学习伙伴）等帮助，在一定的社会情境中，利用学习资料，通过意义建构而得。建构主义理论倡导教师指导下以学习者为中心的学习，即在学习过程中，不仅发挥教师的指导作用，同时强调学习者的主体地位，激发学习者的主观能动性，自主建构知识，教师在学习过程中充当指导者、帮助者角色，而非知识的传授者和灌输者。思政课程与课程思政协同发展符合建构主义理论要求，以立德树人为

---

① 杨建义：《课程若干要素的思政逻辑探析》，《教育评论》2020 年第 10 期。

根本目标，以学生为学习认知主体，通过各门课程全方面灌输思政元素，包括科学精神、人文知识、价值观念、文化素养等，为学生建构知识营造良好的认知环境，从而习得专业所学知识，养成良好道德品质，争做时代新人。

（三）显性教育和隐性教育的辩证统一

显性教育是以直接、明了方式传授教育内容，而隐性教育是相对于显性教育而言的，以隐蔽、潜隐、渗透、潜移默化的方式开展教育。两者是辩证统一的，显性教育离不开隐性教育的衬托，同样，隐性教育离不开显性教育的铺垫。习近平总书记强调："要坚持显性教育和隐性教育相统一，挖掘其他课程和教学方式中蕴含的思想政治教育资源，实现全员全程全方位育人。"① 无论是显性思想政治教育还是隐性思想政治教育，二者均属于思想政治教育范畴。显性思想政治教育内容主要指国家规定的思想政治理论课程，包括"马克思主义基本原理""毛泽东思想和中国特色社会主义理论体系概论""中国近代史纲要""思想道德修养与法律基础""形势与政策"等课程组成的思想政治理论课程体系，"以专门性、系统性、集中化的育人课程，通过课堂渠道的'显性'方式，对学生施加有目的、有计划、有组织的影响，达到思想观念、政治观点、道德规范的灌输与教化"②。思想政治课程内容涵盖了思想教育、政治教育、道德教育、心理教育等。长期以来我国主要利用思想政治理论课开展显性思想政治教育。因此，思政课程属于显性思政教育，课程思政则属于隐性思政教育，两者均具有思想政治教育功能。思政课程作为大学生必修课，通过旗帜鲜明地灌输社会主义意识形态，教育引导学生养成社会所需的思想观念、政治观点和道德规范，做社会主义的合格建设者和可靠接班人，属于显性思想政治教育范畴。高校思政课程由

---

① 《习近平谈治国理政》第三卷，外文出版社 2020 年版，第 331 页。
② 巩茹敏、林铁松：《课程思政：隐性思想政治教育的新形态》，《教学与研究》2019 年第 6 期。

于重视程度不够、师资力量有限、学校硬件设施受限等原因往往采取"大水漫灌"大班授课方式，面对众多来自不同专业背景的教育对象，思政课教师的教学方法、途径、方式、教学设计等难以兼顾学生需求，通常采取简单直接灌输方式，导致教学内容泛政治化、目标过高，学生容易产生逆反心理，内心抵触思政课，导致思政课出勤率、抬头率、点头率不高，思政课效果大打折扣。根据习近平总书记"显性教育与隐性教育"相统一要求，高校在坚持思想政治理论课教育基础上，应当挖掘隐性思想政治教育资源，逐步开发潜在的价值。而课程思政巧妙融入思政教育元素，具有隐蔽性，不易被教育对象察觉，降低了教育对象的警惕与抵触心理。例如，科学精神、时代文化、人文精神、家国情怀等隐性思想政治教育内容，通过采用"迂回曲折""渗透""潜隐"的方式，在教学内容上"隐"去意识形态性强的思想政治教育内容，在教学方式上采用"精准滴灌"模式，寓价值引领内容于专业课教学中，让学生悄无声息地接受思想政治教育，就像盐溶于水一样，达到润物细无声的效果。

（四）思想政治教育供给侧结构性改革要求

2015年11月10日，习近平总书记在中央财经领导小组第十一次会议上首次提出加强"供给侧结构性改革"，随后引发社会各界的广泛关注。"供给侧"理论逐渐向各领域拓展。它是我国国家治理思路的改变，从关注"需求侧"转向"供给侧"。在以往经济发展过程中，过度关注需求侧，造成资源浪费和产能过剩。为解决这一问题，国家提出供给侧结构性改革，把发展经济的关注点转移到提高供给的质量，以供给来增强经济持续发展的动力，从而提高市场供给的有效性，使我国的产业结构能够更好地满足人们多样化的需求，最终实现市场供给与需求的动态平衡。供给侧结构性改革理论起初是为解决经济领域供给与需求问题而提出，但随着社会经济的发展，其他领域的供给与需求矛盾问题凸显。作为一种全新的发展模式，同样适用于思想政治教育领域。随着思想政治教育面临的外部环境、教育内容、教育对象的改变，无论是从国家角度还是学生角度而言，都需要改革思想政治教育供给，为教育对象提供更优质的教学内容，满足教育对象多样化需求。供给侧结构性改革有助于解决思想政治教育供给与需求矛盾，从而提高思想政治教育的实效性。因此，以供给侧结构性改革的科学思维来分析思政课程与课程思政问题是可行的，也是必要的。第一，从供给主体而言，发挥思政教师与其他专业教师合力育人作用。高校思想政治教育是一项系统复杂工程，育人目标的达成涉及高校所有教师、各类课程。打破思政教师育人的"孤岛效应"，需要发挥其他各门课程教师作用，改变专业课教师理念，积极号召他们加入育人实践活动。第二，从供给内容而言，可以丰富思想政治理论课教学内容与挖掘其他课程思政元素。新时代大学生思想多元、个性明显、需求多样化，对于教学内容不仅限于书本所言，而需全方位、多角度来阐述教学内容，尤其是专业课教师要结合专业课特点，深挖潜隐在专业课内容背后的思政元素，丰富育人内容，深化育人效果，帮助学生树立正确的世界观、人生观、价值观。第三，从供给方式而言，转变单一供给为多元供给。"供给侧是相对于需求侧来说的，供给与需求是一对同时存在的关系，供给能创造需求，需求也能倒逼供给，二者如同一枚硬币的两面，相互配合又相互统一。"① 传统高校课程育人只注重思想政治理论课作用，而忽视高校其他课程的育人价值。思政课程与课程思政协同发展，协同并进，改变了传统思想政治教育单一供给模式，调动了其他课程参与育人作用，发挥群策群力效应。通过丰富思想政治教育内容供给，满足学生多样化需求，从而激发学生更高层次的需求，再次倒逼思想政治教育供给改革，形成供给—需求满足—更高层级供给—更高层次需求满足的良性循环，逐步提升思想政治教育实效，增强思想政治育人效果。

---

① 梁茵：《供给侧改革视角下高校思想政治理论教育的内容选择与结构优化》，《连云港职业技术学院学报》2019 年第 9 期。

第三节　全面把握课程思政与思政课程同向同行的关系

习近平总书记指出："要用好课堂教学这个主渠道，思想政治理论课要坚持在改进中加强，提升思想政治教育亲和力和针对性，满足学生成长发展需求和期待，其他各门课都要守好一段渠、种好责任田，使各类课程与思想政治理论课同向同行，形成协同效应。"① 思想政治理论课发挥主渠道作用，各类课程守好责任田，课程思政与思政课程同向同行、协同发展，实现同频共振，发挥铸魂育人的作用，是高校实现立德树人根本任务的关键。

一、思政课程支撑课程思政

高校思想政治理论课作为大学生思想政治教育的主渠道，是落实立德树人根本任务的关键课程。思想政治理论课的发展和建设、教学方法的改革和探索、教学成果的积淀和呈现，能够为各类课程提供教学方向、教学内容、教学形式和教师素质提升方面的引领和指导；能够帮助其他各门课程挖掘蕴含思想政治教育元素，指导专业课程教师准确把握思想政治教育的方向和知识体系，推动课程思政的建设，构筑高校立德树人大格局。

（一）思政课程坚守的政治方向为课程思政提供教学方向指引

习近平总书记强调："办好我们的高校，必须坚持以马克思主义为指导，全面贯彻党的教育方针。"② 教学方向是解决培养什么人、怎样培养人、

---

① 《习近平谈治国理政》第二卷，外文出版社 2017 年版，第 378 页。
② 《习近平谈治国理政》第二卷，外文出版社 2017 年版，第 377 页。

为谁培养人的问题，无论是思政课程还是其他各类课程的思政建设都需要围绕国家和区域发展需求，牢固确立人才培养的中心地位，将思想政治工作体系贯穿其中。思想政治理论课以马克思列宁主义、毛泽东思想、邓小平理论、"三个代表"重要思想、科学发展观、习近平新时代中国特色社会主义思想为指导，以马克思主义立场观点和方法在学生中系统讲授马克思主义理论，讲清讲透习近平新时代中国特色社会主义思想，打牢学生成长成才的科学思想基础，实现对大学生正确世界观、人生观、价值观的引领，是落实立德树人根本任务的关键课程，是巩固马克思主义在高校意识形态领域指导地位、坚持社会主义办学方向的重要阵地，具有明确的政治引领价值。高校思想政治理论课在政治立场、政治方向、政治原则、政治道路上同以习近平同志为核心的党中央始终保持高度一致，坚定不移维护党中央权威和集中统一领导，全面推动习近平新时代中国特色社会主义思想进教材、进课堂、进学生头脑，帮助学生增强"四个意识"，坚定"四个自信"，做到"两个维护"，实现培养德智体美劳全面发展的中国特色社会主义合格建设者和可靠接班人。思想政治理论课之外的其他各类课程作为坚持社会主义办学方向下的高校中开设的讲授专业知识和实践技能的课程，始终离不开立德树人、育人育才，为社会主义培养合格建设者和可靠接班人的主题。高校需要坚持用中国特色社会主义理论体系来指导专业课程的教学，需要用思想政治理论课中所讲述的马克思主义的立场观点和方法来指导教学实践活动。因此，思想政治理论课中所坚持的政治方向，所蕴含的教育理论和方针，能够为其他课程在教学实践中开展思想政治理论教育提供教学方向指导和政治引领。

（二）思政课程的理论体系为课程思政提供思政元素挖掘的指导

高校系统地开设了思想政治理论课程，通过"马克思主义基本原理概论"课程讲授马克思主义的世界观和方法论，阐明人民的观点，阐明一切从实际出发，理论联系实际，实事求是，在实践中检验真理、发展真理的理论品质，阐明社会发展规律和共产主义的崇高理想；通过"毛泽东思想和中国特色社会主义理论体系概论"课程讲授中国共产党把马克思主义基本原理与中国具体实际相结合的历史进程，讲明马克思主义中国化时代化最新理论成果，指导学生自觉投身中国特色社会主义事业并作出贡献；"中国近现代史纲要"则从历史教育的角度，用马克思主义唯物史观讲明中国近现代史上的重大事件、人物，引导学生树立正确的世界观、人生观、价值观和科学的历史观；"思想道德修养与法律基础"课程则从社会主义道德教育和法制教育角度，引导学生认识自我、认识环境、认识时代特征，追求人生的最高境界。"形势与政策"课程则针对学生关注的热点问题和思想特点，讲清时事政治，引导学生全面、准确、及时地理解党的路线、方针和政策。由此可见，思想政治理论课涉及马克思主义哲学、政治经济学、科学社会主义，涉及经济、政治、文化、社会、生态文明和党的建设，涉及改革发展稳定、内政外交国防、治党治国治军，涉及党史、新中国史、改革开放史、社会主义发展史，涉及世界史、国际共运史，涉及世情、国情、党情、民情等，全方位地呈现了马克思主义理论以及最新理论成果，通过多角度、多课程的方式，实现理论与实际的有机结合，体现了思想政治教育的思想性、理论性和针对性，这些都为其他各类课程开展思想育人，挖掘专业知识和技能讲授过程中挖掘育人的教育价值和育人元素提供了指导，其他各类课程可以从思想政治理论课所教授的知识系统中，探索与学科相关的课程思政元素，有机融入课程教学，达到润物无声的育人效果。

（三）思政课程教学方式方法的改革创新为课程思政教学提供借鉴

面对党的创新理论成果的发展，面对中国特色社会主义事业的创造性推进，面对日新月异和世界的深刻变化，面对培养担当民族复兴大任时代新人的战略要求，思想政治理论课不断探索着创新之路，大力进行教学改革，创新教学方法，提升课堂教学效果，推进思想政治理论课质量提升工程，不断增强思想政治理论课实效性、针对性和亲和力，增强大学生思想政治课的获得感。一方面，思想政治理论课充分尊重学生主体性。思想政治理论课积极开展理论供给与学生个人需求相结合的契合点，围绕着学生、服务学生，聚焦学生所思、所想、所盼、所求，以学生主体性作用发挥为主线，以问题导向为思路，将理论讲授与学生的个人需求合拍，尊重学生、理解学生、信任学生、激励学生，让大学生既当"听众"又当"主角"，改变以往"大水漫灌"的授课方式，通过与学生关心的热点和关注的焦点相结合，由近及远、由表及里、由浅入深地将学理性、政治性的内容讲透彻，能够结合学生思想发展特点具有说服力，激发学生的情感共鸣，实现知、情、意、行的统一，叫人口服心服，最终实现对学生的政治思想引领。另一方面，思想政治理论课积极探索多样的教学方法。思想政治理论课创新运用启发式、参与式、互动式、案例式、问题式等教学方式，运用图像、音频、视频等信息技术，利用慕课、微课、翻转课堂等，让学生潜移默化地接受教授内容，实现理论教育和引领的入脑入心。例如，通过谈话、讲授和沙龙活动相结合的方式，引导学生对党史、新中国史增强了解，自觉接受红色传统教育，不断巩固理想信念；通过引导学生学习国家勋章和国家荣誉称号获得者等模范人物的先进事迹，讲好党的故事、革命的故事、根据地的故事、英雄和烈士的故事；通过将思想政治理论课教学引入工厂车间、社区、军营、田间地头、弄堂小院等，让学生在最基层、最一线的地方了解社情、国情和党情，增强学生的社会责任感和担当意识。因此，思想政治理论课已经通过积极的探索，摸索出了大批量有效的学生思想政治教育的方法和路径，而且也已经取得了不错的成绩，思想政治理论课堂的抬头率、点头率、好评率和回头率在不断提高，高校其他各类课程开展思想政治教育完全可以从现有的思想政治理论课程中已经积累的实践教学方法和经验中吸取养分，进行迁移借鉴，实现课程思政实效性的提升和突破。

（四）高素质的思政教师为课程思政教师提供德育意识和能力提升示范

"经师易求，人师难得。"教师承载着传播知识、传播思想、传播真理，塑造灵魂、塑造生命、塑造新人的时代重任。近年来，高校思想政治教师队伍乐教善教、潜心育人，教师队伍规模和素质稳步提升，这为课程思政教师开展思想政治引领提供了示范效应。一方面，思想政治理论课教师具有较高的德育意识。思想政治理论课教师具有较高的政治意识、政治素养，满怀着对马克思主义、社会主义和共产主义的信念，能够自觉用习近平新时代中国特色社会主义思想武装头脑，在大是大非面前能够保持政治清醒，能够严格遵守政治纪律和政治规矩，有家国情怀，心里装着国家和民族，能够关注时代、关注社会，能够在培养学生的教学活动中倾注情怀，自觉弘扬主旋律，积极传递正能量，能够让学生感受到教师对国家的爱、对党和人民的热爱，对教育的爱，对学生的爱，能够将思想政治理论课上得有滋有味，引导学生立德成人、立志成才。另一方面，思想政治理论课教师具有思想引领的理论和能力优势。高校思想政治理论课教师具备深厚的马克思主义理论专业知识基础，熟知党的理论、路线、方针和政策，熟悉马克思主义中国化时代化最新成果，理论思维能力和政治理论水平不断提升，用高尚的人格感染学生、赢得学生，用真理的力量感召学生，以深厚的理论功底赢得学生，具有系统的思想政治理论宣传和教育的经验，不断掌握了创新的课堂教学方法，能够熟练地运用辩证唯物主义和历史唯物主义的观点和方法指引学生树立正确的世界观、人生观和价值观，学会正确的思维方法，树立正确的理想信念。因此，要充分发挥思想政治理论课教师的资源优势，发挥思想政治理论教师的积极性、主动性、创造性，将他们打造成为思想政治理论教育的示范和领头雁，其他相关课程的教师通过不断地与思政课教师进行交流、研讨、学习和借鉴，组建思想政治理论课教师与课程思政教师的"混编式"师资教学研究互动团队，能够帮助专业课教师提高思想政治教育思想素养，协助其挖掘和专业课程相关的思政元素，辨别和把控专业课教学中思政内容的政治站位，促进课程思政教师在思想引领意识和能力素质方面的快速提升。

二、课程思政优化思政课程

课程思政围绕全面提高人才培养能力这个核心，通过将思想政治理论课融入专业课程，将每门专业课程中所蕴含的思想政治教育资源进行充分挖掘，让每门课程都参与育人，每位教师都承担起育人责任，实现思想和价值引领，实现立德树人的目的。课程思政的全面推进，促进了课程思政理念的形成，提升了专业教师的课程思政意识和能力，课程思政协同推进机制不断完善，优化了思想政治理论课程建设，打破了长期以来思想政治教育与专业教育相互隔绝的"孤岛效应"，推动了思政课程与课程思政协同前行，相得益彰。思想政治理论课要向各类课程学习科学的研究方法，吸收深厚的人文底蕴，不断推进马克思主义中国化、时代化、大众化，丰富思想政治教育内容、教育方法，拓宽教育思路，提升教育实效。

（一）课程思政教学内容的挖掘，丰富思政课堂教学内容

专业课程是课程思政的载体。课程思政建设内容紧紧围绕着中国特色社会主义学校的特色，通过专业知识和实践的教学，培养学生爱党、爱国、爱社会主义、爱人民、爱集体的情怀，增强学生政治认同、家国情怀、文化素养、宪法法治意识、道德修养等，通过系统地讲授中国特色社会主义、中国梦、社会主义核心价值观、法治、劳动、心理健康、中华优秀传统文化等，让学生掌握事物发展规律，丰富学识，增长见识，坚定理想信念，努力成为德智体美劳全面发展的社会主义建设者和接班人。思想政治理论课之外的其他各类专业任课教师，通过提升课程思政元素挖掘能力，把每一门课程所蕴含的丰富的思政元素加以剖析、加工阐明和利用，讲透各个知识点背后所隐

藏的思想育人价值，便能够不断提升高校综合育人能力。例如，文学、历史学、哲学类专业课程，可以从历史与现实、理论与实践的维度，在课程中帮助学生掌握马克思主义世界观和方法论，结合专业知识的讲授，增强弘扬中华优秀传统文化、革命文化、社会主义先进文化的自觉性，增加课程的知识性、人文性，提升引领性、时代性和开放性；经济学、管理学、法学类专业课程，则可以从构建中国特色哲学社会科学学科体系、学术体系、话语体系的角度，帮助学生增强对国家大政方针的认同和理解，引导学生积极投身社会实践，关注现实问题，培育家国情怀，提升职业素养，增强职业责任感；教育学类专业课程可以抓住师德师风建设，引导学生为人师表，立德立言，增强自律意识，培养传道授业情怀，争做有理想信念、有道德情操、有扎实学识、有仁爱之心的"四有"好老师；理学、工学专业课程可以从科学精神的培养入手，提高学生理性思维，培养学生追求真理、精益求精、创新创造的科学精神和工匠精神，增强正确认识、分析和解决问题的能力，激发学生科技创新报国的情怀和担当；农学医学类艺术类专业课程，则可以从生态文明建设、乡村振兴、脱贫攻坚、医德医风、救死扶伤、美学育人的角度，激发和引导学生扎根中国大地，增强服务人民的意识，提升道路自信、理论自信、制度自信和文化自信。由此可见，专业课程结合自身不同的课程特点、课程内容和价值理念，挖掘每门课程、每个章节、每个知识点背后的思想政治教育元素，开展课程思想政治教育，实现思想价值引领与多样的专业知识的有机结合，为思想政治理论课的开展提供更多的鲜活、多样、真实、可信的教学案例和教学启发，进一步丰富思想政治理论课程的教学内容。

（二）课程思政隐性教育的方法，为思政课程提供借鉴补充

2018 年 6 月，时任教育部部长陈宝生在新时代全国高等学校本科教育工作会议上强调："高校要明确所有课程的育人要素和责任，推动每一位专业课老师制定开展'课程思政'教学设计，做到课程门门有思政，教师人

人讲育人。"① 思想政治理论课是旗帜鲜明地讲政治，讲党的路线、方针和政策，讲授中国特色社会主义理论，而课程思政则是探索"知识传授与价值引领相结合"的有效路径，实现思想政治教育的润物细无声的效果，而且课程思政这种以潜移默化的方式对受教育者进行情感认知、价值取向、道德水平和思想观念的影响有时更具有说服力和感染力，能够为高校提升思想政治理论课的实效性和亲和力提供有益借鉴和补充。一方面，课程思政隐而不显的教育方式能够增强学生的接受程度，达到教育效果。课程思政的巧妙之处在于能够引导教育主体在自主愉悦的状态下接受并内化所渗透的思想政治教育内容，通过每一门公共基础课程、专业教育课程和实践类课程，选好、用好优秀的课程教材，组织好教学内容设计，将知识传授过程中的思政元素融入教学内容中，找准切入点，实现"如春在花、如盐在水"的效果，实现了隐性教育和显性教育相统一，解决了专业教育和思想政治教育"两张皮"的问题，让学生在专业学习中，一并收获了价值素质、能力培养。另一方面，课程思政通过有机整合专业知识与思政元素，激活了思政教育内容。思政课程通过对专业教学内容进行通盘规划、合理布局，将专业教学内容吃透，全方位理解思想政治教育内容的基础上，在课堂教学中通过隐性教育的方式传递知识所承载的价值观，从而实现各类课程与思想政治理论课的同向同行。例如，在"大学物理"课程授课中，专业教师可以通过讲述物理学家在研究过程中所展现出来的科学精神、思想和方法等，帮助学生树立科学态度和科研求索精神。这样，学生在专业课堂中，既能够收获专业知识和技能，又能够在潜移默化中得到价值的培养和思想的引领，实现思想的提升。课程思政教学资源整合的方法，能够将显性的思政内容变为"基因式"的方式传导进每一门课程，每个章节专业知识的讲解，盘活了思想政治教育的内容，实现了专业课与思想政治理论课的有效对接。

---

① 陈宝生：《在新时代全国高等学校本科教育工作会议上的讲话》，《中国高等教育》2018 年第 8 期。

（三）课程思政的专业研究方法，为思政课程提供思维借鉴

专业课程的讲授涵盖不同学科专业、不同类型课程，每一门课程背后都积淀着深厚的专业学科知识和人文底蕴，专业课程通过自身独特的学科专业视角，运用科学的研究方法，开展思想政治教育研究，挖掘思想政治教育元素，能够丰富思想政治教育方法和思维、拓宽思想政治教育思路和视野，为思想政治理论课提供借鉴。

一方面，课程思政中运用的优秀思想政治教育研究方法能够拓展思想政治理论课思路。专业课程要实现对学生的思想政治教育，将专业知识讲授课程上出"思政味"，需要运用专业视角和方法开展思政元素的挖掘和研究，采用浸润式、沉浸式教学方法，给予学生正确的价值引领，专业课教师在课堂授课、教学科研、实验实训、作业论文等各环节，落实思想政治教育的育人目标，通过创新课堂教学模式，激发学生学习兴趣，提高课程思政内容融入课堂教学的水平。例如，上海中医药大学特色专业课程"人体解剖学"的任课教师在专业知识讲授过程中，结合课外实践活动，带领学生同遗体捐献者家属进行面对面交流，让学生感受捐献者的奉献情怀，感受生命的神圣以及社会对医生培养的期待和重托，引导学生尊重生命、尊重患者，培养医者仁心，练就精湛医术，成为一名好医生。类似的专业课程实现了专业知识、职业素养、价值观教育的融合，让学生在知识传递过程中接受了思想政治教育，并收获较好的获得感，解决了各类课程和思想政治理论课相互配合的问题。

另一方面，专业课程中所蕴含的学科知识和学科思维能够丰富思想政治理论课教学。思想政治理论课要给学生进行思想引领，要教会学生科学运用马克思主义的立场观点和方法思考问题，树立正确的世界观、人生观和价值观，是做人的工作，需要运用宽广的视野，深厚的文化积淀，才能够将理论说透，将理论讲明。专业课程所具有的多学科、多视野和多角度的特点，能够丰富思想政治理论课教学，拓宽思想政治理论课的教学边界。专业课程涵

盖了哲学社会科学以及自然科学知识，能够从当代世界的角度，也能够从当代中国的立场来帮助思想政治理论课解决学生的思想困惑。专业课程能够通过自身学科的思维角度，讲授课程中的重点和关键，阐明规律。在给学生带来深刻的学习体验的同时，帮助学生树立正确的思想价值观念；在批判不良社会现象的同时，帮助学生进行正面思考；在运用国内外事实、案例、素材，比较研究中帮助学生正确看待外部世界，客观认识中国。因此，专业课教师所讲授的专业知识，渗透的专业思维，能够给思想政治理论课教学和研究提供借鉴，能够丰富思想政治理论课的教学内容，丰富思想政治理论课的话语体系。

（四）课程思政教学目标的达成，为思政课程目标提供强化

课程思政与思想政治理论课同向同行、协同发展是高校实现立德树人目标的重要手段。立德树人是一个紧密联系、相辅相成的有机整体，不能单独割裂为"立德"加"树人"，不能够将立德的任务单独分配给思想政治理论课教师，将成才的任务割裂给专业课教师。立德是树人的前提和基础，树人是立德的指向和目标。立德树人、铸魂育人要通过思想政治理论课和课程思政的共同教育教学来实现。思想政治理论课的教学目的是传播马克思主义理论和党的创新理论，特别是用习近平新时代中国特色社会主义思想铸魂育人，引导学生牢固树立坚定的理想信念，树立正确的世界观、人生观和价值观，养成良好的思想道德品德和心理素质，主要体现立德和育人的特征要求。课程思政的主要功能是通过系统专业的知识体系和实践技能的教育教学，培养学生成长成才，把爱国情、强国志、报国行自觉融入坚持和发展中国特色社会主义事业、建设社会主义现代化国家、实现中华民族伟大复兴的奋斗之中，主要体现出树人与育才的特征要求。思想政治理论课和课程思政"殊途同归"，两者在教育功能、教育目标上具有一致性，教育方式接近，教育效果互补，是实现立德与树人，育人与育才的有机统一。专业课程作为专业的核心课程，占学生教学的主要部分，学生重视程度和认可程度比较

高，如果能够通过提升专业课程教师思想政治教育理论水平和能力，创新课程思政教学方法，激活所有课程和所有课程教学环节的育人功能，提升课程思政教学实效，实现知识传授与价值引领的有机结合，扩大高校思想政治教育的优质资源，优化铸魂育人的教育资源配置，为学生提供更多、更好，更加丰富多元的思想政治教育资源、教育环境和教育服务模式的选择，一定能够有效促进学生的个性化发展需要得到满足，又能够对接社会发展需求，促进学生的成长成才，进而培养拥护中国共产党领导和我国社会主义制度、立志为中国特色社会主义事业奋斗终身的有用人才。这样，专业课程以更加具有说服力和实效性的方式将专业知识作为载体，开展学生思想政治教育，改变学生重视专业学习，而轻视思想政治教育的现象，实现课程思政隐性教育与思政课程显性教育的相互配合、相互促进、相互补充、相辅相成、相得益彰。

第四节 课程思政与思政课程同向同行的 价值内蕴和实践形态

课程体系是人才培养的直接依托。全面推进课程思政建设，是人才培养的应有之义和必备内容，要让所有高校、所有教师、所有课程都承担好育人责任，守好一段渠、种好责任田，使各类课程与思政课程同向同行，将显性教育和隐性教育相统一，形成协同效应，构建全员全程全方位育人大格局。这就进一步指明了深化高校思想政治教育体系化建设和改革创新的方向。由此，我们必须对课程思政与思政课程同向同行的价值内蕴作出深入思考，才能为构建全面覆盖、相互融合、相互支撑的思政实践体系提供逻辑遵循。

一、课程思政与思政课程同向的价值内蕴

课程思政与思政课程的"同向同行实质上是认识与实践的问题，是认

识与实践的统一性问题"①。"同向"是"同行"的前提，要解决对重要性的认识，从而形成思想认识的一致性；"同行"是"同向"的目的，要解决现实性、可行性问题，从而达成立德树人的同向同行目标。因此，揭示"同向"价值内涵，是达成认识与实践统一的必然要求。

（一）同向就是思想认识的一致性

教育在其本质上是一种价值观的传递。但是，由于专业之间的价值差异、课程设置的价值定位不同、课程体系建设的现实制约等，一定程度上导致人们对课程价值形成习惯性的现实理解，忽略对课程"育人"本源的追问，出现了专业教育和思政教育"两张皮"问题。不可否认的是，由于受制于学科壁垒和教学惯性，不仅直接造成了思政价值在学科课程体系中的弱化和遮蔽，而且在课程教学中形成了认识误区和实践"盲区"，往往把思政与课程教学尤其是专业课教学有意无意地分离开来。但无论教育的叙事如何更演，学科如何发展，专业怎样面向现实，都改变不了课程固有的育人本性。因此，全面提高学校人才培养能力，不仅思政课程应一马当先，而且各类专业课程亦不能"缺位"，所有课程的育人功能均应予以充分挖掘和使用，形成课程体系并肩之势，筑牢思政工作大格局。这是所有教师必须树立的育人意识，也是应该达成的共识。一方面表现为所有课程在价值、目的上的一致，另一方面表现为教师对这种课程价值、目的认识上的一致。只有教师形成对课程思政与思政课程同向同行思想认识的一致理解，才会主动探索专业课程的思政元素，发挥课程思政"润物细无声"的作用，增强思政实效。

（二）同向就是政治方向的一致性

"在各方面的教育工作中，我们都不能抱着教育不问政治的旧观点，不

---

① 温潘亚：《思政课程与课程思政同向同行的前提、反思和路径》，《中国高等教育》2020 第 8 期。

能让教育工作不联系政治。"① 这个论断从另一个角度揭示了课程思政和思政课程"同向"的内涵，即政治方向的一致性。当前，大学生政治生活呈现出两个令人担忧的现象：一是多元多变多样的社会思潮干扰着大学生政治认同、政治情感；二是一些大学生内心世界开始被精致的利己主义、实用主义哲学所占据，被"微商""网购""网络消费节日"掩饰下的消费主义逻辑所浸润。由此，在一些大学生有限的精神生活空间里，政治意识逐渐淡化，政治参与热情下降，呈现出一定的"远离政治""淡化意识形态"倾向。习近平总书记强调："我国高等教育发展方向要同我国发展的现实目标和未来方向紧密联系在一起，为人民服务，为中国共产党治国理政服务，为巩固和发展中国特色社会主义制度服务，为改革开放和社会主义现代化建设服务。"② 这就要求高校的所有课程都必须坚守政治本色，旗帜鲜明地讲政治，牢牢把握学术话语传播的政治导向，消除意识形态"过时论""无用论""淡化论""终结论"等观点，始终以政治方向引领知识传授，以知识滋养政治学理，在课程教学中融入为民情怀、报国理念、中国特色社会主义信念和实现民族复兴的抱负，激发学生为人民、为国家、为中国特色社会主义和中华民族伟大复兴而学习的热情，牢固树立起中国特色社会主义道路自信、理论自信、制度自信和文化自信。

（三）同向就是育人方向的一致性

高校的根本任务是立德树人，任何课程都必须将价值塑造、知识传授和能力培养三者融为一体、不可割裂。因此，推进课程思政建设，不是一种外在的任务赋予，而是对课程价值的一种回归性要求和本源性挖掘，旨在寓价值观教育于知识传授和能力培养之中，帮助学生塑造正确的世界观、人生观、价值观。这是高校人才培养中课程的必备内容。之所以将思政课程与其

① 《列宁全集》第 39 卷，人民出版社 2017 年版，第 441—442 页。
② 《习近平谈治国理政》第二卷，外文出版社 2017 年版，第 376—377 页。

他课程进行区分，不是对课程本身应有功能的割裂，只是在高校专业细化、学科分类更加精细发展背景下对课程主要功能的定位。培养德智体美劳全面发展的社会主义建设者和接班人的育人目标对二者"同向"做出了内在规定。一方面，要继续推动思政课程改革，以贴近现实、贴近学生、贴近生活的教育教学方法，增强思政课程的理论性、亲和力和针对性；另一方面，要大力推动课程思政教学改革，梳理各专业课程蕴含的思想政治教育元素和承载的思想政治教育功能，优化课程设置，修订专业教材，完善教学设计，加强教学管理，实现思想政治教育与知识体系教育、能力训练的有机统一，让各种教育教学活动都与思想政治教育紧密相融，形成"盐""水"效应。

（四）同向就是贯穿主线的一致性

由于历史和现实的原因，课程与思政出现了分离，"两张皮"成为一个突出的问题，甚至有点彼此"老死不相往来"味道。与此同时，一方面，高校思政课建设不断加强，形成了"一家独秀"的局面。另一方面，在专业课程改革中，或者是没有意识到融思政于专业的重要性和必要性，或者是有了意识却不懂结合方法，找不到结合路径，等等。高校思想政治教育"一热一冷"现象明显。对立德树人而言，思政课"一枝独秀不是春"，更需要课程思政"百花齐放春满园"。"要坚持把立德树人作为中心环节，把思想政治工作贯穿教育教学全过程，实现全程育人、全方位育人。"① 在做强做优思政课主渠道的同时，要着力构建课程思政的协同体系。从横向上看，各种课程都要挖掘思想政治教育元素，包括教师、课程、环境等全要素协同，形成"全方位"教育的巨大合力。从纵向上看，大中小学要遵循青少年成长规律、思想政治教育规律、教书育人规律，将思想政治教育贯穿为同向的螺旋式上升，不回头"补课"，不相互冲突，形成"全过程"教育的有机衔接。

---

① 《习近平谈治国理政》第二卷，外文出版社 2017 年版，第 376 页。

二、课程思政与思政课程同行的实践形态

课程思政与思政课程"在任务和目标上的共同性、方向和功能上的一致性、内容和要求上的契合性"①，为二者的同行提供了前提性条件。但课程思政如何与思政课程同行，这是课程思政必须解决的实践问题。

（一）引领与聚合相结合

实现课程思政与思政课程同行，从本质上说，就是要把思想政治教育贯穿各类课程教学中，形成思想政治教育的课程群。在这样的课程群中，思政课程可以说是核心部分，居于引领地位。但是，"事实上人遇到的思想问题总是复杂的，人的问题复杂性突破了某个学科界限，涉及多学科问题，因而用'边际'的概念更好地适应现代问题的复杂性，进而提升多学科协同回答问题的质量"②。由此，建设课程思政不是要削弱，抑或取代思政课程，而是要进一步强化思政课程的主导地位，突出其在整个思想政治教育中的核心地位，起到引领、示范作用，建立"一主多辅"的运行体系。一方面，牢牢把握思政课程的核心地位，突出课程的政治属性，强调课程的马克思主义真理性、科学性和中国特色社会主义的实践性、真理性，做到"化理论为德性"；另一方面，其他所有课程充分发挥育人价值，依附教学、蓄力而发、合力而行，在专业教育中根植理想信念，在知识传授中强化价值引导，做到"学明而后德显也。"

（二）轴心与融合相倚扶

课程思政与思政课程"同行"，就要发挥两者之间功能的互补性，构建

---

① 石书臣：《正确把握"课程思政"与思政课程的关系》，《思想理论教育》2018 年第11 期。

② 邱仁富：《"课程思政"与"思政课程"同向同行的理论阐释》，《思想教育研究》2018 年第 4 期。

以思政课程为轴心、课程思政与之相融合的思想政治教育课程体系。一方面，思政课要发挥在思想政治教育的主渠道作用，做到旗帜鲜明亮观点、讲道理，实现"明火长焙"；另一方面，思政课程为课程思政树立好课程建设的示范标准、教学规范标准、政治导向标准等。尤其在政治方向上，思政课程要始终在关注、学习最新理论成果上走在其他课程的前面，提供一套可参考的教学标准，引领课程思政的建设。课程思政的多学科性有利于为思政课程提供滋养。要在深入研究思政课程教学大纲和根本任务的基础上，进一步明晰各门课程在其中能够发挥的作用，实现"群智联动"。根据不同学科专业的特色和优势，深度挖掘提炼专业知识体系中所蕴含的思想价值和精神内涵，在教学过程中进行内容的错位性补充、观点的浸润性支持和价值的基因式阐述，从课程所涉专业、行业，国家、国际，文化、历史等角度，增加课程的知识性、人文性，科学合理拓展专业课程的广度、深度和温度，不断提升学生对思政的学习体验、学习效果。

（三）显性与隐性相得益彰

思政课着眼于学生的思想观念、政治观点和道德规范，加之其独特的意识形态属性，始终与国情和时事紧密相连，被称为思想政治教育的显性课程。从现实来看，高校在课程开设中，必须也必然地将思政课作为必修课列入其中，成为思想政治教育一以贯之的课程。与此同时，思想政治教育也是有教无类的，各类课程都是思想政治教育的隐性课程。"'课程思政'其实质不是增开一门课，也不是增设一项活动，而是将高校思想政治教育融入课程教学和改革的各环节、各方面，实现立德树人润物无声。围绕'知识传授与价值引领相结合'的课程目标，强化显性思政，细化隐性思政，构建全课程育人格局。"[①] 尽管是隐性教育形态，但课程的思想政治教育功能不

---

① 高德毅、宗爱东：《从思政课程到课程思政：从战略高度构建高校思想政治教育课程体系》，《中国高等教育》2017 年第 1 期。

能"缺位"。要把课程思政要求融入课程建设，作为课程设置、教学大纲核准和教案评价的重要内容，落实到课程目标设计、教案课件编写等方面，贯穿于课堂授课、教学研讨、实验实训、作业论文各个环节，做到"文以载道"，使思想政治教育之"盐"溶解到各类课程之中，真正实现广大教师共挑"思政担"，齐烩"思政味"。

（四）合作与共赢相伴随

课程思政与思政课程"同行"是一种相互作用的过程，是一种合作关系、共赢关系。作为教育的承载体，每一门课程都传授知识或技术，每一门课程都包含做人的道理，每一位老师都肩负育人的责任。但是由于着眼于思想政治教育之目的，人们更多地把"同行"看作是一种单向的作用过程，表现为课程思政向思政课程靠拢，是课程思政服务于思政课程的。但是，课程思政也对思政课程提出了新的更高的要求，思政课程之于课程思政同样重要。一是思政课程树立了鲜明的价值导向，为课程思政提供了同行的价值主线；二是思政课程对于思想政治教育规律的探索，为思想政治教育寓于知识传授之中提供了基本遵循；三是思政课程教育教学改革为课程思政做出了探索性实验，积累了丰富的可借鉴的经验。可以说，课程思政与思政课程"同行"是课程共同体意识的反映。因此，要建立思政课教师与专业课教师互利共赢的合作机制，不断优化共享机制，在学生思想观念资源、课程建设资源、教学方式方法等方面实现有效共享，共同服务于立德树人。

三、把握课程思政与思政课程同向同行的着力点

课程思政与思政课程同向同行是一个不可分割的整体。正确处理同向同行之间的辩证关系，既要充分认识"同向"的重要性，又要明确"同行"的实践性，紧紧遵循二者之间的内在逻辑，找准工作的着力点，做到认识与实践的统一。

（一）立足回答"培养什么人、怎样培养人、为谁培养人"这一根本问题

无论是思政课程，还是课程思政，都必须紧紧围绕坚定大学生理想信念，以爱党、爱国、爱社会主义、爱人民、爱集体为主线，围绕政治认同、家国情怀、文化素养、法治意识、道德修养等因素，优化课程的教育教学资源供给。具体来说，都要在以下几个方面共同下功夫：一是推进习近平新时代中国特色社会主义思想"三进"工作，坚持不懈地用习近平新时代中国特色社会主义思想铸魂育人，引导大学生了解世情国情党情民情，坚定"四个自信"；二是培育和践行社会主义核心价值观，引导学生把国家、社会、公民的价值要求融为一体，将社会主义核心价值观内化为精神追求、外化为自觉行动；三是加强中华优秀传统文化教育，引导学生深刻理解中华优秀传统文化的思想精华和时代价值，教育引导学生传承中华文脉；四是大力弘扬以爱国主义为核心的民族精神和以改革创新为核心的时代精神，激发学生学习和干事创业的热情；五是贯穿法治教育，教育引导学生牢固树立法治观念，提高运用法治思维和法治方式维护自身权利、参与社会公共事务、化解矛盾纠纷的意识和能力。

（二）围绕全面提高人才培养能力这个基本点

教育"不仅是提高社会生产的一种方法，而且是造就全面发展的人的唯一方法"[1]。高校人才培养是育人和育才相统一的过程。"人才培养体系涉及学科体系、教学体系、教材体系、管理体系等，而贯通其中的是思想政治工作体系。"[2] 我国教育事业的性质决定了必须把培养合格的社会主义建设者和接班人作为根本任务，培养一代又一代拥护中国共产党领导和我国社会

---

[1]　《马克思恩格斯选集》第 2 卷，人民出版社 2012 年版，第 230 页。
[2]　习近平：《在北京大学师生座谈会上的讲话》，人民出版社 2018 年版，第 10 页。

主义制度、立志为中国特色社会主义事业奋斗终身的有用人才。这是检验高校人才培养能力的根本基点。因此，虽然学科、专业、课程各有不同，但其培育人才、塑造人格、健全心智的目标是相同的。全面提高人才培养能力，必须将思想政治工作体系贯通在课程体系中，按照"挖掘专业知识中的育人价值—编制课程教学指南—开展课程教学—教学反馈评价"机制，在所有学科专业、所有课程课堂、所有教师中全面推进课程思政，解决好专业教育和思政教育"两张皮"问题，使课程思政与思政课程同向同行成为全面提高人才培养能力的重要抓手。

（三）成为塑造学生理想信念和优秀品格的"大先生"

"师者，所以传道受业解惑也。"无论是增强思政课程的针对性、亲和力，还是全面推进课程思政建设，教师都是关键。习近平总书记指出："一个优秀的老师，应该是'经师'和'人师'的统一，既要精于'授业'、'解惑'，更要以'传道'为责任和使命。"① 提升全体教师课程思政建设的意识、素质和能力，是课程思政与思政课程同向同行的最能动力量。一是提升教师自身的思想政治素质。"传道者自己首先要明道、信道。"专业课程教师必须加强学习，领会和掌握马克思主义的基本立场、观点和方法，始终注重用马克思主义中国化时代化的最新成果武装头脑，特别是要认真学习习近平新时代中国特色社会主义思想，"努力成为先进思想文化的传播者、党执政的坚定支持者，更好担起学生健康成长指导者和引路人的责任"②。二是端正对课程思政的认识。教师不仅是学生学习专业知识的引路人，也是学生品格、人格的塑造者，克服思想政治教育与己无关、思想政治教育会挤占学生学习专业知识时间等认识误区，自觉在知识传授中传播信仰，在学生心中播撒真善美的种子。三是提升课程思政本领。每一位教师都要按照

---

① 习近平：《做党和人民满意的好老师——同北京师范大学师生代表座谈时的讲话》，人民出版社2014年版，第5页。

② 《习近平谈治国理政》第二卷，外文出版社2017年版，第379页。

习近平总书记提出的"四有"好老师的要求、对高校思政课教师提出的"六要",增强思想政治理论水平和理论联系实际的能力,增强育人育才本领,找准育人角度,把思想引导和价值观塑造通过"基因式"融入每一门课程的教学之中,把每一门课程都上出"思政味道"。

(四)共同构建全程全方位育人的大格局

立德树人是全部教育活动而不只是哪一类课程所应担负的职责和使命,高校的每个人、每门课程都具有立德树人的内在功能。"要坚持把立德树人作为中心环节,把思想政治工作贯穿教育教学全过程,实现全程育人、全方位育人。"① 这既为课程思政与思政课程同向同行提出了要求,也提供了源源不断的行动动力。一是要强化"育人共同体"建设,实现全员育人。无论是思政课教师还是专业课教师,大家共处于同一个"育人共同体"之中,价值观和立场相同、职责与使命相同、任务和目标相同。高校各门课程教师都要增强思政教育工作者的身份意识,纠正"思政教育是思政教师、辅导员、班主任的责任"的想法,主动将思政教育融入课堂教学的各个环节,自觉将教书和育人统一起来,增强课程育人的责任感和使命感。同时要发挥学生的主体作用,让学生也成为育人共同体的主体力量,教师用主导来开发学生主体,学生以主体自觉顺应教师主导,形成师生育人共同体。二是要延展思想政治教育场域。思想的魅力来自对现实问题的理论把握,学校要依托教师,不仅要上好思政课程和课程思政,更要把教科书与新时代中国这本大书融为一体,讲好大思政课,铺就更大的思想政治教育格局,做到"渠田"相通,达到水滴石穿、润物无声的铸魂育人的效果。

---

① 《习近平谈治国理政》第二卷,外文出版社 2017 年版,第 376 页。

主要参考文献

1. 《马克思恩格斯选集》第 1 卷，人民出版社 2012 年版。

2. 《马克思恩格斯选集》第 2 卷，人民出版社 2012 年版。

3. 《马克思恩格斯选集》第 3 卷，人民出版社 2012 年版。

4. 《马克思恩格斯全集》第 30 卷，人民出版社 1995 年版。

5. 《毛泽东文集》第七卷，人民出版社 1999 年版。

6. 《邓小平文选》第二卷，人民出版社 1994 年版。

7. 《江泽民文选》第三卷，人民出版社 2006 年版。

8. 《习近平谈治国理政》第一卷，外文出版社 2018 年版。

9. 《习近平谈治国理政》第二卷，外文出版社 2017 年版。

10. 《习近平谈治国理政》第三卷，外文出版社 2020 年版。

11. 《习近平谈治国理政》第四卷，外文出版社 2022 年版

12. 习近平：《做党和人民满意的好老师——同北京师范大学师生代表座谈时的讲话》，人民出版社 2014 年版。

13. 习近平：《在北京大学师生座谈会上的讲话》，人民出版社 2018 年版。

14. 习近平：《思政课是落实立德树人根本任务的关键课程》，人民出版社 2020 年版。

15. 陈功：《高校课程思政工作建设》，中国商务出版社 2020 年版。

16. 陈华栋等：《课程思政：从理念到实践》，上海交通大学出版社 2020 年版。

17. 楚国清、孙善学：《课程思政"三金"优秀教学设计案例》，首都经济贸易大学出版社 2020 年版。

18. 冯建军：《教育的人学视野》，安徽教育出版社 2008 年版。

19. 傅畅梅、曲洪波、赵冰梅等：《课程思政建设背景下思想政治理论课实践教学研究》，东北大学出版社 2020 年版。

20. 盖庆武、贺星岳：《新时代高职课程思政理论与实践》，浙江工商大学出版社 2019 年版。

21. 顾晓英：《媒体中的我们——聚焦上海大学课程思政（2014—2019)》，上海大学出版社 2020 年版。

22. 何齐宗：《当代教育理论》，中国社会科学出版社 2009 年版。

23. 教育部社会科学司组编：《普通高校思想政治理论课文献选编（1949—2006)》，中国人民大学出版社 2007 版。

24. 靳玉乐、黄清：《课程研究方法论》，人民教育出版社 2012 年版。

25. 刘光：《新中国高等教育大事记（1949—1987)》，东北师范大学出版社 1990 年版。

26. 刘铁芳：《什么是好的教育——学校教育的哲学阐释》，高等教育出版社 2014 年版。

27. 罗国杰：《伦理学》第 3 卷，人民出版社 1989 年版。

28. 聂国军、吴志明：《高水平本科教育与一流人才培养》，湖南大学出版社 2019 年版。

29. 任平：《广义认识论原理》，江苏人民出版社 1992 年版。

30. 沈赤：《课程思政经典案例选编》，浙江大学出版社 2020 年版。

31. 王焕良、马凤岗：《课程思政设计与实践》，清华大学出版社 2021 年版。

32. 王昕晔、谢铮、宿哲骞：《高校课程思政建设与人文精神的培养》，北京工业大学出版社 2018 年版。

33. 王长民：《铸就信仰：高校思政课教学创新》，南京师范大学出版社 2017 年版。

34. 文学禹：《韩玉玲新时代高校课程思政教学创新研究》，吉林大学出版社 2020 年版。

35. 张晔：《新媒体的崛起与高校思想政治课程改革》，电子科技大学出版社 2017 年版。

36. 张益、罗艺：《大中小学德育一体化探析》，上海书店出版社 2016 年版。

37. 张忠华：《当代教育理论新探》，社会科学文献出版社 2008 年版。

38. 张子睿、魏燕妮：《课程思政实践研究》，中国农业科学技术出版社 2020 年版。

39. 钟启泉：《现代课程论》，上海教育出版社 2003 年版。

40. ［德］赫尔巴特：《普通教育学·教育学讲授纲要》，李其龙译，浙江教育出版社 2002 年版。

41. ［德］黑格尔：《小逻辑》，贺麟译，商务印书馆 2003 年版。

42. ［德］雅斯贝尔斯：《什么是教育》，邹进译，生活·读书·新知三联书店 1991 年版。

43. 蔡文成、张艳艳：《高校课程思政中马克思主义思维方法的融入与贯通》，《思想理论教育导刊》2021 年第 7 期。

44. 曾文婕：《70 年课程研究哲学基础的回顾与展望》，《湖南师范大学教育科学学报》2019 年第 5 期。

45. 董勇：《论从思政课程到课程思政的价值内涵》，《思想政治教育研究》2018 年第 10 期。

46. 高德毅、宗爱东：《从思政课程到课程思政：从战略高度构建高校思想政治教育课程体系》，《中国高等教育》2017 年第 1 期。

47. 高德毅、宗爱东：《课程思政：有效发挥课堂育人主渠道作用的必然选择》，《思想理论教育导刊》2017 年第 1 期。

48. 高国希：《构建课程思政体系的教育哲学审视》，《思想理论教育》2020 年第 10 期。

49. 高燕：《课程思政建设的关键问题与解决路径》，《中国高等教育》2017 年 Z3 期。

50. 韩宪洲：《以课程思政推进师德师风建设的内在逻辑与现实路径》，《思想理论教育导刊》2021 年第 7 期。

51. 韩振峰、陈臣：《多维视角下教书育人规律初探》，《思想教育研究》2018 年第 6 期。

52. 何红娟：《"思政课程"到"课程思政"发展的内在逻辑及建构策略》，《思想政治教育研究》2017 年第 10 期。

53. 邱仁富：《"课程思政"与"思政课程"同向同行的理论阐释》，《思想教育研究》2018 年第 4 期。

54. 邱伟光：《课程思政的价值意蕴与生成路径》，《思想理论教育》2017 年第 7 期。

55. 石书臣：《正确把握"课程思政"与思政课程的关系》，《思想理论教育》2018 年第 11 期。

56. 史巍：《论以"课程思政"实现协同育人的关键点位及有效落实》，《学术论坛》2018 年第 4 期。

57. 唐芳云：《立德树人：高校"课程思政"价值定位的哲学审视》，《理论导刊》2020 年第 2 期。

58. 王学俭、王君：《新中国成立 70 周年中国共产党立德树人的历史回顾、基本经验与时代展望》，《新疆师范大学学报（哲学社会科学版）》2020 年第 1 期。

59. 王岳喜：《论高校课程思政评价体系的构建》，《思想理论教育导刊》2020 年第 10 期。

60. 徐蓉：《深刻认识全面推进高校课程思政建设的价值目标》，《马克思主义与现实》2020 年第 5 期。

61. 杨长亮、姜超：《课程思政的三重建构和技术路径——基于课程与教学论的视角》，《思想理论教育》2021 年第 6 期。

62. 张驰、宋来：《"课程思政"升级与深化的三维向度》，《思想教育研究》2020 年第 2 期。

后　记

　　"培养什么人、怎样培养人、为谁培养人"是教育的根本问题。立德树人成效是检验高校一切工作的根本标准。落实立德树人根本任务，需要思想政治教育工作者进一步立足学科前沿，强化问题导向，围绕重点任务，探索工作难题，寓价值观引导于知识传授、能力培养之中，帮助受教育者塑造正确的世界观、人生观、价值观，这是人才培养的应有之义，更是承担育人责任的必备内容。

　　作为《高校思想政治工作研究文库》入选著作之一，本书立足于课程思政的基本要点，致力于从课程与思政关系的历史梳理和课程要素思政价值揭示，阐述好课程思政"何为可能"的学理问题；从提高思想政治教育质量的实践需要，高校全面提高人才培养能力等，揭示课程思政"何以必须"的现实问题；从围绕立德树人，把价值引导寓于知识传授、能力训练之中，探讨课程思政"如何落实"的实践问题，进而进一步理清课程思政是什么、怎么办，为一线教师开展课程思政的教学目标确定、教材分析、教学实践等提供学理支撑和实践导引，推动课程思政实践探索更加自觉和理性。该书的出版，希望能够为推动全员全程全方位育人格局建设提供些许借鉴和参考。

　　本书由杨建义统筹选题和章节设定，并对书稿进行全面审读、修改、审定。福建师范大学陈明霞教授参与了本书章节的审定和初稿的审读。各章节执笔者分别为：第一章林燕喜、陈晓晶，第二章童卫丰、黄林奇，第三章杨建义、杨顺昌，第四章潘中祥，第五章曾献辉，第六章罗华香、谢小芬（其中第四节由刘泳泳执笔）。陈晓晶为书稿写作协调、汇总、格式调整做了大量工作。

本书在写作过程中参考了许多专家、学者的观点，教育部思想政治工作司的陈郭华同志为本书的出版做了大量协调工作，人民出版社给予本书出版大力支持，在此对大家表示衷心的感谢。

责任编辑：池　溢
封面设计：胡欣欣
版式设计：王欢欢

图书在版编目（CIP）数据

课程思政基本问题研究/杨建义 著. —北京：人民出版社，2023.12
（高校思想政治工作研究文库）
ISBN 978－7－01－026166－9

I. ①课⋯　Ⅱ. ①杨⋯　Ⅲ. ①高等学校-思想政治教育-研究-中国　Ⅳ. ①G641

中国国家版本馆 CIP 数据核字（2023）第 247120 号

课程思政基本问题研究
KECHENG SIZHENG JIBEN WENTI YANJIU

杨建义　著

人民出版社 出版发行
（100706　北京市东城区隆福寺街 99 号）

中煤（北京）印务有限公司印刷　新华书店经销

2023 年 12 月第 1 版　2023 年 12 月北京第 1 次印刷
开本：710 毫米×1000 毫米 1/16　印张：15.25
字数：218 千字

ISBN 978－7－01－026166－9　定价：59.00 元

邮购地址 100706　北京市东城区隆福寺街 99 号
人民东方图书销售中心　电话（010）65250042　65289539